AFRIKA PUR
500 Tage Abenteuer

Karl Heinz Dienstl

AFRIKA PUR

500 Tage Abenteuer

und Erlebnisse aus 30 Ländern auf dem Schwarzen Kontinent

Deutsche Erstausgabe
ASARO VERLAG

Asaro Verlag First-edition-Reihe

© 2008
Karl Heinz Dienstl

ISBN 13: 978-3-939698-73-9

Alle Rechte vorbehalten, insbesondere das Recht der mechanischen, elektronischen oder fotografischen Vervielfältigung, der Einspeicherung und Verarbeitung in elektronischen Systemen, des Nachdrucks in Zeitungen oder Zeitschriften, des öffentlichen Vortrags, der Verfilmung oder Dramatisierung, der Übertragung durch Rundfunk, Fernsehen oder Video, auch einzelner Text- oder Bildteile.

Bibliografische Information der Deutschen Bibliothek
Die Deutsche Bibliothek verzeichnet diese Publikation in der Deutschen Nationalbibliografie; detaillierte bibliografische Daten sind im Internet über: www.dnb.ddb.de abrufbar.

ASARO VERLAG SPRAKENSEHL
Inh. Tanja Schröder

Printed 2008 in Germany
Covergestaltung: Tanja Schröder unter Verwendung eines Fotos von Karl Heinz Dienstl
Sämtliche Abbildungen © Karl Heinz Dienstl

Internet: www.asaro-verlag.de
E-Mail: mail@asaro-verlag.de

Rechtschreibung nach Duden 2006

Mehr Infos zum Autor unter
www.reise-abenteuer.net

Ich habe mir meinen Traum erfüllt und Afrika bereist.
Ich fand eine Welt, die mich immer wieder aufs Neue fasziniert hat, begeistert, überrascht, aber auch bedrückt. Auf diesem Kontinent liegen Hell und Dunkel, extreme Armut und Reichtum, unberührte Natur und schlimmer Umweltfrevel so nah beieinander. Ich erlebte die Offenheit und unbändige Lebenslust der Afrikaner, aber auch Gewalt, Leid und Tod ...

Reiseroute

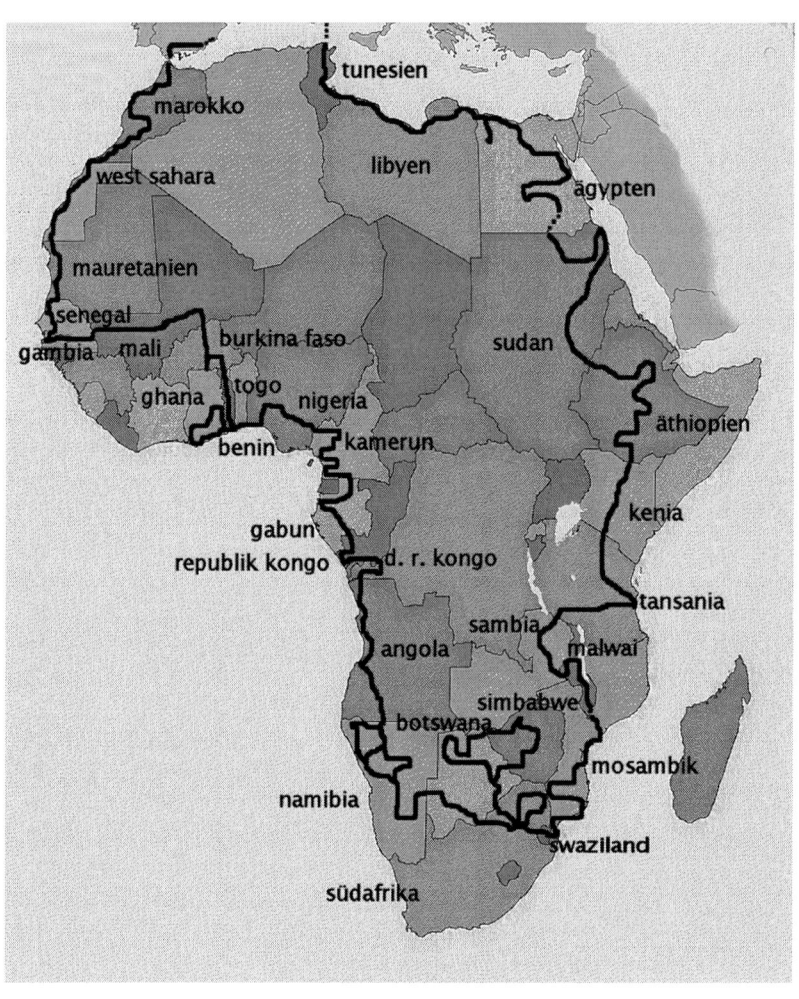

INHALTSVERZEICHNIS

PROLOG 12
Das geht nicht! Alle sagen das. Hast du keine Angst?

WIE ALLS BEGANN 15
Wer keinen Mut hat zu träumen, hat auch keine Kraft zu kämpfen

ASSALAM ALAIKUM 21
Man kennt sich

SCWARZAFRIKA BEGINNT 35
Die Exekutive versucht zu stören

WILLKOMMEN IM PARADIES 41
Rasta, Trommeln, Chillen

SCHLEICHWEGE 44
Hadere nicht, dass Gott die Hyäne geschaffen hat.
Freue dich, dass er ihr keine Flügel gegeben hat,
afrikanisches Sprichwort

NEULAND 49
Furcht vor der Gefahr ist schrecklicher als die Gefahr selbst,
afrikanische Weisheit

DAS DARF NIE PASSIEREN 55
Unfall in Togo

URLAUB 61
Die Leichtigkeit des Seins

NIGERIA 68
Einer der korruptesten, abgebrühtesten und untüchtigsten
Landstriche unter dem Sonnenlicht, Chinua Achebe

GROßE SORGEN UND NETTE MENSCH 81
Vega wird krank und meine Schusseligkeit tut langsam weh

SÜDSEE 90
Der Fremde soll seine Augen und Ohren öffnen,
aber nicht seinen Mund, afrikanisches Sprichwort

VISA 95
No problem, Mister!

URWALD HIGHWAY 98
Das Recht des Stärkeren

DAS DUNKLE HERZ AFRIKAS 103
Es gibt keine Probleme, nur Aufgaben, die gelöst werden müssen

LEIDENSWEGE 109
Fieber, Rebellen, Schlamm und Krieg

TRANSIT 140
Gras wächst nicht schneller, wenn man daran zieht,
afrikanisches Sprichwort

KÖRPER UND SEELE 145
Balsam, Feuer und Wildnis

MAN SPRICHT DEUTSCH 149
An diesem Ort habe ich geweint,
warum soll ich hierher zurückgehen?
Himba

MEIN AFRIKA 156
Nicht in der Stadt, erst in der Wildnis lernt man den Mann kennen,
afrikanisches Sprichwort

ARBEIT 161
Bauchgefühl und Geduld

DAS LETZTE GROßE ABENTEUER 165
Abtauchen in eine andere Welt

FÜNF-STERNE-TAGE 169
Ich möchte nicht um dich weinen, vergiss das nicht, Rosemary

ABSEITS DER GEPLANTEN STRECKE 179
Nur wenn man nichts mehr hat, ist man wirklich frei, Bill Taylor

SEHENSWERTES 188
Zu Ihrer Sicherheit raten wir nochmals ab,
Besichtigungstouren zu Fuß zu unternehmen, aus dem Reiseführer

HEIMWEH 190
Baden, die letzten wilden Tage und Viehdiebe

ALTE ERINNERUNGEN 196
Nur für Allradprofis

HAKUNA MATATA 201
Gefängnis und Handschellen

MILLENIUM 206
Wunderschön und nervig

MENSCHENSCHENVERACHTEND 212
Nur der schwache Mann gibt, der starke Mann nimmt,
arabische Denkweise

WELCOME TO EGYPT 224
Freude über freundliche Behandlung

NACH HAUSE 229
Das Unglück hält sich nicht an Besuchstage,
afrikanisches Sprichwort

**Wer durch Afrika reist, sollte Angst haben.
Nicht um sein Leben.
Aber vor seiner Seele.**

Man betritt Afrika als Gutmensch, als Menschenfreund, sozial eingestellt, weltoffen und informiert. Jeden Afrikaner, den man trifft, hält man für ausgebeutet, unschuldig, eben für ein Opfer. Ergriffen wird man dem so armen Schuldlosen gegenüberstehen und mit lauerndem Unterton den dort lebenden Weißen befragen. Er könnte Schuld haben an jeder Tragödie, jedem verhungerten Lebewesen.

Doch dann verändert sich etwas. Der Zeitpunkt ist variabel, aber er kommt, irgendwann. Wie ein gemeiner Holzbock beißt sich das Obskure an der Seele fest. Man schläft in verwanzten Zimmern, schleicht sich geschwächt durch Diarrhöe in ein Krankenhaus, verscheucht mit letzter Kraft die Ratten vor der Tür, um auf der Toilette in Kotspuren fast das Gleichgewicht zu verlieren. Afrika ist wie Wasser, es dringt in jede Ritze. Es ist noch nicht mal nötig, ein Messer am Hals zu fühlen, nein, es genügt, wenn der verdammte Bus nun bereits zum zweiten Mal nicht anhält trotz deutlicher Handzeichen. Die Veränderung ist abgeschlossen, wenn sich das Wort „Neger" in den Wortschatz schleicht und sich multipliziert. Man ist entsetzt, aber hilflos dem gegenüber. Der Gutmensch, der Menschenfreund wird nun böse, ärgerlich. Die Afrikaner müssen sich darauf einstellen, sie können eh nicht ohne Finger bis drei zählen. Sind doch nur hinterhältige und bettelnde zweibeinige Schmarotzer.

Später kommt die Gesundung, das Schwierigste. Man treibt sich lange herum in Afrika, ziemlich lange. Man kommt den Menschen nahe, sehr nahe. Man riskiert einen dritten Blick, ohne Vorurteile, ohne Gutmensch-Augen. Man lässt sich mit der Wirklichkeit ein. Der Schwarze ist nicht der bessere Mensch, aber er ist fröhlicher, verzeihender, hilfsbereiter, nicht geknechtet von Zeit und Geld, er ist wie er ist. Man erkennt die eigenen Abgründe beim Gedanken, was man selbst tun würde, müsste man hier leben. Man versteht, dass nicht alle Schwarzen Freunde sein müssen und sind.

PROLOG
Das geht nicht! Alle sagen das!
Hast du keine Angst?

Die Dämmerung zieht langsam über den Blätterwald des Dschungels. Es ist unerträglich heiß und schwül hier, mitten im Kongo ...

Seit Tagen habe ich keine Menschenseele mehr gesehen und so sitze ich, nur mit Schuhen bekleidet und einer Bierdose in der Hand, auf einem Lehmhügel neben meinem Lkw.
Ich bin ziemlich am Ende, mental und körperlich. Ich blicke auf meinen geschundenen Körper, die Hände mit Lappen umwickelt, um die wunden Stellen wenigstens etwas zu schützen. Und nur der Lehm hindert die Füße daran, das Blut fließen zu lassen.
Ich habe es mal wieder geschafft, mich in eine Situation hinein zu manövrieren, deren Ausgang sehr, sehr fraglich ist.
Seit Tagen kämpfe ich mich durch den Dschungel und es gibt kein Zurück.
Meine jetzige Lage als prekär zu bezeichnen, wäre noch sehr geschmeichelt.

Hinter mir liegen Dutzende von Schlammpassagen, die ich nur mit Mühe und Not und noch viel mehr Glück überwunden habe.
Davor hatten Rebellen zweimal versucht, mich zu stoppen, nein, Umkehren gibt's nicht, dafür ist es jetzt zu spät.
Aber vorwärts geht es auch nur mit extremen Anstrengungen, abgehende Hänge, zerfallene Brücken, im Hinterkopf die Angst, auf ein Hindernis zu stoßen, das für mich alleine unüberwindbar ist. Was dann?

Aber zum ersten Mal wird mir die Schönheit des Regenwaldes bewusst, in diesem Moment wirkt das satte Grün des Regenwaldes, die übergroßen Farne und die Stille friedvoll und berauschend schön.
Plötzlich fühle ich Wärme im Bauch, ein unbekanntes Gefühl, irgendetwas geschieht mit mir. An Gott glaube ich nicht recht, und dass mein früh verstorbener Vater mir beisteht, daran zweifele ich auch – aber ganz sicher ist da etwas und das hilft mir, neuen Mut zu fassen ...

Traumhaftes Afrika, Simbabwe

Lustiges Afrika, Anprobe in Malawi

Armes Afrika, Küche in Burkina Faso

Trauriges Afrika, zu oft

WIE ALLES BEGANN
Wer keinen Mut hat zu träumen, hat auch keine Kraft zu kämpfen
afrikanisches Sprichwort

Spätsommer 2006. Ich sitze in meinem Lkw, das Abenteuer beginnt. Aber zuerst fahre ich Richtung Wörrstadt, um Vega aus einem Tierheim abzuholen.
Ganz allein wollte ich mich auf das Abenteuer der Durchquerung Afrikas dann doch nicht einlassen und so habe ich nach langer Suche einen Hund in einem privaten Tierheim gefunden, der mir für diese Tour geeignet scheint. Das Probewochenende vor zwei Wochen ist gut verlaufen, obwohl mir die Hundedame einmal vor Stress auf dem Armaturenbrett des Lkws herumlief, aber okay, die positiven Eindrücke überwiegen.
Vega, was im Arabischen »fallender Stern« bedeutet, ist ein Mastino-Espanol-Mix mit fragwürdiger Straßenkarriere, weiblich, kastriert und etwa vier Jahre alt. Sie wurde aus einem spanischen Tierheim gerettet und nach Deutschland gebracht. Nun wird sie mit mir auf Afrika-Tour gehen. Sicherlich eine gewagte Aktion aber in Anbetracht meines Vorhabens eine, die ich gestalten kann, denn es liegt allein an mir, aus uns beiden ein Team zu machen.
Meine Vorbereitungen für die Tour waren relativ kurz, die Jahre zuvor bin ich schon in den nordwestlichen Regionen Afrikas unterwegs gewesen und auch Teile des südlichen Afrika sind mir nicht unbekannt.
Meine größte Sorgfalt galt dem Fahrzeug, meiner rollenden Wohnung für die nächsten Monate. Unterwegs bin ich in einem Lkw mit Wohnaufbau, der ausgestattet ist mit allem nötigen Komfort. Um mich mit dem Gefährt vertraut zu machen, habe ich Wochen in der Nutzfahrzeugwerkstatt meines Freundes Udo verbracht und mit laienhaften Fragen die Mechaniker zum Verzweifeln gebracht.
Ansonsten habe ich mir die Adressen der Botschaften und die Reisehinweise des Auswärtigen Amtes ausgedruckt sowie einige Infos von Afrika-Fahrern eingeholt – mehr nicht. Denn für Afrika gilt nach meiner Erfahrung: Es ist nur eins sicher, nämlich dass nichts sicher ist.

Sicher ist nur, wie die ersten Reisen nach Afrika gezeigt haben, die Anwesenheit der Bettler, Geschäftsleute, Abzocker, dunklen Gestalten und uniformierten Räuber. Sie umgaben mich, doch ich war noch nicht gewappnet. Sie waren unverwundbar. Ich war das Opfer der Begierde. Jeder wollte mein bester Freund sein, mir etwas aufschwatzen, mir was besonders Schönes zeigen, wollte ein paar Geldscheine oder zumindest ein paar Münzen, Diesel, Sonnenbrille, die Liste ist lang. Ich wollte sie einschüchtern, verjagen oder niederschreien, wie naiv, wie unafrikanisch!

Das Reisegefährt

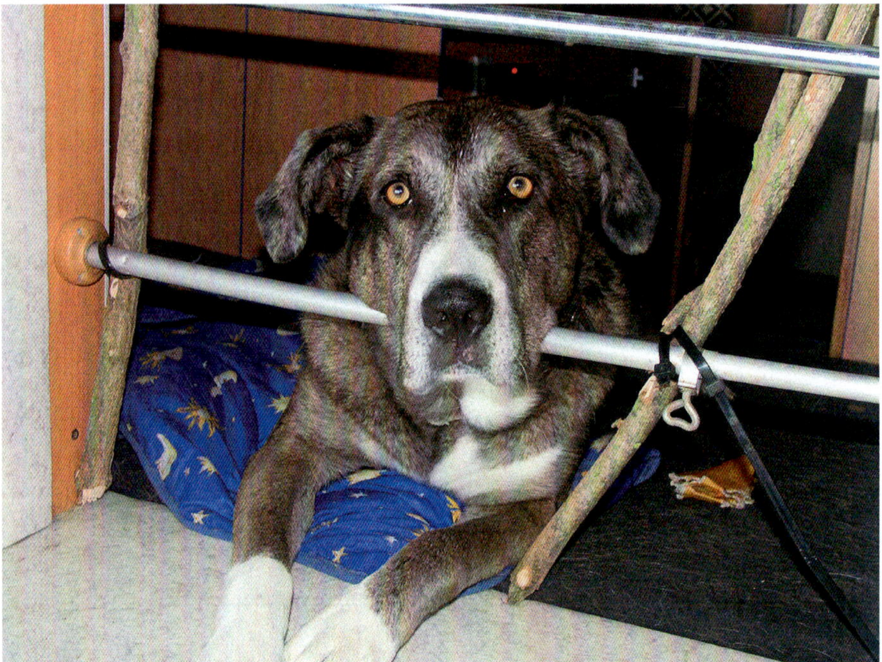

Die Reisegefährtin

Diesmal bin ich gewappnet, ich denke ich habe es verstanden! Mit einigen Sprüchen, einem Sack voller Hirngespinste, Ausreden, und Räuberpistolen übertölpele ich sie bei jedem Versuch, mich auszutricksen. Zahle jeden Trick mit einem anderen heim. So bleiben wir alle Freunde, und ohne Groll gehen wir auseinander, afrikanisch eben.

Mit Problemen wegen des Hundes bezüglich der Ein- und Ausreise rechne ich erst ab Namibia, denn dort sind die Behörden streng, es gibt Veterinärzäune und oft ist es sogar verboten, zum Verzehr vorgesehenes Fleisch von einer Region in die andere zu transportieren. Diese Probleme werden mich dann auf dem weiteren Weg über Ostafrika bis nach Tunesien begleiten. In Westafrika und weiter bis Angola werde ich, wenn nötig, aufkommende Probleme mit Geld lösen können.

Die Versuche im Vorfeld, die nötigen Permits, also die Ein- und Ausfuhrgenehmigungen für Vega zu bekommen, scheiterten. Nach zig Telefonaten mit den Veterinärämtern in Botswana und Namibia musste ich entnervt aufgegeben, unvorstellbar war die Prozedur.

Die Leute am anderen Ende der Leitung konnten sich einfach nicht vorstellen, dass ich, mit einem Fahrzeug und einem Hund aus Deutschland kommend, einreisen möchte.

Meine nötigen Visa plane ich vor Ort zu beantragen, sonst ist man schnell Sklave ablaufender Aufenthaltsgenehmigungen, da die Scheine bekanntlich meist nur für einen bestimmten Zeitraum gültig sind.

Sehr sorgfältig habe ich die Reiseapotheke zusammengestellt: Krankheiten darf ich mir keine erlauben, ich werde alleine unterwegs sein und muss mich um den Hund kümmern.

Klar ist in groben Zügen der Streckenverlauf, es geht die Westseite Afrikas runter und die Ostseite wieder heimwärts – welche Länder ich bereisen werde, wird nicht zuletzt von der politischen und von meiner persönlichen Situation abhängen. Es werden einige Monate vergehen, um etwa nach Nigeria zu kommen und erst dort werde ich entscheiden, ob eine Einreise Sinn macht und möglich ist. Die Situation in solch korrupten, von Armut und Gewalt beherrschten Ländern kann sich innerhalb weniger Wochen, manchmal sogar innerhalb von Tagen ändern.

»Hast du keine Angst?« Immer wieder folgte diese Frage sofort nach dem obligatorischen Kopfschütteln zu Hause. Niemand kam auf die Idee zu sagen: »Welch eine Chance, da wirst du eine Menge Geschichten hören und interessante Menschen kennenlernen. Du wirst Erfahrungen sammeln und dein Leben bereichern.« Nein, niemand. Vielleicht wird mich diese Reise therapieren und mir endgültig die Flausen aus dem Kopf treiben. Vielleicht.

Und nun bin ich mit Vega auf Reisen. Da Wörrstadt in der Nähe von Frankfurt liegt und ich gerüchteweise über die ägyptischen Beamten gehört habe,

dass sie es sehr genau nähmen, mache ich noch einen Abstecher zur Ägyptischen Botschaft nach Frankfurt, um mir einen Stempel für Vegas Impfpass zu holen. Das sollte, nach Aussage des zweiten Botschafters, für eine Einreise mit Hund genügen.
Allerdings biege ich erst in letzter Sekunde in die richtige Abfahrt ein, denn ich habe plötzlich Zweifel daran, überhaupt soweit zu kommen. Ägypten ist eines der letzten Länder, die ich bereisen werde, und der aufkeimende Pessimismus muss erst durch meine ausgeprägte positive Lebenseinstellung niedergerungen werden.

Die nächsten Tage über Frankreichs Landstraßen sind wenig aufregend. Ich kenne die Strecke auswendig und kann mich voll und ganz auf meine neue Begleiterin konzentrieren: Sowie sich die Tür des Wohnmobils öffnet, will Vega hinausspringen und ist nur mit Mühe und Not daran zu hindern.
Bei jeder sich bietenden Gelegenheit versucht sie abzuhauen, ich bin begeistert ... Ebenso zwängt sie sich ständig durch den Durchgang zwischen Wohnkabine und Fahrerhaus. Da bleibt mir nur übrig, ein paar Äste als Sperre dazwischen zu befestigen, damit der Hund während der Fahrt nicht auf dem Armaturenbrett herumturnt.
Es genügt schon, dass Vega in einem Tunnel hinten in der Kabine vor Stress auf dem Tisch steht. Manchmal fühle ich mich etwas überfordert. Aber wenn Vega so durch ihr »Gitter« blickt und sofort Augenkontakt aufnimmt, wenn ich mich umdrehe, wird mir warm ums Herz. Sie ist schon goldig.

Da ich in Frankreich am liebsten nachts fahre, komme ich gut voran. In Lyon jedoch packt mich kurz die Verzweiflung, überall ist die Durchfahrt für Lkws über 3,5 Tonnen verboten. Ich denke: »Augen auf und durch!« Und komme ohne Zwischenfall nach Spanien.

Auch hier kenne ich mich bestens aus. Mittlerweile habe ich vom stundenlangen Gassigehen mit Vega, unglaublich aber wahr, einen ordentlichen Muskelkater und rede ihn mir damit schön, dass das bestimmt einen strammen Hintern gibt.
Vega braucht ihre zwei bis drei Stunden Auslauf täglich, um Stress abzubauen. Meinen Stress halte ich in Zaum mit Bier, Rotwein oder Ouzo, je nach Tagesstimmung ...

Immer an der Küste entlang geht es gen Süden, um Almeria herum sieht die Landschaft aus, als habe Christo sie verpackt – ein Meer aus Plastik, unter dem Gemüse gedeiht, vor allem Tomaten. Hier geht man davon aus, pro Hektar unter Plastik 170 Tonnen Tomaten zu ernten.
Mit dem spanischen Wetter habe ich dieses Mal Glück, Sonne und 30 Grad. Ob das der einzige Grund ist, weshalb ich mich entschließe, erst einmal ein paar Tage in Spanien zu verweilen? Oder ist es eher die Angst vor dem, was noch vor mir liegt?

Egal, auf jeden Fall war der Tipp schlicht falsch, dass das Hundemedikament, das ich für Afrika brauche, in Spanien bestimmt viel billiger sei. Nach nicht enden wollender Suche kann ich nun zumindest behaupten, fast alle Apotheken im südlichen Spanien persönlich zu kennen.

Heute gibt es ein Kilo gegrillte Sardinen an einem wildromantischen Platz am Meer. Wild am Meer zu campen ist hier um diese Zeit gut möglich.
Die Probleme mit Vega haben sich etwas gegeben. Zwar hat sie heute die Leine durchgebissen, mit der sie am Auto angeleint war, ist aber wenigstens beim Auto geblieben. Zwei Stunden habe ich sie beobachtet, bis ich die zerfetzte Leine offiziell ‚bemerkt' habe. Das Training mit ihr hat sich gelohnt. Mittlerweile bellt sie, wenn ein Auto kommt und genau das ist ihre Aufgabe, nämlich Besucher zu melden.

Die Tage vergehen und ich fange an, die ersten konkreten Pläne für Afrika zu machen. Zuerst schicke ich die Nummernschilder zum Abmelden nach Hause. Der TÜV ist abgelaufen und Steuer mag ich in Deutschland auch nicht bezahlen, also schraube ich die Ersatznummernschilder an den Truck und fahre dann – wie immer, bevor es nach Marokko geht – zum Stausee.
Ein netter Platz, dort kann ich Trinkwasser bunkern und zum ersten Mal Wäsche waschen. Bei dieser Gelegenheit geht Vega stiften, über eine Stunde suche und rufe ich sie, will dabei aber auch nicht zu weit vom Fahrzeug weg. Als sie wieder auftaucht, ist sie dreckig und stinkt gewaltig. Sie muss sich in einem alten, toten Fisch gewälzt haben, meine Güte ist das eklig!

Früh am nächsten Vormittag gehe ich in Algeciras, einer der südlichsten Städte des spanischen Festlands und direkt an der Straße von Gibraltar gelegen, bei einem großen deutschen Discounter einkaufen.
Dort muss ich mich nicht schämen, mit acht Paletten Bier wieder rauszukommen, denn jeder, der bereits einmal in Marokko war, macht seine letzten Einkäufe hier.
Bis Mittag sind die Vorräte im Lkw verstaut, und nun geht es zu Carlos, einem geschäftstüchtigen Spanier, der sich auf Touristen und den Verkauf von Fährtickets nach Marokko spezialisiert hat. Seine Preise sind günstig. Da man vor seinem Büro die letzte Nacht in Europa verbringen kann und Algeciras nicht zu den sichersten Städten zählt, schlafe ich auch diesmal vor Carlos' Büro. Am nächsten Morgen verschlafe ich und muss die spätere Fähre um elf Uhr nehmen.

Als die Fähre den Felsen von Gibraltar passiert, wird mir auf meinem Logenplatz am offenen Heck ganz sonderbar.
»Der Schuh, den du dir angezogen hast, ist diesmal zu groß«, denke ich. Obwohl ich schon einige risikoreiche Expeditionen unternommen habe, ist es mir diesmal mehr als mulmig zumute.

»Im Grunde genommen kannst du gar nichts, aber das wenigstens auf hohem Niveau«, versuche ich mich aufzuheitern.
Mein Englisch ist so lala, Französisch beherrsche ich kaum, Spanisch na ja. An meinem Lkw habe ich bei Udo zwar fleißig mitgebastelt, aber richtig Ahnung von dem Gefährt habe ich nicht wirklich. Das Einzige, das ich all dem entgegensetzen kann, ist mein Mut und selbst der macht mir manchmal Angst.

Vierzehn Kilometer später bin ich in Ceuta, in der nach wie vor spanischen Enklave in Marokko.
Sie wurde von der spanischen Armada im Jahre 1580 im Zuge der Reconquista, in welcher die Christen die Muslime aus Andalusien vertrieben, erobert. Als passionierter Pfeifenraucher kaufe ich einen Tabakladen leer, zollfreie Zone, und tanke voll. Natürlich nicht, ohne nach einem Geschenk zu fragen, ich muss mich ja auf Afrika einstimmen – bei 500 Litern Diesel!
Eine Flasche Whiskey und eine Flasche Wodka wandern über den Tresen.

ASSALAM ALAIKUM
Man kennt sich

Die Grenze zu Marokko hat sich völlig verändert.
Alles ist neu gebaut, allerdings ändert das nichts an der konfusen Abwicklung, undurchschaubar für den Laien. Erst müssen diverse Formulare ausgefüllt werden, natürlich in Französisch, aber bereits die Suche nach diesen Formularen ist eine Herausforderung.
Danach muss von den verschiedenen Häuschen das richtige gefunden werden, in dem das Auto in den Pass eingetragen wird. In Marokko wird, um einem Verkauf des Fahrzeuges im Lande vorzubeugen, das Fahrzeug in den Pass eingetragen. Eine Ausreise ist ohne Fahrzeug dann nicht mehr möglich.
Nun geht es zur sogenannten Immigration (Einreisebehörde) für den Einreisestempel und den entsprechenden Eintrag der Dauer der Aufenthaltsgenehmigung.
Ein Beamter muss gefunden werden, der alles kontrolliert und einen Handzettel aushändigt. Dieser wiederum berechtigt, vor die letzte Schranke zu fahren, an der nochmals alles genauestens kontrolliert wird.
Zwischenzeitlich will dann einer auch noch mal einen Blick in den Lkw werfen, aber als er Vega sieht, hat er keinen weiteren Wunsch als schnell die Tür wieder zuzumachen.

Diese Reaktion wird mich während meiner ganzen Afrika-Reise begleiten, denn hier haben alle riesige Angst vor großen Hunden. Das äußert sich beim Anblick Vegas mitunter auch schon einmal in wildem Geschrei und Fersengeld geben.
Einen Schlepper zu nehmen ist nützlich, er hilft beim Grenzübertritt, füllt die nötigen Formulare aus und weist den Weg. Allerdings will er dafür natürlich bezahlt werden, ich verzichte.
Die Zöllner wissen zwar, dass viel Alkohol die Grenze passiert, aber in der Regel gibt es kein Problem. Den europäischen Winter verbringen unzählige Rentner, vor allem Franzosen, mit ihren Wohnmobilen in Marokko.
Überhaupt ist dieser Teil Nordafrikas, wenn man nicht zum ersten Mal hier ist und sich etwas auskennt, ein unglaublich schönes Reiseland.

Der Bettelruf der Kinder »Donne-moi un cadeau, donne-moi un stylo!« – »Gib mir ein Geschenk, gib mir einen Kugelschreiber!« – wird allerdings von nun an mein ständiger Begleiter sein.
Ein pauschales Rezept, sich dagegen zur Wehr zu setzen, gibt es nicht, und meine Reaktionen fallen unterschiedlich aus. Beim Einkaufen etwa dürfen

die Kinder meine Waren tragen und mich beraten, wo ich die preisgünstigsten Käufe tätigen kann. Dafür bekommen sie dann eine Kleinigkeit.
Grundsätzlich gebe ich nur dann etwas umsonst, wenn ich auf offensichtlich große Armut treffe. So wechseln auf dieser Reise einige Kleidungsstücke und Nahrungsmittel den Besitzer. Andererseits ist es unmöglich einzuschätzen, ob jemand wirklich in Not ist oder es nur vorgibt. Afrikaner haben viel Fantasie, und jeder hat eine Geschichte auf Lager.
Arm sind diese Leute sicherlich alle, aber Armut lässt sich in Afrika nicht mit europäischen Maßstäben messen.

In strömendem Regen fahre ich bis Larache auf den Campingplatz.
Ich bin froh, nicht das erste Mal in Marokko zu sein. Der Regen spült aufgrund fehlender Kanalisation neben Schlamm auch allen möglichen Unrat auf die Straße.
In den wenig schönen Dörfern entlang der Strecke huschen vermummte Gestalten um die Ecke oder sitzen Schutz suchend unter Wellblechverschlägen, das alles sieht nicht sehr vertrauenswürdig aus.
Besonders delikat sind jedoch die Autofahrer. Hier im Norden wird es im Winter auch sehr kalt und so hat sich eine Mode verbreitet, die aus einem langen, dicken, schwarzen Mantel besteht, dessen große Kapuze oben spitz zuläuft und weit geschnitten ist.
Das Gesicht unter der Kapuze erkennt man nicht und so hat man immer das Gefühl, da kommt einen der Leibhaftige persönlich entgegen. Gänsehaut.

Bei einem Bummel durch die Medina von Larache am nächsten Tag spricht mich der mir unbekannte Achmed an. Es ist nichts Ungewöhnliches, zum Tee eingeladen zu werden.
Ich weiß auch schon, was jetzt kommt. Tatsächlich bietet er mir kurz darauf ein Kilo Haschisch an, erklärt mir ausführlich meinen möglichen Gewinn, wo er das Zeug anbaut, wo er wohnt und im Übrigen seine ganze Lebensgeschichte. Nun dreht er sich einen würzigen Joint, um seinen Geist zu beflügeln, raucht und betrachtet mich. Ich bitte um Bedenkzeit.

Unterhalten haben wir uns in Deutsch, denn viele Marokkaner sprechen deutsch, sie lernen die Sprache im Regelfall ausschließlich von den Touristen.
Dazu aber gleich eine Warnung an alle, die jemals nach Marokko kommen: Marokkaner sind durchweg sehr gute Geschäftsleute und sie verstehen es perfekt, einem deutlich überhöhte Preise aufzuschwatzen. Dabei geben sie dir noch das Gefühl, alles richtig gemacht zu haben.
Was soll's, auch ich musste schon Lehrgeld bezahlen. Bei meinem ersten Marokko-Aufenthalt landete ich bereits nach kurzer Zeit in einem Teppichgeschäft, obwohl mir der Marokkaner eigentlich nur einen Parkplatz zeigen wollte!

Da es mich in neue Landstriche zieht, fahre ich zügig gen Süden, natürlich nicht ohne bisweilen an der Straße Halt zu machen, um frischen Fisch zu essen, köstlichen Minzetee zu trinken und ein wenig mit den Leuten zu plaudern. In den Ortschaften hängen frisch geschlachtete Ziegen und Hammel. Am Straßenrand wird erntefrisches Obst und Gemüse angeboten, willkommen in Afrika.

Die Nächte verbringe ich, wo es gut und gefahrlos möglich ist.
In Marokko gibt es zwar noch Campingplätze, aber die Länder, die ich danach durchfahren werde, sind nicht auf Individualtouristen eingestellt. So bleibt nur die Möglichkeit, täglich einen möglichst schönen und gleichzeitig sicheren Übernachtungsplatz zu suchen.

In Oualidia treffe ich alte Bekannte wieder und wir verbringen einige Tage zusammen: Vega kann ich seit Kurzem von der Leine lassen, und da die anderen ebenfalls Hunde haben, wird das Gassigehen zum Gassirennen.
Am Meer säuft sich der Boxer jedoch mit Salzwasser voll, Vega ist clever genug nichts zu trinken, sie taucht nur den Kopf unter Wasser.
Als wir zurückkommen, muss der Boxer seinen Mageninhalt im Auto meiner Bekannten entleeren, von hinten direkt rein ins Fahrerhaus. Meine Güte, das ist wirklich übel, es läuft zu den Türen raus.
So vergehen die Tage und Sonja und Jan, ein deutsches Paar, mit dem ich schon zu Hause Kontakt hatte und das die gleiche Route fahren will, trifft ein. Wir wollen ein Stück des Weges gemeinsam zurücklegen. Die beiden sind mit einem 90er Land Rover unterwegs.
Ich verabschiede mich von meinen Bekannten in Oualidia und fahre mit den beiden Deutschen Richtung Süden.
Zwischendurch machen wir Zwischenstopps zum Baden im Meer, es ist zwar kalt, aber die Wellen sind einfach grandios. Ab und zu gehen wir etwas essen und schauen uns das eine oder andere an. Da ich das meiste aber schon kenne, trennen wir uns nach ein paar Tagen und machen Taroudannt als neuen Treffpunkt aus.

Ich fahre nach Agadir, um die letzte Einkaufsmöglichkeit in Marokko zu nutzen. Hier ist vorerst die letzte Möglichkeit, sich (preisgünstig) mit europäischen Waren einzudecken. Eine große französische Supermarkt-Kette ist seit Jahren hier vertreten.

Aber man darf sich nicht täuschen lassen. Während es hier auf der Atlantikseite fast europäisch zugeht, weiß ich von früheren Aufenthalten, dass nur einige hundert Kilometer weiter im Landesinneren die Zeit stehen geblieben scheint. Da wird der Boden noch wie vor hundert Jahren bearbeitet, es gibt weder Strom noch fliesend Wasser. Wie überall in Afrika zieht es die Jugend in die Städte mit allen negativen Folgen wie Arbeitslosigkeit und Armut, denn ohne den Halt der Familie und entsprechende Sprachkenntnisse ist es auch in Agadir schwierig, einen der zahlreichen Jobs zu erhaschen. Und so kann ich beobachten, wie mitten in Agadir eine Gruppe junger Leute mit Pappkartons und einer alten Decke versucht, sich das Nachtlager zumindest einigermaßen warm zu gestalten.

Taroudannt mit seiner mächtigen Stadtmauer und der aus Lehm erbauten Medina ist ein sehr angenehmes Städtchen, in dem ich mich gerne aufhalte.

»Sechshundertfünfzig Dirham«, sagt der Händler, er muss in meinen Augen gesehen haben, dass ich nach langer Suche endlich fündig geworden bin. Die Gebetstafel ist aber auch wunderschön.
Der Händler bringt Tee und ich zeige ihm, wie wenig europäisch ich bin, zumindest hier und jetzt. Denn ich lasse mich nicht auf das Spiel ein: »Nun habe ich dir doch einen Tee gegeben und nun kannst du schwer gehen, ohne etwas gekauft zu haben.« Ich bestelle neuen Tee, der hier ist nicht besonders gut! Der Preis fällt sofort um fünfzig Prozent. Neunzig Minuten, einen weiteren Tee und sechs erfundene eigene Kinder später bin ich ganz zufrieden und zahle hundert Dirham. Mit versteinerten Minen verabschieden wir uns voneinander, aber ich denke, wir sind beide mit dem Deal zufrieden.

Als Sonja und Jan schließlich in der Nacht am Camp eintreffen, ist das Tor zu. Ich pfeife einen herumstehenden Marokkaner herbei und fordere ihn in breitestem Fränkisch auf: »Geh', hol' amol den Wärter«, worauf er sofort losläuft. Die beiden Deutschen schauen mich verwundert an ... Tja, Fränkisch ist eben eine Weltsprache!

In Tafraoute, einer etwa 1000 Meter hoch gelegenen Oase mit Dattelpalmen, wo das Atlasgebirge allmählich in die sandige Wüstenlandschaft des benachbarten Algerien übergeht, machen wir einen Abstecher zu den blauen Steinen.
Der belgische »Land-Art-Künstler« Verame hat riesige, von der Erosion rundgeschliffene Felsbrocken mit leuchtend bunten Farben angemalt (die mittlerweile recht verblasst sind).
Hier im Tal der Ammeln ist eine der landschaftlich schönsten Gegenden Marokkos. Der Berberstamm der Ammeln gilt als besonders geschäftstüchtig und ihr Reichtum ist weithin sichtbar. Wunderschöne Häuser mit roten, rosa und ockergelben Farben klammern sich an gewaltige Felsmassive.

In Richtung Westsahara fahrend treffen wir unterwegs einen Lkw mit Orli, Phil und ihrem Hund Wuffi an Bord, die auch in den Westen wollen. Die drei schließen sich uns an und so fahren wir im Konvoi weiter. Wer sich unter der Westsahara etwas ganz Aufregendes vorstellt, dem sei nur folgende Beschreibung mit auf den Weg gegeben: eine endlos langweilige Teerstraße, links öde Steinwüste, rechts das Meer, dazu ein meist starker, unangenehmer Wind – und das über satte 1500 Kilometer. Unterbrochen wird die Langeweile nur,

als Orli in einer Stadt eine in der Nähe stehende Gruppe Männer anspricht, weil ein paar freche Kinder uns bedrängen. Sie sollen einschreiten. Ein probates Mittel denn sofort haben wir Ruhe.
Da die Mauretanier aufgrund fehlender finanzieller Möglichkeiten den Kampf um die Westsahara aufgegeben haben, versuchen die Marokkaner mit allen Mitteln, dieses Gebiet zu besiedeln. Entlang der Strecke entstehen regelrechte Häusersiedlungen, die aber offensichtlich nur zögerlich angenommen werden. Da wir nun kurz vor der Grenze von Marokko nach Mauretanien sind, erkläre ich meinen Mitfahrern, dass im Grenzstreifen aus früheren Kriegszeiten noch jede Menge Minen versteckt sind, die Piste also auf keinen Fall verlassen werden darf. Die Strecke besteht aus einer endlosen Aneinanderreihung von Schlaglöchern mit recht sandigen Passagen dazwischen, links und rechts liegen ausgebrannte Autowracks, die offensichtlich machen, was abseits der Piste lauert! Am Zoll verlangen die Mauretanier pro Auto zehn Euro, die ich gerne zahle, weil dann zumindest niemand ins Auto schaut. Schließlich fahren wir in ein streng islamisch geprägtes Land und meine alkoholischen Vorräte sind noch nicht aufgebraucht ...

Sonja und Jan, die beiden Land Rover-Fahrer, bitten mich, für sie wegen der Grenzgebühr zu verhandeln, da sie mit niedrigem Budget unterwegs seien und am Tag nur 22 Euro zur Verfügung hätten. Mal sehen, ob's klappt.
Da ich als Einziger noch kein Visum für Mauretanien habe, suche ich mir erst einmal jemanden, den ich bereits kenne, und treffe schon nach kurzer Zeit einen alten Bekannten wieder. »No problem«, er nimmt mich an die Hand und wir gehen zu seinem Chef.

Zwischenzeitlich haben die Mauren hier sogar Buden aufgestellt, früher wurde alles noch in Zelten abgewickelt. Am Gebäude angelangt, ziehe ich die Schuhe aus und trete ein: »Assalam alaikum.«

Zwei Typen lümmeln auf Matratzen, die auf rostigen Eisenbetten liegen, niemand schenkt mir Beachtung.
Mein Freund zeigt auf den Teppich, der am Boden liegt und zieht sich zurück. Ich lasse mich nieder und sehe mich um; hunderte Fliegen umschwirren mich, versuchen in Ohren und Mund zu kriechen. Ich hasse das, bleibe aber ruhig sitzen und warte.
Bald kommt ein kleiner Junge mit einer Schale Ziegenmilch herein, stellt sie neben mich auf den Boden und geht wieder.
Sofort habe ich etwas Ruhe, die Fliegen stürzen sich auf die Milch.
Die beiden Männer erheben sich von ihren Matten und kommen zu mir auf den Teppich. Dabei beachten sie mich immer noch nicht.
Der eine nimmt die Schale mit der Milch, fischt mit einer geschickten Handbewegung die zu Dutzenden in der Milch schwimmenden Fliegen heraus und trinkt, dann reicht er die Milch dem anderen, der holt vier schon wieder abgestürzte Fliegen ebenfalls mit der Hand heraus und trinkt auch.

Felsspeicher von Amtoudi

Blaue Steine, Tafraoute

Dann reicht er mir den Pott! Ich führe ihn an die Lippen, presse sie dabei aber fest zusammen, mache zwei vorgetäuschte Schlucke und stelle die Schüssel wieder ab.

Mit dem Arm wische ich mir die Milchhaut von den Lippen.

Nun schauen mich beide an und fragen, was ich wünsche. Ich lege meinen Pass auf den Teppich und sage: »Ein Visum.« Ohne ein weiteres Wort greift der eine hinter sich, holt eine Blechbox hervor und stellt mir das Visum aus. 30 Minuten später bin ich schon wieder draußen.
Mein Vermittler steht noch vor dem Haus und sagt, dass ich da aber Glück gehabt habe, der Letzte hätte zwei Tage warten müssen!

Mit einem guten Gefühl gehe ich nun zum Zoll.
Wie angekündigt wollen sie zehn Euro pro Auto. Um mich für die noch kommenden Grenzen warm zu machen, fange ich an zu lächeln: »Mein Freund, das zahlen doch nur die Franzosen und all die anderen. Wir Deutschen jedoch ... Hast du eigentlich Kinder, wo wohnst du, gefällt es dir hier, was gibt es Neues in Mauretanien, ah, gut, so so ...«
Wenige Minuten später sind wir die besten Freunde und er will nur noch zehn Euro für alle drei Autos! Damit kann ich leben und so zahle ich. Jedoch habe ich die Rechnung ohne den Chef gemacht, der beschimpft mich plötzlich, ich solle gefälligst zahlen, wie alle anderen auch. Ich ignoriere ihn, gehe zügig zum Auto und fahre los.
Leider haben die beiden anderen Crews kein Gefühl für die Lage und es dauert unangenehm lange, bis sie endlich starten.
Schließlich geht aber doch alles gut. Da Orli und Phil, die Lkw-Fahrer, noch eine Versicherung abschließen wollen – ich fahre ohne bzw. mit einem gefälschten Schein –, trennen wir uns und vereinbaren, dass ich ein Steinkreuz an die Straße mache, damit wir uns wiederfinden. Mitten in der Nacht kommen sie dann an, haben das Kreuz gleich erkannt.

Am nächsten Tag trennen wir uns. Die beiden Crews wollen zusammen weiter nach Choûm. Da ich diese Strecke aber bereits kenne, wollen wir uns in Nouakchott, der Hauptstadt Mauretaniens, wieder treffen.
So fahre ich auf einer mir bekannten Sandpiste zwei Tage durch die Wüste, um ein wenig Saharafeeling aufkommen zu lassen. Seit die Teerstraße fertiggestellt ist, wird diese alte Schmugglerpiste nicht mehr befahren.

Ich liebe es, am Abend auf einer der hohen Dünen zu sitzen, den Sonnenuntergang zu genießen und einen Sundowner zu trinken.
Nur mein Herzschlag ist in der Stille zu hören. Egal, in welche Richtung man auch blickt, ein Erdteil voller Sand, nichts als grenzenlose Weite.
Beschränkt nur durch den Horizont, kein Sandkorn bewegt sich. Ein immer wieder tolles Erlebnis.

Ist die Sonne am Horizont verschwunden, wird es rasch kühl und so mache ich am Abend Feuer. Über uns am klaren Himmel die Millionen Lichtjahre entfernten Sterne, zum Greifen nahe. Vega muss sich ein paar Geschichten anhören, und sie ist eine gute Zuhörerin. Es geht mir gut, endlich ist es weg, das komische Gefühl im Magen, das mich bis hierher begleitet hat. Ich fühle mich einfach nur wohl.

Kurz vor Nouakchott beginnen die Kontrollen, aber mit einem Fich, (einem vorher ausgefüllten und dann kopierten Zettel mit allen möglichen Angaben, darunter auch die Vornamen meiner Eltern!) klappt alles reibungslos. Auch die gefälschte Versicherung wird akzeptiert und so fahre ich auf den Stellplatz am Meer. Hier gibt es zwar reichlich Fliegen im Auto, aber auch ganz frisch gefangenen Fisch und das Gassigehen mit Vega macht richtig Spaß.

Nouakchott habe ich bei meinem ersten Besuch als einen extrem abstoßenden, unwirtlichen Ort kennengelernt – der Franke würde dazu »Dreckskaff« sagen. Die Luft war erfüllt vom fauligen Geruch der riesigen, meist brennenden Müllhalden in den Außenbezirken, und auch die mit Schlaglöchern gespickten Straßen des Stadtkerns quollen über vor Müll. Das Schlimmste aber war, dass überall Tierkadaver herumlagen.
Inzwischen hat sich die Situation erheblich verbessert, wenngleich ich mir immer noch nicht sicher bin, ob die meisten Gebäude in der Stadt erst halb fertiggestellt oder schon wieder halb zerfallen sind.
Unverändert desolat sind auch die Verkehrsvehikel, meist alte Mercedes-Benz-Kleintransporter der 207er-Baureihe, ohne Schiebe- und Hecktüren. Dafür sind sie reichlich mit Trittbrettern versehen, an denen Menschtrauben hängen, und haben geschweißte Metallstreben in den leeren Autofenstern. Und dazwischen Eselkarren, Handwagen, Fahrräder und Mofas, auf denen Männer und Kinder Körbe mit Hühnern, Gemüsekisten, Stoffballen, Nähmaschinen oder ganze Kühlschränke »kunstvoll« transportieren.
Wer in Nouakchott auch nur einen Hauch von orientalischem Charme erwartet, wird enttäuscht. Im Gegenteil, jeder der diese Stadt das erste Mal besucht, wird einen Hauch von Endzeitstimmung verspüren.

Ich finde schließlich das Haus, in dem ich vor zwei Jahren schon einmal Geld getauscht habe – schwarz natürlich, denn der offizielle Tauschkurs ist um vieles ungünstiger –, betrete den Innenhof und frage nach dem »Chef«. Der ist jedoch nicht da, also erkundige ich mich auf gut Glück nach seinem Bruder und ja, der wohnt da unten links! »Super, das finde ich bestimmt«, gestikuliere ich und nehme einen kleinen Jungen, der im Innenhof spielt, zur Begleitung mit, er soll mir den Weg zeigen. Der Kleine kennt sich natürlich gut aus und nach einigem Hakenschlagen durch die engen Gassen sind wir ruck, zuck da. Der »Bruder« wartet schon und tauscht das Geld zu einem guten Kurs.

Nouakchott, Taxi

Beim Bummeln durch Nouakchott fallen immer die vielen hellhäutigen Mauren auf, die mit dem Koran unter dem Arm durch die Gassen laufen – mit ihren langen, weißen Umhängen ein schönes Bild. Mauretanien ist ein streng islamisches Land und man trifft auch auf religiös motivierte Arroganz gegenüber dem Christen. Bei einem der seltenen Gespräche erfahre ich, dass Mauretanien erst 1980(!) die Sklaverei offiziell abgeschafft hat. Nun erklärt sich auch der Umgang mit der schwarzen Bevölkerung, den ich immer wieder beobachten konnte. Während man mir eher abweisend, jedoch korrekt begegnet, werden diese abfällig behandelt.

Aber es gibt auch Lustiges in Nouakchott. Da es recht warm ist, gehe ich täglich schwimmen, aber Vega traue ich nicht so recht. Und so müssen die Spaziergänger am Strand daran glauben und Vega so lange an der Leine halten. Dabei ergeben sich Situationen, die mich im Wasser immer wieder zu Lachanfällen zwingen. Da ist Omar, der sich nicht traut, nein zu sagen, und die ganze Zeit wie versteinert dasteht und sich alle Mühe gibt, auch nicht die geringste Bewegung zu machen. Sein Gesicht hält er immer weit von Vega weggedreht im Sinne von »Was ich nicht sehe, kann mir auch nichts tun«. Als ich ihm dann die Leine aus der Hand nehme, sehe ich Schweißperlen auf seiner Stirn, die nicht von der Sonne sind, und als er ein paar Meter weg von uns ist, fängt er an zu lachen und winkt mir zu, bis er nicht mehr zu sehen ist.

So sind sie, meine afrikanischen Freunde, sie nehmen mir normalerweise nichts übel und können auch einmal über sich selbst lachen.
Heute gegen Mittag gehe ich zum Strand, Fisch kaufen. Die Netze werden gerade von den Booten gezogen, hier gibt es alles, was das Meer hergibt. Es ist sagenhaft, wie fisch- und artenreich die See hier ist, sogar ein kleiner Hammerhai ist im Netz gelandet.
Ich kaufe einen großen Fisch und lasse ihn von einem Freund auf dem Campingplatz grillen. Gemeinsam verzehren wir ihn am Abend am Strand, im Sand sitzend, und sehen dabei schweigend dem glutroten Sonnenuntergang zu. Meinen Freund, der aus dem Senegal stammt, überkommt bei diesem Naturschauspiel Heimweh.
Im Internetcafé ist die Leitung zwar äußerst langsam, und die arabische Tastatur macht Zicken, dafür gibt es Tee und mittags macht mir der Mann auch noch ein Butterbrot, was will man mehr? Bei der Mercedes-Benz-Niederlassung treffe ich einen deutschen Werkstattmeister, erst freue ich mich, aber dann stellt sich heraus, dass der Kerl nicht nur unfreundlich, sondern auch noch ein Ignorant ist, sehr freundlich ausgedrückt.

Das einzig Störende neben den Fliegen sind die paar Jungs, die jeden Abend vorbeikommen und haarscharf an meinem Auto entlangfahren. Jeden Tag parke ich den Lkw in der Hoffnung um, dass sie jetzt nicht mehr kommen, aber nein, zum Schluss stehen sie wieder ganz eng am Truck, weiß der Teufel warum. Das nervt mich gehörig.

Als Sonja und Jan samt der Lkw-Crew eintreffen und beschließen, noch zwei Tage hier zu bleiben, fahre ich alleine weiter. War nun lange genug hier. Bevor ich Nouakchott verlasse, kaufe ich noch einige Stangen Zigaretten. Eine Stange für umgerechnet zwei Euro fünfzig ist eine günstige Angelegenheit, die mitunter dabei hilft, allzu aufdringliche Wünsche nach Geschenken unter Kontrolle zu halten. Oft genügt da schon eine Zigarette, um die Situation zu entspannen! Auch etwas Fleisch möchte ich noch haben. In der Metzgerei werde ich nach hinten geführt. Ein frisch geschlachtetes Kamel liegt im Sand und der »Metzger« hackt mit der Axt ganze Stücke ab!

Die Strecke bis Rosso ist recht kurzweilig und teilweise von schönen, unwirklich rötlich schimmernden Dünen gesäumt. Bei einer Mittagspause abseits in den Dünen kommt ein voll besetzter Toyota auf mich zugefahren. Es vermittelt ein ungutes Gefühl, wenn ein 100.000 € teurer Jeep mit lauter vermummten Gestalten auf einen zufährt.
Ich stehe neben dem Fahrerhaus und der Jeep stoppt neben mir, ein Maure steigt aus und kommt lächelnd auf mich zu. »Was hast du mir als Geschenk mitgebracht?«, fragt er lachend. Schlagfertig drehe ich den Spieß um und sage: »Mein Freund, ich bin hier Gast, aber wenn du mir unbedingt ein Geschenk machen möchtest ...« Dabei strecke ich ebenso freundlich lachend beide Hände aus.

Nun ist der Arme so verwirrt, dass er in seinen Taschen kramt und mir ein Lederetui samt einer der für Mauretanien so typischen kleinen Metallpfeifchen in die Hand drückt. Wortlos und immer noch recht verwirrt steigt er ins Auto und rauscht davon. Ich sehe, dass sich die Mitfahrer hinten im Fond vor Lachen krümmen, und als sie weg sind, fange auch ich das Lachen an.

An einigen Kontrollpunkten kommt der Wunsch nach Geschenken, aber die Jungs lassen sich meist leicht abwimmeln und die lautstarken, aufdringlichen Kinder von Rosso haben wenig Chancen, da ich die Strecke kenne und wegen einer Wegbeschreibung nicht stoppen muss.
Ich werde die Grenze von Mauretanien in den Senegal nicht in Rosso überqueren, denn in allen Beschreibungen wird diese als die schlimmste in ganz Afrika bezeichnet. Sondern ich werde in Rosso nach Westen abbiegen und am sogenannten Damm entlang fahren, um die Grenze bei Barrage Diamma anzufahren.
Die Strecke am Damm entlang führt durch ein Sumpfgebiet, links der Senegal-Fluss und rechts nette afrikanische Landschaft mit Baobabs. Gegen Mittag bleibe ich an einem schönen Platz für die Nacht stehen. Erst morgen möchte ich die schwierige Grenze in aller Ruhe angehen. Den Abend verbringen Vega und ich mit einem Spaziergang, bei dem uns Affen, Wildschweine, ein großer Leguan und – als ich die Tür vom Wohnmobil wieder schließe – etwa dreißig Moskitos begegnen.

Der Baobab – auch Affenbrotbaum genannt– ist ein Kunstwerk mit gurkenförmigen Früchten. Die großen Riesen können bis zu 120.000 Liter Wasser in den bauchigen Stämmen speichern. »Aber es ist ein trauriger Baum«, sagt die Legende, »denn einst war er der schönste und prachtvollste Baum unter der Sonne, weil er ständig blühte. Und der Eingebildetste. Das gefiel den Göttern nicht, und als sie den Baum aufforderten, seine Blüten abzuwerfen, weigert er sich. Daraufhin packen die Götter den Baobab, rissen ihn aus dem Boden und steckten ihn kopfüber wieder in die Erde«.

Mit dem Verlassen des europäischen Kontinents sollte man jegliche Ansichten von Rechtsstaatlichkeit und alle europäische Vorstellungen vergessen.
Jede afrikanische Grenze hat ihre sonderbaren Rituale. Die Grenzbeamten, die einem gegenüberstehen, sind jetzt und hier die höchste Instanz. Sie bestimmen. Man kann sich nicht über die Behandlung, die geforderten Unterlagen und Nachweise oder worüber auch immer beschweren. Wo bitte sollte man dies tun, ohne wirkliche Kenntnisse der Sprache und der inneren Abläufe? Ein weiteres Problem ist die afrikanische Mentalität, diese ist nicht geprägt von dem Gedanken: »Welche Konsequenzen zieht mein eigenes Verhalten nach sich?« Nein, was zählt ist das heute, jetzt habe ich die Möglichkeit etwas zu verdienen, morgen ist ein anderer Tag. Von einem hohen Beamten im Senegal wurde mir doch vor einigen Jahren erklärt, dass die Grenzbeamten

doch gefälligst selbst für ihr eigenes Einkommen sorgen sollten, schließlich dürften sie doch an einer Grenze arbeiten!
So verwundern Schmiergeldforderungen nicht, aber ich bin nicht gewillt, auch nur einen Cent zu bezahlen. Bei mir ist die Situation besonders schwierig, denn ich reise mit Hund und das gibt, wenn gewollt, immer viele Möglichkeiten der Schikane ...

Schon um neun Uhr morgens stehe ich am nächsten Tag an der Grenze. Erst muss ich zum Zoll, um das Carnet de Passages en Douane, kurz Carnet, stempeln zu lassen.
Das Carnet ist ein internationales Zolldokument für außereuropäische Reisen mit dem eigenen Fahrzeug oder Motorrad, das bei der Ein- und Ausreise abgestempelt wird. Ebenso wird aus dem jeweiligen gestempelten Blatt ein Abschnitt bei der Ein- und Ausreise vom Zoll einbehalten. Das Carnet besteht aus 25 dreiteiligen Einzelblättern und ist ein Jahr gültig. Klingt kompliziert, ist es aber nicht, denn das Prozedere ist immer das gleiche. Das Ganze soll einen Verkauf des Fahrzeugs im jeweiligen Land verhindern. Ausgestellt wird es in Deutschland vom ADAC und man muss für die Kaution richtig tief in die Tasche greifen, da der ADAC im Notfall für anfallende Zollgebühren bürgt.

Den mauretanischen Zollbeamten kenne ich noch vom letzten Mal, ich begrüße ihn freundlich und frage, ob er sich an mich erinnert. »Jaaa, dein Gesicht kommt mir bekannt vor«, antwortet er. Jetzt tische ich ihm die Geschichte auf, dass ich beim letzten Mal hier auch erst bei der Wiedereinreise bezahlt habe und dass wir es doch dieses Mal wieder so handhaben könnten.
Nein, beharrt er, ich solle heute gleich zahlen. Es folgt ein zehnminütiges Wortgeplänkel, am Ende gibt er sich dann doch mit einem warmen Händedruck zufrieden. Ich nehme den Hinweis mit auf den Weg, dass ich bei der Immigration (Einreisebehörde) aber gleich bezahlen muss. Wir werden sehen ...

Bei der mauretanischen Immigration sitzen drei Typen, einer davon ein Musterexemplar des Krimi-Bösewichts. Er spricht mich an und will gleich Geld sehen, ich lache und antworte, dass er erst einmal was arbeiten soll. Ein anderer nimmt meinen Pass und drückt den Ausreisestempel drauf, der Bösewicht unterhält mich derweil. Offensichtlich will er mich einschüchtern, denn nun nimmt er meinen Pass und signalisiert mir ganz deutlich: erst Geld, dann Pass. So ein Verhalten habe ich ja gefressen! Ich werde grantig: »Mein Freund, ich fahre jedes Jahr hier durch und bringe euch immer etwas aus dem Senegal mit. Außerdem habe ich in Nouakchott im Ministerium für Touristik nachgefragt und dort sagte man mir, ich brauche nichts zu zahlen.« Das ist natürlich gelogen, aber er wird unsicher und holt seinen Boss.
Der erscheint in einem völlig verdreckten, ehemals wohl weißen Unterhemd und fragt sauer, warum ich nicht zahlen wolle. Ich erzähle also noch einmal die Story vom Ministerium, worauf er sagt, ich solle verschwinden.

Ruck, zuck entwinde ich den Pass den Händen des verdutzt dreinschauenden Beamten und bin draußen. Kaum im Lkw, kommt der Bösewicht angerannt und blafft mich an: »Jetzt gib mir mein Geschenk!« Ich lächele ihn aus dem sicheren Fahrerhaus herab an: »Mein Freund ...«. Weiter komme ich nicht: »Du hast hier keine Freunde!«, schleudert er mir entgegen.

Nach dieser ersten morgendlichen Herausforderung kommt nun die Grenzbrücke. Dass ich hier zahlen muss, ist klar, die Frage ist nur wie viel. Bei Trucks haben die Jungs immer gleich raschelnde Geldscheine vor Augen.
Ich fahre also vor die Schranke, da kommt der Wärter. Ich mache erst einmal auf »nix verstehen« und lächele. Er schreibt »30 Euro« auf einen Zettel, ich bleibe bei meinem Spielchen und gebe Zeichen, dass er die Schranke öffnen soll. Da geht der Typ einfach weg und lässt mich stehen. Also warte ich mit laufendem Motor vor der Schranke. Nach etwa zehn Minuten kommt ein Pferdefuhrwerk und ich wittere meine Chance. Aber der Wärter macht den Schlagbaum nur so weit auf, dass das Pferd gerade eben durchkommt. Die Passagiere müssen absteigen und der Wärter geht wieder. Links arbeiten etwa sechs Männer an einem Haus und lachen zu mir rüber. Ich steige aus und fange eine Unterhaltung mit ihnen an, frage nebenbei, was es normalerweise kostet, über die Brücke zu fahren. »5.000 CFA [1]«, sagen sie, das sind etwa 7,50 Euro.
Ich gehe zum Lkw zurück und hupe, der Wärter kommt raus, schaut aber nur aus etwa zehn Metern Entfernung zu mir herüber und geht dann wieder. Also setze ich den Truck genau in die Mitte der Straße und hupe erneut.
Der Mann kommt wieder und weist mich an auszusteigen, ich verneine. Jetzt will er meine Papiere sehen und ich frage ihn, was er ist: Immigration, Polizei oder Zoll? »Nein«, sagt er und ich entgegne, dass er mir den Buckel runterrutschen kann ...
Das nächste Pferdefuhrwerk kommt und quetscht sich tatsächlich wieder gerade so vorbei. Aber jetzt kommt ein Geländewagen und der Wärter öffnet die Schranke, ich gebe gleich Gas. Er haut die Schranke vor meiner Nase wieder zu und fängt an, mich übel zu beschimpfen, aber ich bleibe ruhig und zucke nur mit den Achseln.
Der Wärter lässt den Geländewagen nicht durch und geht, um mit einem Schlagstock wiederzukommen. Als er da ist, sage ich, dass ich nicht mehr zahle als üblich, nämlich 5.000 CFA und der Wärter beginnt zu schreien, dass ich ihm die Papiere zeigen soll und wie viele Tonnen der Truck wiegt. Ich brülle ihm zu: »Vier Tonnen!« und zeige die gefälschten Autopapiere vor. »Okay«, fuchtelt er vor mir herum, »dann gib mir 5.000.« Ich gebe ihm das Geld und er lässt mich durch.
Jetzt steige ich aus, lächle ihn harmlos an und frage, ob er eine Zigarette möchte. Ich gebe ihm zwei, wir verabschieden uns freundlich voneinander.

---

[1] CFA = CFA-Franc BCEAO, Währung in Zentral- und Westafrika

Dieses Theater habe ich aus zwei Gründen gemacht: Erstens weiß ich nicht, ob es überhaupt legal ist, hier eine Gebühr zu erheben, weil die Brücke zwischen den Grenzen nur ein paar Meter lang ist. Zweitens sind wir im direkten Sicht- und Hörbereich der senegalesischen Immigration und des Zollhäuschens und die dort drüben haben natürlich alles mitbekommen.

Das war schließlich meine Absicht, denn die Jungs sollen nicht denken, sie hätten es einfach mit mir. Weichkochen nennt man das.

Der senegalesische Zöllner will einen Blick in die Kabine werfen, also mache ich die Tür auf, hebe Vega raus und leine sie draußen an. Dazu muss man wissen, dass die Kabine den Eingang hinten hat und die Tür nach rechts aufgeht. Dabei wird die rechts an der Kabine hängende Leiter, die man zum Einsteigen abhängen kann, verdeckt. Der Eingang liegt einen guten Meter vom Boden weg. Ich steige immer ohne Leiter ein, indem ich mich mit dem Fuß auf der Sandblechhalterung abstütze.

Das weiß der Zöllner natürlich nicht und versucht, ohne jede Stütze in die Kabine zu kommen. Das misslingt jedoch jämmerlich, er schaut mich Hilfe suchend an, ich zeige ihm, wie es geht. Aber auch so hat er Probleme und so wuchte ich seinen massigen Hintern rein in die gute Stube.

Er sagt, ich soll draußen bleiben, was ich glatt überhöre.

Er öffnet alle Türen und Schubfächer, findet aber nichts. Klar, ist ja auch alles außen in den Boxen verstaut!

Im Büro füllt er mein Carnet aus und verlangt Geld. Ich nehme ihm den Schein aus der Hand und schon ist er in der schlechteren Position. Ich erkläre ihm noch, dass man für ein Carnet gar nichts zu bezahlen braucht, und verabschiede mich. Er ruft mir nach, dass er wegen mir große Probleme bekommt, aber da bin ich schon weg.

Der senegalesische Immigrations-Beamte ist einer von der lässigen Sorte: »Macht zehn Euro.« Ich nicke und lasse ihn kontrollieren, anstandslos gibt er mir Pass, Führerschein und Kfz-Schein zurück. »Zehn Euro«, wiederholt er dann. Ich antworte: »Nein, aber eine Zigarette kannst du haben«, und relativ schnell gibt er sich mit zwei Stängeln zufrieden und jammert: »Seit vier Jahren habe ich hier Dienst, es ist immer das gleiche. Franzosen, Italiener, Spanier und selbst Schweizer und Holländer zahlen, nur die Deutschen diskutieren lieber zwei Stunden, bevor sie zehn Euro bezahlen«. Weichgekocht.

SCHWARZAFRIKA BEGINNT
Die Exekutive versucht zu stören

Direkt an der Grenze kaufe ich mir eine Versicherung für ganz Westafrika. Hier ist das Risiko zu groß, von einem Polizisten danach gefragt zu werden, und die nächsten Monate will ich auch nicht ohne Schutz sein. In und um die nächste Stadt herum, Saint Louis, wimmelt es nur so vor lauter »bösen« Polizisten.

Mit den Polizeikontrollen in Afrika sollte man sich auskennen.
Die Polizisten gehören zu den ganz besonderen Feinden, denn es geht hier einzig und allein ums Geld, egal, in welchem Land man ist. Sie bessern so ihren kargen Lohn auf, aber von einem Verständnis für ihre Situation bin ich als direkt Betroffener, dem sie das Geld aus der Tasche ziehen wollen, weit entfernt.

Bei den Kontrollen werden – von allen Beteiligten – verschiedene Taktiken angewendet. Meist tritt der Polizist ans Fahrzeug heran und grüßt schneidig, und bevor er den Mund aufmachen kann, frage ich: »Ist das der richtige Weg nach …? Ja, danke«, und fahre schnurstracks weiter.
Palavern, bis der Polizist vergessen hat, um was es eigentlich geht, ist auch eine gute Lösung. Bei besonders finster dreinblickenden Kollegen ist die Masche »Ich-nichts-verstehen« zusammen mit einem dümmlichen Lächeln, während man mitten auf einer stark frequentierten Straße steht und die Fahrspur blockiert, äußerst Erfolg versprechend.
Das kann man auch steigern zu einem Dauerkopfschütteln, dazwischen immer wieder lächeln, gepaart mit einem wohldosierten, gelegentlichen Schulterzucken.
Natürlich sind ab und an auch nette Ordnungshüter anzutreffen, die offen darüber sprechen, dass ihr Sold so karg ist. Dann reagiere ich ebenso freundlich, mache aber die klare Ansage, dass ich nichts zahlen werde – meist die beste Art, die Situation sofort zu bereinigen. Aber ich habe eben nicht täglich Lust auf mehrere zehn- bis fünfzehnminütige Verhandlungsgespräche und so gebe ich mich auch einmal grimmig und reiche wortlos die geforderten Papiere aus dem Lkw. Das Wichtigste bei den Kontrollen überhaupt ist, das Fahrzeug möglichst nie von der Fahrspur weg auf den Seitenstreifen zu fahren. Meist ignoriere ich derlei Aufforderungen und erst wenn die Jungs wirklich ungemütlich werden oder gar die Waffe heben, parke ich an der Seite. Erstaunlicherweise wirkt sich in ganz Afrika der Hinweis, Deutscher zu sein, meist positiv aus.

Es sind nur ein paar Kilometer bis Saint Louis. Nach Kurzem hält mich schon die erste Kontrolle an und, lässt mich gleich weiterfahren, ich bin überrascht. Aber, wie kann es anders sein, der Nächste will gleich den Feuerlöscher, beide Warndreiecke, den Verbandskasten und die Versicherung sehen. Nachdem ich alles dabei habe, muss er mich passieren lassen.

Schon im Vorort von Saint Louis erwartet mich die nächste Kontrolle, hier die gleiche Prozedur, jetzt soll ich aber aussteigen. Der freundliche Polizist lispelt und spuckt mir dabei ständig ins Gesicht.
Dabei erklärt er mir, dass der Truck hinten links und rechts rot-weiß gestreifte Reflektoren braucht. Wie zur Bestätigung kommt gerade ein Lkw vorbei, den hinten Reflektoren zieren. »Na gut«, versuche ich einzulenken, »ich besorge mir welche in der Stadt und montiere sie.« »Nee, nee, ohne Reflektoren kannst du nicht weiterfahren«, antwortet der Kollege, steckt meinen Führerschein ein und sucht sich einen Platz im Schatten.
Ich setze mich in den Lkw und warte etwa zehn Minuten ab. Dann gehe ich erneut zu ihm hin: »Hey, mein Freund, nun ist gut, gib mir meinen Führerschein wieder.«
Aber es ist nichts zu machen. Ich gehe wieder zum Lkw zurück und überlege, ob ich ihm den eigenhändig bereits dreimal verlängerten Führerschein überlassen soll, denn ich habe ja Ersatz dabei. Andererseits habe ich vor, ein paar Tage hier zu verbringen, und somit scheint es geraten, unauffällig zu bleiben.
Und da fällt mein Blick auf die Warnweste, es ist einen Versuch wert! Also Stromerzeuger und Bohrmaschine raus, die Warnweste in Streifen geschnitten und hinten am Truck rechts und links angenietet. Voilà, mon ami, was hältst du davon? Wortlos gibt mir Mister Kontroletti den Führerschein zurück.

Saint Louis ist bereits Schwarzafrika, eine Stadt mit viel Flair, die mitunter auch das Venedig Afrikas genannt wird: Die Mitte der Stadt ist eine Insel und mit dem Festland durch eine Brücke verbunden. Hier hat es mir schon das letzte Mal so gut gefallen, dass ich jetzt ein paar Tage bleiben will.
Denn trotz des abfallenden Putzes und der verblassten Farben, die Faktoreien und Handelshäuser aus dem 19. Jahrhundert strahlen mit ihrer Patina einen leicht morbiden Charme aus. Vor allem das Bahnhofsgebäude im New Orleans-Stil hat es mir angetan.
Auf den Straßen drängen und schieben sich die Menschen, quirlig und laut geht es zu, die Märkte quellen über, hier ist Leben pur! Um in das Hotel auf der Barbarie-Halbinsel zu gelangen, das einige Stellplätze für Wohnmobile hat, muss ich durch das Fischerviertel. Dort wird auf der Straße gekocht, gewaschen, geschlachtet, gegessen, gefeiert und gestritten. Es ist eine Pracht – auch wenn es erbärmlich stinkt, denn es werden in großem Stil Fische an der Sonne getrocknet. Fotos zu machen ist leider nicht möglich, die Leute mögen das überhaupt nicht. Schade, denn ein Motiv scheint besser als das andere.

Am Hotel stehen etwa zehn Wohnmobile aus Italien, sie gehören alle älteren Herrschaften, die im Konvoi mit einem Führer bis hierher gefahren sind. Weil die Stellplätze damit gut belegt sind, muss ich mich mit einem weniger schönen Platz begnügen. Das Wetter ist herrlich, es ist warm und trocken und das Meer hat nun endlich auch für mich akzeptable Temperaturen.
Die Tage vergehen geruhsam mit ausgiebig Gassi gehen, reichlich Fisch essen, der in Rotwein schwimmt wie ich im Meer, und faulenzen. Ich unternehme meine täglichen Ausflüge in die Stadt, dass ist richtig klasse.
Man stellt sich an die Straße und nach kurzer Zeit kommt ein privates Taxi, das ein meist spektakuläres Innenleben zeigt: Der Kraftstoff zum Tanken wird in einer Flasche aufbewahrt und an einem Seil im Wageninneren befestigt, ansonsten ist das Auto innen quasi leer. Das heißt, jegliches Instrument fehlt und alles klappert. Wenn du Pech hast, sitzt du auf der falschen Seite und musst die Tür an einem Strick zuhalten.
Ich sehe das Unheil schon von Weitem, nichts Gefährliches, aber sehr schwergewichtig. Eine dicke Mama will noch mit. Als zuletzt Zugestiegener sitze ich am Fenster und sehe ängstlich auf ein voluminöses Hinterteil, das mich, da bin ich sicher, zerquetschen wird: Die Mama versucht, mit dem Hintern zuerst auf den Sitz zu kommen, aber er ist zu groß und passt nicht durch die Tür. Ich habe mal wieder Glück.
Aber zu früh gefreut, der Fahrer steigt aus und hilft, drückt, zerrt, die Mama lacht und quiekt in einem. Herrliches Afrika.
Nun hängt sie fest, die anderen Fahrgäste steigen aus und beginnen zu ziehen, jetzt tut es weh. Flop, Mama ist wieder befreit, alle lachen, aber ohne Schadenfreude, es ist ein herzliches Lachen.
Wie in Afrika üblich, käme nun keiner auf die Idee weiter zu fahren. Erst muss für Mama eine Transportmöglichkeit beschafft werden. Sie wird auf der Ladefläche eines gestoppten Pick-up untergebracht, wir winken ihr lachend nach und setzen unsere Fahrt fort.

In Afrika lässt man keinen im Regen stehen.

Die paar Cent für diese Fahrt bezahle ich gerne und gebe noch ein Trinkgeld dazu. In Saint Louis gehe ich bummeln oder ins Internetcafé, trinke eine Gazelle – ein durchaus trinkbares Bier – und lasse das bunte Straßenleben an mir vorüberziehen. Obwohl der Senegal größtenteils islamisch geprägt ist, findet man Frauen mit Schleiern eher selten und Alkohol ist überall zu bekommen, der Glaube wird hier afrikanisch gelebt. Und die Macht der Fetische ist nicht nur im Landesinneren ungebrochen. Auf jedem Markt findet man zumindest einen Stand mit allen möglichen Zaubermittelchen.

Nach ein paar Tagen Ausruhen treibt es mich weiter, und da ich den Polizisten hier aus dem Weg gehen will, fahre ich recht früh los. Auf dem Weg nach Gambia werde ich Nebenstraßen nehmen und habe dazu die Daten ins GPS[2]

---

[2] GPS, Global Positioning System, Navigationsgerät, kurz Navi genannt

eingegeben. Dakar und die Petite Cote kenne ich bereits sehr gut und werde diese Gegend auslassen. So finde ich unbehelligt auf die richtige Strecke und fahre gemütlich über Land. Die Dornenbuschsavanne weicht nun der Trockensavanne, gespickt mit wunderbaren Akazien und stämmigen Baobabs.

Hier, abseits der Hauptroute, sieht es aus wie überall in Afrika, immer wieder ärmliche, aber saubere Dörfer, nette Menschen und man kann einfach nur immerzu schauen, staunen, schauen ... Frauen in bunten Gewändern tragen Tröge oder Schüsseln auf dem Kopf zum Markt und nichts wird in Plastiktüten verpackt. Liebevoll werden die Waren in Blätter gepackt oder in extra angefertigte kleine Körbchen. Es sieht genauso aus, wie ich mir Afrika als Kind immer vorgestellt hatte: runde, mit Bast gedeckte Lehmhütten, daneben ein paar Esel, Ziegen und Hühner. Feuer, auf dem gekocht wird, Brunnen, aus denen mit Eimern Wasser herausgezogen wird, und Frauen, die Hirse stampfen. Nur die bettelnden Kinder fehlten in meiner damaligen Vorstellung.

Da alles recht dicht besiedelt ist, habe ich zum ersten Mal das Problem, einen ruhigen Schlafplatz zu finden.
Ich beschließe, in einem Dorf zu fragen, ob ich mich irgendwo abseits hinstellen kann. Aber es gibt Sprachschwierigkeiten und auch das deutlichste Zeichen für Schlaf, nämlich Schnarchen, führt nicht zum gewünschten Erfolg. Man deutet mir an zu warten und ein Trupp entschwindet. Also schlendere ich durchs Dorf, mich begleiten dabei zwei Dutzend Leute.
Eine halbe Stunde später kommt die Gruppe mit jemandem zurück, der französisch spricht. Radebrechend erkläre ich die Situation. Na klar kann ich hier schlafen, alle freuen sich. Da meine Uhr stehen geblieben ist, frage ich nach der Zeit. Ich habe die Frage noch nicht ganz beendet, da weiß ich, dass es eine dumme Frage war. Ich müsste die Uhr um Jahrzehnte zurückdrehen, um hier wirklich angekommen zu sein. Also parke ich etwas abseits.
Die meisten Dorfbewohner setzen sich gleich vor die Tür, um mir interessiert beim Kochen zuzuschauen. Vor Vega haben sie mächtig Respekt, und als ich sie dann losbinde, um Gassi zu gehen, laufen alle weg. Aber als ich zurück bin, schicken die Älteren schon nach kurzer Zeit die Kinder vor, die zuerst zögernd, dann immer forscher um Vega herumstreichen. Die hat bald genug davon und zieht sich wieder in die Kabine zurück.

Am nächsten Tag habe ich vor, in aller Frühe unbemerkt aufzubrechen. Doch weit gefehlt, bereits um sechs Uhr hat das ganze Dorf vor dem Truck Position bezogen. Erneut finden Versuche der Verständigung statt, was aber nicht viel besser klappt als gestern. Ich lasse einige Geschenke da und verabschiede mich. Ein schönes Bild, wie alle dastehen und mir winken, einige Kinder laufen noch lange hinter dem Truck her.

Senegal, freundliche Menschen

Kinderarbeit ist Realität

In Kaolack besuche ich den Markt, der so groß ist, dass er ein ganzes Stadtviertel einnimmt. Jeder hat sicherlich schon mal Bilder von einem türkischen Markt gesehen. Also stellen wir uns einen sauberen, hell erleuchteten Markt vor, streichen das Licht und fügen noch drei Reihen Buden dazu, gerade so, dass man noch durchschlüpfen kann. Wir kratzen das Gold von den Türen und ersetzen es durch Wellblech. Zum Schluss schütten wir etwas Müll hinein, stellen uns 6 Menschen pro Quadratmeter vor und schon sind wir in Kaolack auf dem Markt. Der Trubel, die Gerüche, das Leben auf dem Markt sind einfach klasse. Jede Ware hat ihre Ecke, trotzdem gibt es überall immer wieder das gleiche Angebot. Sehr unkaufmännisch, mag man denken, aber das ist eben Afrika. Vom Hundert-Liter-Kochtopf bis zur »original« Rolex gibt es alles zu erstehen, dazwischen Kochbuden mit leckerem Essen für weniger als einen Euro.

Wie üblich habe ich mich mal wieder verlaufen. Also eine Mama fragen, die macht nicht lange rum, als ich ihr den Zettel mit der Adresse zeige, wo ich den Truck geparkt habe. Sie belädt mich mit jeder Menge Waren und läuft vorneweg. Punktgenau landen wir vor dem Truck, ich bin schweißüberströmt und völlig fertig vom Schleppen.

Unterwegs stehen immer wieder Leute am Straßenrand, die ein Stück mitgenommen werden wollen. Gelegentlich gehe ich darauf ein, denn hier abseits der Hauptstraßen ist der Verkehr sehr rar. Ab Sokone wird der Weg schlecht, ich bin kurz vor Gambia und verbringe die Nacht wieder im Busch. Am nächsten Tag will ich über die Grenze. Die macht dann glücklicherweise keine Probleme, nur ein gambischer Immigrations-Beamter verlangt ein Geschenk, gibt sich schließlich aber doch mit einem Lächeln zufrieden. Hier spricht man englisch, endlich kann ich mich wieder einigermaßen verständlich machen!

WILLKOMMEN IM PARADIES
Rasta, Trommeln, Chillen

Ich muss mit der Fähre über den Gambia River. Etwa drei Kilometer vor der Fähre winkt mir ein kleiner Junge, was an sich nicht ungewöhnlich ist. Ich bleibe aber stehen und der Junge erklärt mir, dass ich vorne links neben der Straße auf die Waage fahren muss, um das Ticket zu kaufen. Also fahre ich links auf die Waage, die 7.980 Kilogramm anzeigt. Obwohl ich talentiert herummosere, dass die Waage nicht funktioniere, muss ich die geforderten 8.000 CFA zahlen und erhalte mein Ticket. Am Ausgang der Wiegestation drücke ich dem Jungen ein Geschenk in die Hand. Er ruft mir dann noch zu, ich solle auf keinen Fall stehen bleiben und bis zur Fähre durchfahren. So fahre ich zügig durch bis an die Fahrzeugschlange zur Fähre, wo mir ein Einweiser einen Warteplatz zuweist.

Die Fähre soll gegen 12 Uhr hier anlegen, also sind noch zwei Stunden zu überbrücken. Ich bleibe im Truck sitzen und warte. Dass dies ein Fehler ist, soll mir erst später klar werden, aber hinterher ist man ja meist schlauer. Normalerweise steige ich aus und checke erst einmal die Lage, aber heute entscheide ich mich eben, die Wartezeit im Fahrerhaus zu verbringen. Nach sieben Stunden schließlich und auch nur, weil ich mich jetzt endlich mit dem Truck so in den Weg stelle, dass sich keiner mehr an mir vorbeiquetschen kann, komme auch ich auf die Fähre. Da sind die Motorradfahrer aus Frankreich cleverer, sie kommen sechs Stunden später als ich und nehmen eine Fähre vor mir!

Schlecht gelaunt komme ich in der Dämmerung auf der anderen Seite an. Dummerweise biete ich keine Mitfahrgelegenheit an und so verfahre ich mich in Banjul auf der Suche nach dem Campingplatz ziemlich. Ich bin hier anscheinend im Land der Zischer, aus jeder Ecke zischt es mir entgegen. »Sssssst, ssssssst«, warum auch immer, sie finden es gut und mich nervt es. Vor allem, weil ich in einem Gewirr meist enger, sandiger Gassen den Weg suche. Das GPS zeigt noch achthundert Meter bis zum Ziel an, ich brauche aber trotzdem noch eine Stunde, bis ich endlich ankomme. Das Camp ist gut, aber ich lechze nach Strand und einem Platz direkt am Meer.

Und so finde ich am nächsten Tag mein kleines Paradies am Strand, keine fünfzig Meter vom Meer entfernt unter Palmen. Ein paar Rastaboys betreiben weiter hinten eine Bar und freuen sich, dass ich hier stehen bleibe.

Bereits am ersten Abend nimmt mich Osman auf die Seite: »Mein Bruder, wie lange bist du schon unterwegs?« »Acht Wochen«, erwidere ich. »Ohne Frau?«,

fragt Osman, besorgt und ohne Anzeichen von Verlegenheit, ohne einen anderen Gedanken als den echter Besorgnis wegen meines Wohlergehens. »Ich schicke dir morgen Abend meine Sisda (engl. sister, Schwester) vorbei«, sagt er. Schnell erzähle ich ihm eine wilde Geschichte, um aus dieser Situation herauszukommen, ohne mein Gesicht zu verlieren.
Es gehört zum Lebensgefühl hier in Gambia, dass alle das gleiche Blut haben, alle eine Familie sind, ob Schwarz oder Weiß. Somit ist jeder dein Bruder oder deine Schwester. Der Umgang mit der Sexualität ist der Grund, weshalb man in Afrika nur noch selten alte Menschen sieht!

In den nächsten Tagen lerne ich, die Trommeln zu bedienen, was meine Finger dick anschwellen lässt, lasse mir jeden Tag frischen Fisch zubereiten und feiere abends mit den Jungs. Entgegen allen bisherigen Erfahrungen will keiner was von mir haben oder bettelt mich an, ganz im Gegenteil. Die Jungs sind äußerst standfest und vor drei Uhr morgens flaut die Partystimmung nicht ab. Wenn ich sage, dass ich schlafen will, ziehen sie sich sofort zurück in die Bar und lassen mich in Ruhe. So verbringe ich die nächsten Tage ganz entspannt am Strand, bis Sonja und Jan mit ihrem 90er Land Rover auftauchen. Sie haben mich gesucht, um gemeinsam weiterzufahren.

Unsere Route führt uns den Gambia River entlang, Georgetown ist unser nächstes Ziel. Die ersten Kilometer sind noch einwandfreie Straße, aber dann wird's happig. Die Teerstraße ist mit Schlaglöchern übersät und wir kommen nur sehr langsam voran, es ist ein Geschaukel ohne Ende. Zwischendurch läuft es einmal ein paar hundert Meter besser, dann reiht sich wieder Schlagloch an Schlagloch, eine üble Angelegenheit. Wir brauchen für die 300 Kilometer ganze drei Tage. Ich hatte mir eigentlich mehr von der Strecke versprochen, dachte, es ginge direkt am Fluss entlang – aber weit gefehlt. Der Fluss kommt nur selten in Sichtweite, dichte Mangrovenhaine und Galeriewälder versperren die Sicht.

In einer Mittagspause finden wir eine Bar am Fluss und Vega will wegen der Hitze ins Wasser. Die fünf Meter schlammiges Ufer, die sie dafür überwinden muss, machen ihr nichts aus, aber mir: Als sie zurückkommt, ist sie bis über die Brust mit Schlamm bedeckt!

Um nach Georgetown zu kommen, müssen wir eine Fähre benutzen, die allerdings ziemlich teuer ist. Also bleibt der Truck hier stehen, denn Personen fahren frei. Auf der Fähre frage ich einen Traktorfahrer, ob wir hinten auf dem Hänger bis in die Stadt mitfahren können, natürlich wird das erlaubt. Zusammen mit dutzenden Anderen fahren wir so in die Stadt. Ein paar Jugendliche, die ebenso hinten mitfahren, suchen das Gespräch mit uns, um dann Geld für den Transport zu verlangen. Okay, einen Versuch ist es für sie ja allemal wert.
Die Stadt ist recht unspektakulär, nur das ehemalige Sklavenhaus verbreitet

eine bedrückende Atmosphäre, man kann fast fühlen, was sich hier früher abgespielt haben muss.

Ein – sicher selbst ernannter – Führer zeigt uns die Anlage und führt vor, wie die Sklaven hier, an Händen und Füssen gefesselt, in einem etwa 1,50 Meter hohen Verlies gefangen gehalten wurden. Trinken war nur bei Flut aus einem Loch im Boden möglich. Die Sklaven wurden vor der Verschiffung gewogen, ein Kilo Mensch für zwei Kilo Zucker.

Der Führer erzählt uns von Afroamerikanern, die auf der Suche nach ihren Wurzeln hierher kamen, und von heftigen emotionalen Ausbrüchen beim Anblick dieses Ortes.

Grade weil das Gebäude kein Museum ist, sondern ein alter, verrotteter Bau, ist es sehr einprägsam.

Im letzten Grenzort vor der erneuten Einreise in den Senegal will ich mein letztes gambisches Geld ausgeben, aber für die gewünschte Nylonschnur habe ich nicht mehr genug. Ich verhandele ewig lang mit dem Verkäufer, der bleibt aber stur, als letzten Trumpf zeige ich ihm meinen leeren Geldbeutel und er hat endlich ein Einsehen.

Wir unterhalten uns danach recht angeregt weiter über die Welt, den Islam und über das Christentum, andere kommen hinzu und mittlerweile sind wir schon zu sechst ...

Am Ende wollen sie mich nicht gehen lassen, ohne dass ich noch etwas mit ihnen esse. Sie heißen mich in ihrem Haus willkommen, ich nehme auf dem Boden Platz. Frauen tragen eine große Schüssel mit Reis, Soße und Gemüse herein sowie Wasser zum Händewaschen, denn wir essen alle mit den Händen aus den Schüsseln. Satt und zufrieden werde ich mit einer herzlichen Umarmung verabschiedet.

Momente wie dieser lassen einen Frieden schließen mit der Welt und Hoffnung keimt, dass neben religiösem Fanatismus auch etwas anderes möglich ist.

SCHLEICHWEGE

**Hadere nicht, dass Gott die Hyäne geschaffen hat.
Freue dich, dass er ihr keine Flügel gegeben hat.**
afrikanisches Sprichwort

Aus- und Einreise gehen in fünfzehn Minuten über die Bühne. Wir wollen den senegalesischen Niokolo-Koba-Nationalpark besuchen. Da die Nationalparks offiziell für mich wegen Vega tabu sind (Haustiere sind grundsätzlich und ohne jede Ausnahme in Tierparks nicht erlaubt), wollen wir versuchen, über Schleichwege hineinzugelangen.

Die »Schleichwege« entpuppen sich tatsächlich als solche und so fahre ich mit meinem 2,50 Meter breiten Truck öfter einfach off road, da die normalen Wege einfach zu schmal sind. Das GPS zeigt noch drei Kilometer bis zur Parkgrenze an, das wird doch wohl machbar sein – aber erst morgen.

Die Nacht über bleiben wir mitten im Busch, und es dauert nicht lange, da sind wir von Baboons eingekreist. Vega rennt in Richtung der Affen davon. Mist! Ich schnappe mir einen Stock und stürze hinterher, höre fürchterliches Kreischen und befürchte das Schlimmste ... Doch kurz darauf kommt Vega unversehrt in meine Richtung gelaufen, das wird ihr hoffentlich eine Lehre sein!

In der Früh beim Gassi gehen – Vega läuft vorne weg –, kommt ein Mann von hinten mit dem Rad angefahren. Ich höre ihn nicht, und als er plötzlich neben mir auftaucht, mache ich mir vor Schreck fast in die Hose und meinem Unmut lautstark Luft. Der Mann entschuldigt sich und ich frage ihn nach dem Weg in den Nationalpark, er weist mir die Richtung. Wir wollen erst einmal mit dem Land Rover schauen, wie wir am besten in den Park kommen, als rechts ein paar Hütten auftauchen. Ich schlage vor, diese weiträumig zu umfahren, kann mich aber nicht durchsetzen, und so fahren wir in das Dorf hinein. Es kommt, wie es kommen muss: Ein Parkwächter hat bereits Posten bezogen und erklärt uns ausführlich, wo der Park anfängt, wo die Grenzen sind, wo man reinfahren darf bzw. muss und so weiter.

Er endet mit dem Hinweis, dass wir ausschließlich durch die öffentlichen Tore in den Park dürfen und ein Führer obligatorisch ist, also ist uns jetzt jede andere Möglichkeit des Zutritts versperrt.

Wir geben also unseren Plan auf und fahren zurück, im nächsten Dorf will ich Brot kaufen und steige deshalb aus, wie so oft mit der Pfeife im Mund. Sofort kommt ein Mann auf mich zu und gestikuliert wild, deutet auf die Pfeife.

Ich versuche zu erklären, dass es nur Tabak ist und kein Haschisch, und gehe weiter.

Aber nun werde ich gleich von vier Männern gestoppt, einer von ihnen spricht englisch und erklärt mir freundlich, dass das Rauchen hier im Dorf nicht erlaubt sei, der Marabout, der islamische Heilige, habe es verboten.
Na gut, ich stecke die ausgeklopfte Pfeife in die Tasche.
Als ich aus dem Dorf rausfahre, hält mich ein Polizist an, ich habe ein Stoppschild überfahren und solle eine Strafe zahlen. Nun gibt es jedoch weit und breit kein Stoppschild, er will die Versicherung sehen. Dass er das Papier falsch herum hält und damit offenbart, dass er nicht lesen kann, macht die Verhandlung nicht leichter. So entschließe ich mich für Taktik B und lächle dümmlich. Was soll er tun, der Arme, er lässt mich weiterfahren.

Wir nähern uns langsam Nigeria, dem Land, das seit dem Beginn meiner Reise wie ein Damoklesschwert über mir schwebt. Ein gefährliches Land, Korruption in Vollendung, Entführungen sind hier an der Tagesordnung.
Bereits in Deutschland habe ich Kontakt zu Rainer aufgenommen. Er lebt in Lagos, arbeitet dort an der deutschen Schule und hat mich eingeladen, ihn zu besuchen.
Die beiden Land Rover-Fahrer, die mich begleiten, hatten im Vorfeld ebenfalls Erkundigungen eingezogen und erhielten zuletzt eine E-Mail mit schlechten Neuigkeiten: Die Stimmung in Nigeria sei derzeit sehr gereizt und man empfiehlt, Nigeria nicht zu durchqueren. Wenn es aber unumgänglich sei, dann nur im Norden.

Zunächst einmal müssen wir aber die Grenze vom Senegal nach Mali überqueren und es ist nicht so einfach, die zuständigen Stellen zu finden. Wir fahren kreuz und quer in der Gegend herum, um die nötigen Stempel zu bekommen. Am Ende habe ich zwar kein Visum für Mali, aber das interessiert hier wohl niemanden – wir reisen ohne Probleme ein. Wir wollen in die Hauptstadt Bamako und das Abenteuer holt uns wieder ein.
Die Landkarten lügen, in der Realität sind die Pisten Karrenwege, auf denen schon lange keine motorisierten Fahrzeuge mehr unterwegs waren. Ich finde nicht einmal die richtige Zufahrt, die ich nehmen wollte, es ist zum Haare ausreißen. Vor allem, weil ich keine Lust verspüre, noch mal ein Stück zurückzufahren, um eine bessere Route zu suchen.

Also quälen wir uns über die Buckelpiste bis in ein Dorf, von dem aus nun wirklich kein Weg mehr zu erkennen ist. Ich frage einen Mann und er läuft vor mir her. Zwischen den Hütten geht es durchs Dorf. Leute, die vor ihren Hütten sitzen, müssen vom Boden aufstehen, sonst komme ich mit dem Truck nicht durch. Ich verfluche mich innerlich für meine Dummheit.
Nach dem Dorf fängt ein Hohlweg an, der in einem Flussbett endet. Wir fahren das Flussbett entlang, um es schließlich an einer weniger steilen Stelle zu verlassen. Zuletzt wartet noch eine steile Ab- und Auffahrt durch ein weiteres Flussbett auf uns. Hier hätte ich ohne Einweiser schlecht ausgesehen, es ist Millimeterarbeit.

Endlich erreichen wir die Fähre in Bafoulabé über den Bafing-Fluss. Während ich auf der Fähre die geforderten 20.000 CFA auf einigermaßen akzeptable 7.500 CFA herunterhandele, habe ich keine Zeit, an der Flusskreuzung nach dem weiteren Weg zu schauen. Als wir an Land gehen, gibt es lange Diskussionen, ob uns der Fährmann nicht nur im Kreis gefahren hat. Soviel zu GPS-unterstützten Navigation!

Obwohl in Mali die Sahara in die Sahelzone übergeht und es südlich des Nigers vor allem staubig zugeht, ist hier durch die Flüsse Bafing und Bakoyé reichlich Wasser vorhanden. Und so geht es durch unberührte bergige Savannenlandschaft, immer wieder durchqueren wir Bilderbuchdörfer, die uns die schlechte Piste erträglich erscheinen lassen. Die Durchfahrten der wenigen großen Dörfer verführen immer wieder zu Stopps. Kleine Läden reihen sich aneinander, mit Kurzwaren, Lebensmitteln, mal ein Schlosser, mal ein Friseur, dazwischen die Stände mit Mangos, Bananen, Ananas, Papayas, Grillspießen und Trockenfisch. Eine Welt aus Farben und Gerüchen, wir sehen Frauen, die selbst die schwersten Lasten gekonnt auf dem Kopf balancieren. Nichts geht dabei verloren, selbst ein randvoller Eimer mit Wasser verliert keinen Tropfen.

Bamako ist heiß, die Hitze foltert. Zehn Uhr morgens und sind bereits 36 Grad im Auto.

Ich besorge mir noch mein Visum für Mali, anschließend gehen wir zur Botschaft von Nigeria, um auch hier ein Visum zu beantragen. Wir bekommen einen dreiseitigen Bogen mit einer Unmenge an Fragen, die wir alle drei nicht verstehen. Eine Liste an der Wand klärt die Kosten der einzelnen Länder. Schweden bekommen das Visum umsonst! Liebe Schweden, was treibt ihr in Nigeria? Deutsche zahlen 55 US-Dollar.

Vor mir kriecht ein uralter Lkw über die Kreuzung, ich stoppe freiwillig an der grünen Ampel, schwarzer Qualm raubt mir jede Sicht. Kaum haben sich die Schwaden etwas gelichtet, werde ich links von einem Truck überholt – kein Wunder, ich stehe ja bei Grün. Weit über jegliche zulässige Höhe hinaus beladen, schwanken oben noch ein paar Mitfahrer samt Ziegenbock auf dem Truck. Nun traue ich mich wieder nicht zu fahren, ich habe Angst, dass die ganze Fuhre jede Sekunde umkippt. Welch ein Glück, die Ampel wird rot.
Ein vollständiges Panoptikum des 60er Jahre-Gebrauchtwagenmarktes ist hier vertreten. Sprit und Ölverbrauch halten sich wohl die Waage. Permanent hängt eine Dunstglocke über der Stadt, die das Atmen zur Last macht.

Vega geht es im Augenblick nicht so gut, ich hoffe, es ist nur wegen der Hitze. Um acht Uhr abends haben wir immer noch 38 Grad im Auto, aber wegen der vielen Moskitos gehen wir früh ins Bett.

Gleich nach Erhalt des Visums für Nigeria brechen wir in Richtung Burkina Faso auf und sind froh, die Hauptstadt von Mali verlassen zu dürfen.
Diesmal gibt es keinerlei Probleme mit der Polizei ... Es ist doch immer wieder erstaunlich, wie schnell sich die Dinge in Afrika ändern, dieses Mal zum Positiven. Auch die Menschen in Mali sind überaus freundlich, was ich von früheren Reisen nicht immer so in Erinnerung habe. Der Kontakt mit den Behörden in Mali verlief häufig problematisch, fast immer neigten die Kontrollinstanzen dazu, ihre Machtbefugnisse auszunutzen, und versäumten selten die Gelegenheit, die touristischen Ressourcen entsprechend anzuzapfen. Diese Haltung hatte sich auch die Bevölkerung in den häufig von Touristen besuchten Gebieten zu eigen gemacht.

Zurzeit bin ich selbst nicht so gut drauf, was wohl auch meine Mitreisenden zu spüren bekommen. Weiß der Teufel, was los ist, ich habe gerade wenig Freude am Reisen und fahre zügig gen Süden. Mopti, Djenne, und ebenso das geheimnisvolle und sagenumwobene Tombouctou kenne ich schon, und auch Hannibals Elefanten[3] habe ich schon gefunden. So sind wir bald an der Grenze zu Burkina Faso.

---

[3] Im Übergangsbereich von Sahara und Sahelzone soll es noch irgendwo Restgruppen jener legendären, kleinen, nur etwa 2,30 Meter großen Elefanten geben, mit denen Hannibal das Mittelmeer umrundete und die Alpen überquerte, um Rom zu attackieren. Gefunden habe ich nach tagelangen Querfeldeinfahrten eine Gruppe sehr großer Elefanten, die zusammen mit Ziegenhirten und Ziegen friedlich in einem Wald grasten. Sicherlich war es sehr eindrucksvoll, in freier Wildbahn und in einem Wald zu Fuß auf Elefanten zu treffen, auch wenn sie eher nichts mit Hannibal zu tun hatten.

Mali

Mali

NEULAND
Furcht vor der Gefahr ist schrecklicher als die Gefahr selbst
afrikanische Weisheit

Die Ausreise aus Mali und die Einreise in Burkina Faso gehen ohne Probleme über die Bühne. Allerdings bekommen wir nur ein Transit-Visum, das sieben Tage gültig ist. Jedoch denken wir, dass Burkina Faso nichts Neues im Vergleich zu Mali bringen wird. Tatsächlich zeigt sich die Landschaft unverändert, eben Sahelzone. Nur die Bevölkerung macht einen noch ärmlicheren Eindruck im Vergleich zu Mali. Da ich ab hier Neuland auf dem afrikanischen Kontinent betrete, orientiere ich mich zunächst an den Sicherheitshinweisen des Auswärtigen Amtes, Stand September 2006:

»Im Land ist es zu einer Verschlechterung der allgemeinen Sicherheitslage gekommen. Auf Überlandstraßen kommt es fast täglich zu Überfällen, z. T. mit tödlichem Ausgang. Selbst Fahrten bei Tageslicht und im Konvoi bieten nur noch begrenzt Schutz. Von Nachtfahrten wird dringend abgeraten.«

Warum fährt man in ein solches Land? Weil es auf dem Weg liegt. Warum reist man überhaupt? Vielleicht weil die Welt vermessen, gescannt und gegoogelt ist? Was bleibt also jemandem, der unbändige Lust auf Reisen, Abenteuer und Neues hat?

Um es vorwegzunehmen, Burkina Faso zeigt sich von seiner besten Seite. Die Menschen wirken sehr freundlich und angenehm zurückhaltend und es gibt für mich auf den ersten Blick keine Anzeichen der oben beschriebenen Gefahren. Und das verwundert, denn Burkina zählt zu den ärmsten Ländern der Welt (drittletzte Stelle). Ich kann durchaus nachvollziehen, dass ein Weißer - der grundsätzlich als reicher Mann angesehen wird - Ziel aller möglichen dunklen Gestalten ist.

Ouagadougou hat keinen Anfang und kein Ende. Die Hauptstadt von Burkina Faso entwächst der Ebene und verliert sich wieder in ihr.
Sie kriecht aus dem feinen Staub, den der Wüstenwind Harmattan überall hinträgt, bis alles Licht einem fahlen Ocker gewichen ist. Ouagadougou erhebt sich von Süden aus der Dornbuschsavanne, von Norden aus der Sahelzone heraus. Erst zögerlich, dann immer dichter, Hütten werden zu Häusern, Stroh zu Wellblech, Niederes zu Hohem. Schließlich verliert das Einzelne sich im geballten Ganzen, die Geräusche fließen zu einer schrillen Kakofonie urbanen Wahnsinns zusammen.

Ich fahre vorne weg, suche das OK Inn Hotel, dort soll man eine Art Campingplatz betreiben. Wie immer in großen Städten ist es sehr schwierig, einen bestimmten Platz oder ein Hotel zu finden. Verkehrszeichen, Hinweisschilder - wie meist, Fehlanzeige, also fährt man erst mal ziemlich planlos in die Stadt rein, einfach nach Gefühl oder, falls vorhanden, den spärlichen Hinweisen folgend.
Gelegentlich frage ich aus dem Fenster heraus nach dem Hotel.
Man muss schnell lernen in Afrika. Nie sagt einer: »Tut mir leid, ich weiß es nicht.«
Immer wird gestikulierend und mit vielen Worten erklärt, wo es langgeht.
Auch wenn er keine Ahnung hat, wo das gesuchte Objekt ist.
Anteilnahme, Hilfsbereitschaft, das ist es, was er dir zeigen will.
Niemand soll mitten im Verkehr stehen, alleine, ohne Gewissheit.
Der Augenblick zählt, die Tatsache, dass man hier als Fremder nicht alleine ist. Dass ich ein paar Ecken weiter am Verzweifeln bin, endgültig ohne jeglichen Anhaltspunkt, interessiert ihn nicht. Es wird sich schon wieder jemand finden!

Das Fragen jedoch ist nie ein Problem. In Europa würde man mich steinigen, wenn ich mitten auf der Fahrbahn, den ganzen Verkehr stoppend, einfach stehen bleibe, um nach dem Weg zu fragen. Äußerst selten regt sich jemand darüber auf. Eins der Dinge, die ich in Afrika sehr schätze: die Hilfsbereitschaft und Gelassenheit der Menschen. Das soll nicht heißen, dass es auf den Straßen gelassen zugeht, im Gegenteil. Hier gilt fast ausschließlich das Recht des Stärkeren, es wird um jeden Zentimeter gekämpft, ohne störende Regeln und Vorschriften. Aber mit meinem Lkw habe ich da wenig Probleme!

Heute habe ich jedoch kein Glück. Nachdem ich auf fünf Fragen fünf Richtungen angezeigt bekomme, frage ich einen Mopedfahrer, ob er mir den Weg zeigt. Natürlich macht er das gerne und so folge ich dem Führer und muss nur noch aufpassen, die vielen Radfahrer, die den Lkw wie Fliegen umschwirren, nicht umzufahren. Am Ziel bekommt der Führer 500 CFA, etwa 0,80 €. Dies mag wenig erscheinen, aber das jährliche Durchschnittseinkommen in Burkina Faso liegt bei etwa 200 Euro!

Ouaga, (sprich Waga) wie die allgemeine Abkürzung lautet, ist eine hübsche, quirlige Stadt. Wir erkunden das Zentrum mit dem Grand Marché und lassen uns ein paar Stunden ganz entspannt durch die Stadt treiben.
Dabei lerne ich Sami kennen, er erzählt mir: »Burkina leidet Not, aber es herrscht noch kein Elend. Wir spüren die Armut, aber sind noch nicht verzweifelt.« Nur mit afrikanischen Augen kann man diese Einstellung verstehen.

Am Tag darauf lasse ich meine Wäsche waschen und putze einmal alles gründlich durch.

Zwei Overlander, das sind Reisegruppen, die mit dem Lkw unterwegs sind, stehen in unserer Nachbarschaft. Es sind Briten und bei einer Gruppe ist ein Japaner dabei, den ich in der Frühe, während ich mit meinem Kaffee im Bett liege, durch die offene Tür beobachte. Er kommt angezogen und wie frisch gebügelt aus dem Zelt, zieht sich weiße Handschuhe an und baut dann sein Zelt ab, ein herrlicher Anblick!

Ouaga ist zwar eine freundliche Stadt, aber Hitze, Staub und nur mäßige Möglichkeiten, den Bewegungsdrang von Vega zu befriedigen, lassen uns Richtung Ghana aufbrechen. Die Teerstraße führt durch den Pô-Nationalpark und wir bekommen einige Antilopen zu sehen. Aber unser Ziel ist der Nanzugu Park, der uns empfohlen wurde. Als wir dort ankommen, gibt es wieder einmal Diskussionen wegen des erhobenen Eintrittsgeldes, ob es sich rentiert oder nicht ... Jetzt merkt auch der Ranger, dass wir wohl nicht die Lodge im Park ansteuern wollen, und lässt uns nicht mehr reinfahren. Gut, dass er nicht noch Vega gesehen hat, dann wäre es mit einem Besuch erst recht nichts geworden.

Die Ausreise aus Burkina Faso ist kein Problem, aber in Ghana verlangen sie pro Visum 100 US-Dollar. Das ist meinen beiden Mitreisenden zu viel, weil sie wissen, dass das Visum in der Botschaft Ghanas in Ouaga nur etwa 20 US-Dollar kostet. Also reisen wir sofort wieder nach Burkina Faso ein, dabei gibt es lange Diskussionen, aber am Ende geht alles gut. Wir fahren zurück nach Ouaga, auf den bekannten Campingplatz, um das Visum zu besorgen. Die Botschaft hat allerdings heute zu – es ist Silvester.

Die Silvesternacht verbringe ich in einer Diskothek, hier steigt die Stimmung, je näher sich der Uhrzeiger auf Mitternacht zu bewegt. Kurz davor aber gehe ich zu Vega in den Truck zurück, wegen dem Krach der Raketen – auch hier wird traditionell zum Jahreswechsel geballert ohne Ende. Als es wieder etwas ruhiger geworden ist, mache ich noch einen Abstecher zur Hotelparty nebenan und falle erst in aller Frühe ins Bett. Ein neues Jahr in Afrika hat begonnen!

Am ersten Tag des Jahres macht mir eine Pilsvergiftung zu schaffen, will heißen, ich habe einen Brummschädel, und so bin ich froh, den Tag zu vertrödeln.

Am nächsten Tag erfahren wir, dass die Botschaft erst in drei Tagen wieder öffnen wird. Darauf treffen wir einen kurzfristigen Entschluss: erst nach Togo und von da aus nach Ghana, los geht´s!

Die Strecke wird von Kilometer zu Kilometer schlechter, und erst am Abend sind wir an der Grenze. Die freundlichen Beamten aus Togo füllen zu viert unsere Visa-Anträge aus und so kommen wir ohne Probleme ins Land.

Dass ich nicht mit Vega Gassi war, macht sie extrem unruhig und das wiederum bringt mich auf die Palme. Aber es kommt noch schlimmer, denn nach dem Studium des Togo-Reiseführers entdecke ich nichts, aber auch gar nichts, was man sich hier ansehen könnte, auch die Tierparks sind leer gewildert. Jetzt bereue ich es sehr, nicht in Ghana eingereist zu sein. Die 100 US-Dollar stehen im Vergleich zu den etwa 700 Kilometern, die man bis nach Lomé runter und dann in Ghana wieder hochfahren muss, um dort die interessantesten Plätze zu besuchen, in keinem guten Verhältnis. Hinzu kommt, dass ich eigentlich gerne etwas länger in Burkina Faso geblieben wäre, weil ich es dort ganz nett fand. Nach einem Blick auf die Landkarte finde ich zwei Grenzübergänge nach Ghana, dort werde ich es versuchen.

Die erste Möglichkeit endet schon nach 20 Kilometern an einer Brücke, über die mit viel gutem Willen gerade einmal ein Eselswagen rüberkäme, ein 90er Land Rover aber keine Chance hätte, von meinem Truck wollen wir mal gar nicht sprechen. Wir könnten zwar weiter querfeldein fahren, aber ob es da dann wirklich einen Grenzposten gibt, ist zu bezweifeln. Sonja und Jan haben keine Lust mehr, nach dieser Erfahrung den zweiten Grenzübergang zu versuchen, und so trennen wir uns. Die beiden wollen wie geplant nach Lomé, um dort die Visa für Ghana zu beantragen.

Um die zweite Einreisemöglichkeit nach Ghana zu nutzen, muss ich von der Hauptstraße nach rechts abbiegen. An der Kreuzung steht ein Zollhäuschen, ich steige aus und frage nach. Ja, es gibt einen Grenzposten, der ist etwa 15 Kilometer weiter weg. Ich will wissen, ob ich hier mein Carnet gestempelt bekomme, nein, das sei erst direkt an der Grenze möglich. Am Grenzposten bekomme ich meinen Ausreisestempel und der Kollege möchte dafür gerne eine Entlohnung von mir: Mein Bauch sagt ja, mein Kopf nein, der Bauch gewinnt. Wo kann ich das Carnet stempeln lassen? Der Posten antwortet mir; »Da musst du zum Zoll, der ist nicht hier.« Erst soll ich zusammen mit seiner Hilfskraft auf dem Moped hinfahren, um den Zöllner hierher zu holen, doch zum Schluss soll ich mit seinem Hiwi im Lkw hinfahren. Und der führt mich doch tatsächlich zurück zum Zollhäuschen, an dem ich mich bereits vorher erkundigt habe.
Der zuständige Beamte von vorhin ist mittlerweile schwer beschäftigt, er schläft!
Als ich Anstalten mache ihn zu wecken, verdrückt sich mein Führer schnell. Ich wecke den Beamten und lasse ihn das Carnet stempeln – dabei muss ich ihm die Hand führen, sonst wird das nichts. Ausfüllen kann ich den Schein dann selbst. Zurück an der Togo-Grenze erfahre ich, dass der ghanaische Grenzposten etwa 13 Kilometer entfernt ist, und so lege ich zwischen den Grenzen für eine Nacht einen Zwischenstopp ein.
Wenig später ist ein ganzes Dorf vor meinem Truck versammelt: Ja, hier sei bereits Ghana, wird mir gleich gestenreich erklärt. Ich habe Hunger und kümmere mich nicht um die Leute, ab und an höre ich Gelächter, aber alles in

allem bleiben sie freundlich und auf Distanz. Nach zwei Stunden ziehen sie sich zurück und ich lege mich schlafen.

Die Strecke, die ich am nächsten Tag gut ausgeruht zurücklege, wird schlechter und schlechter, in Deutschland müsste man für diese Offroad-Einlagen eine Menge Geld bezahlen.
An der Grenze vernehme ich den inzwischen bekannten, immer wieder abgewandelten Satz: »Willkommen in Ghana, du musst zahlen für deinen Einreisestempel.« Ich sage erst einmal gar nichts, der Posten bietet mir 60 Tage Aufenthalt an, ich willige ein. Jetzt macht der Beamte einen Probestempel und dann – ich habe es schon befürchtet – kommt der Chef persönlich und will meinen Pass sehen. Wo das Visum sei, will er dann wissen. »Ach«, antworte ich, »das werde ich erst hier lösen.« Er lacht und antwortet, dass das nicht funktioniere. Alle Argumente nützen nichts, ich bin einmal mehr abwechselnd böse, dann freundlich, drohe, biete Geld an ... Der Mann bleibt hart. Nach zwei Stunden gebe ich auf und sehe ein, dass ich wohl zurück muss. Nun habe ich gleich mehrere Probleme: einen abgestempelten Pass für die Ausreise aus Togo, ein Togo-Visum, das nur für eine einmalige Einreise gilt, ein gestempeltes Carnet und die Zeit, die läuft, denn ich besitze ja nur ein 7-Tage-Visum für Togo.

Am Grenzposten zu Togo atme ich erleichtert auf und danke meinem Bauch – der gleiche Typ steht immer noch da und drückt mir ohne Murren einen neuen Einreisestempel in den Pass. Der Posten am Zoll hingegen schläft, wieder oder immer noch – wer weiß, und ich überlege kurz, einfach den Abschnitt des Carnets zu suchen. Dann aber sehe ich doch davon ab, wecke den Mann und beginne einmal mehr, meine Schauspielkünste unter Beweis zu stellen.
Zuerst biete ich eine Zigarette an, dann schimpfe ich auf die ghanaischen Behörden und frage ihn anschließend, wo er den Abschnitt meines Carnets habe. Anstandslos holt er ihn, ich nehme den Abschnitt an mich, unterhalte mich noch ein bisschen mit dem Posten und gehe dann einfach. Es hat geklappt, aber offiziell betrachtet bin ich illegal eingereist. Wir werden sehen, wie weit ich mit dem gestempelten Carnet komme, ganz wohl ist mir nicht dabei. Denn sollte irgendjemand meinen Pass und mein Carnet genau überprüfen, dann hat er mich in der Hand ...

Der Straßenzustand ist insgesamt ganz passabel, nur gelegentlich kommen einige riesige Schlaglöcher, die es zu umfahren gilt. Ich komme rasch voran, nur gebremst von den offiziellen Wegelagerern, die Gaben einfordern. Dies ist eine geteerte Überlandstraße. Und die muss bemannt werden, um die kargen Gehälter aufzubessern. Da ich nicht klar ausmachen kann, wer hier kontrolliert, fahre ich meistens einfach weiter und werde auch nur einmal zurückgerufen.

Zeitlich wird es eng. Heute ist Donnerstag und am Montag muss ich das Land verlassen oder das Visum verlängern lassen, wozu ich aber keine Lust habe und so fahre ich zügig bis spät in den Abend hinein Richtung Lomé.

Freitag früh erreiche ich Lomé und fahre mithilfe eines Taxifahrers, der mich lotst, direkt zur Botschaft von Ghana. Das Prozedere dort überrascht mich nicht mehr. Die Behandlung ist wie gewohnt unfreundlich. Doch zumindest füllt mir die zuständige Frau das Formular aus, nachdem ich sie etwas bezirze. Nur die vorgelegten Passbilder genügen den Anforderungen nicht. Es hat sich bis hierher herumgesprochen, dass mittlerweile für Pässe keine Bilder mit Seitenansicht mehr genommen werden. Und so erklärt mir der unfreundliche Mann:»Ich will auf dem Bild deine beiden Ohren sehen.« Na gut, mein Gemosere bringt mir zumindest das Versprechen ein, sofort das Visum zu bekommen, wenn ich die richtigen Bilder vorlege. Ziel erreicht. Das Anfertigen der Bilder benötigt nur eine knappe Stunde.
Mit dem Visum für Ghana in der Tasche mache ich mich auf die Suche nach einem Camp und nach langer Suche finde ich das im Reiseführer beschriebene Hotel.
Himmel, es ist total heruntergekommen, duschen kann man sich nur direkt aus dem Eimer.
Aber wenigstens bin ich direkt am Meer und es ist kein Mensch zu sehen, also bleibe ich übers Wochenende hier. Da ich nach Ghana will und auf dem Rückweg nochmals Togo queren muss, will ich am Montag prüfen, ob ich gleich ein Visum für Angola bekomme.

Am nächsten Tag treffe ich Theo samt Familie am Strand. Er ist Missionar in Benin, kommt aus Deutschland und macht hier ein paar Tage Urlaub. Er erzählt, dass er sich selbst um die Kosten für den Aufenthalt im Benin kümmern muss, und berichtet mir auch einiges über seine Tätigkeit – ein bisschen, aber nur ein bisschen, bringt er mich zum Nachdenken. Ich stehe jeglichem Missionarstum eher skeptisch gegenüber. Er lädt mich ein, bei ihm in Benin zu übernachten, wenn meine Route mich dorthin führen sollte.

Das Gassi gehen mit Vega wird zu einer ekeligen Tour, links und rechts neben dem Hotel gibt es eine Menge Bretterbuden und die Leute kommen den ganzen Tag über an den Strand, um sich hier zu erleichtern. Keine zwei Meter von mir entfernt hockt sich gerade in aller Seelenruhe eine Frau mit Lockenwicklern hin, um ihr Geschäft zu erledigen. Andere winken mir dabei sogar freundlich zu. Es beruhigt mich jedoch ein bisschen, dass ich keinerlei Putztätigkeit feststelle. Das viele Händeschütteln bekäme sonst andere Dimensionen.

DAS DARF NIE PASSIEREN
Unfall in Togo

Es ist Montag, ich mache mich auf die Suche nach der angolanischen Botschaft. Auf meinen Schenkeln liegt der Stadtplan von Lomé, das GPS habe ich fest im Auge und gleichzeitig sucht mein Blick das Hinweisschild zur Botschaft. Das war wohl zu viel Multitasking, denn beim Linksabbiegen übersehe ich einen Mopedfahrer, verflixt!
Geistesgegenwärtig springt der Mann etwa zwanzig Meter vor dem Aufprall von seinem Zweirad und überschlägt sich ein paar Mal, das Moped schlittert vorne unter den Truck.

So ein Mist, das darf nie passieren, ein Unfall in Afrika!

Ich steige aus, dem Fahrer ist – von ein paar Schrammen abgesehen – zum Glück nichts passiert, sein Fahrzeug aber ist Schrott.
Sofort bin ich von einem Dutzend Männer umringt, es wird laut. Am Versuch, das Moped unter dem Auto wegzuziehen, damit ich an den Straßenrand fahren kann und nicht länger den Verkehr behindere, werde ich prompt gehindert. Ich werde bedrängt, man will mich wegschubsen. Jetzt werde ich sauer, so richtig sauer, und kurz darauf habe ich mir den nötigen Respekt verschafft. Die Menge tritt zurück.

Der Schaden an meinem Truck ist gering, was nun?
Ein des Englischen mächtiger Mann erklärt, dass ich auf die Polizei warten muss, die sei bereits informiert, na gut.
Gemütlich kommt zwei Stunden später, es ist mittlerweile glühend heiß und drückend schwül, ein Polizist daher. In aller Ruhe fertigt er eine Skizze, beachtet mich nicht.
Der englisch sprechende Mann gesellt sich wieder zu mir, ich solle mich doch mit dem Mopedfahrer einigen, das sei das Einfachste. Wir treten an den Polizisten heran, der hat nichts dagegen, also nehmen wir Verhandlungen auf. Der Mopedfahrer wird umringt von unzähligen Beratern, die alle auf ihn einreden. Oh je, seine Vorstellung liegt bei 300.000 CFA. Ich lache und lasse sie alle stehen.
Tja, manchmal bin ich ein wenig voreilig, etwas verhandeln und vorher überlegen wäre angebracht gewesen.
Ich wende mich wieder an den Ordnungshüter und frage, wie es weitergehen solle, weise ihn auf meine Versicherung hin. Der Kerl gibt mir keine Antwort und geht davon. Ich bin ärgerlich und laufe ihm hinterher, aber er

geht nur bis zu einem Telefon. Nach dem Gespräch bedeutet er mir, dass ich den Lkw wegfahren und warten soll.
Nach einer kleinen Ewigkeit kommt er zum Truck und sagt, dass wir jetzt zusammen zum Revier fahren, ich aber erst das Taxi für den Abtransport des Mopeds bezahlen müsse. Ich weigere mich strikt, werde dabei schon wieder etwas vorlaut. Der Beamte schaut dumm aus der Wäsche, aber was soll er machen:

Ich stehe mit verschränkten Armen vor ihm, dabei läuft mir der Schweiß in Strömen den Körper herunter.

Schließlich regelt der Polizist die Sache mit dem Taxi und steigt zu mir in den Truck. Ich werde durch die Stadt dirigiert und soll an der Polizeistation rechts auf dem Bordstein parken. »Der ist zu hoch«, sage ich, was natürlich ein Schmarrn ist, aber ich will einen Platz, aus dem ich notfalls schnell wieder ausparken kann. Ich bekomme einen Platz zwischen der Hauswand und einem Lkw zugewiesen, da möchte ich aber bitteschön rückwärts rein – die Grenze ist nur ein paar Kilometer entfernt und eine Flucht könnte nötig werden. Also drehe ich mitten auf der Straße, die Leute schreien auf, aber ich setze mich durch und manövriere den Truck rückwärts in die Lücke.

Nachdem ich ausgestiegen bin, frage ich.»Ist das die Polizeistation?« »No«, antwortet der Polizist, ich solle abschließen und mitkommen. Aber erst mal ist Vega dran und bekommt etwas zu saufen, die Arme, in der Kabine sind es 42 Grad und es ist extrem schwül. Während der Polizist geduldig draußen wartet, nehme ich Vega an die Leine und sperre das Auto zu. Der Beamte will wissen, was das nun schon wieder soll. Ich erwidere: »Sind wir in fünf Minuten fertig?«, worauf er nur lacht. »Na, dann muss der Hund mit.«
Der Polizist winkt plötzlich ein Taxi heran, und ich frage ihn ganz perplex, was hier los sei. Ich soll einsteigen. Nein, erst will ich wissen, was hier Sache ist! Nun höre ich, dass mein Lkw konfisziert ist, und wenn alles erledigt ist, kann ich ihn wiederhaben. Na super!
Ich steige zusammen mit Vega und dem Beamten ins Taxi und wieder geht es quer durch die Stadt zum Polizeirevier. Dort angekommen, soll ich das Taxi zahlen, ich habe aber kein Geld dabei, sorry. Der Polizist zahlt. Ich glaube, Freunde werden wir nun nicht mehr.

Langsam wird es eng und mir ist ordentlich mulmig zumute. Ich werde in ein Zimmer dirigiert, alle starren Vega an. Ich soll einige Fragen beantworten. Da es hier etwas kühler ist, verweigert mein Gehirn die Arbeit nicht mehr. Meine Situation ist verzwickt, wie mache ich am besten weiter? An den Polizisten gewandt sage ich, dass ich erst mit der deutschen Botschaft telefonieren müsse, doch er reagiert nicht darauf, sondern will mir weitere Fragen stellen. Leise und mit leicht drohendem Unterton flüstere ich ihm zu: »Ganz egal ob du willst oder nicht, erst telefonieren!«

Nun grunzt er einen seiner Männer an, dass dieser mit mir zum nächsten Telefon gehen solle, weil im Polizeirevier ja keines sei. Ich binde Vega am Stuhl fest und gehe mit dem Mann nach draußen. Suche mir eines der zahlreichen Telefone aus, die an der Straße angeboten werden, lasse mir die Nummer der deutschen Botschaft geben und rufe dort an. In der Botschaft werde ich an einen Herrn Sowieso weitervermittelt, der mir bestätigt, dass mein Lkw sichergestellt sei und dass ich nun eine Bestätigung der Versicherung zum Nachweis der Gültigkeit bräuchte. Anschließend müsse ich eine Strafe wegen des Unfalls zahlen.
Zurück im Polizeirevier, muss ich die Fahrzeugunterlagen und den Führerschein kopieren, danach gehen wir die restlichen Fragen durch. Nun soll ich mich um die Bestätigung der Versicherung kümmern, das Büro sei nicht weit. Ich bitte darum, dass mir einer der Männer den Weg zeigt. Leider habe das Versicherungsbüro aber bis 15.30 Uhr zu. »Lass mich mal machen«, sage ich und drücke dem einen Jungen, der Vega gestreichelt hat, die Leine in die Hand: »Pass gut auf sie auf, ich bin bald zurück.«

Bei der Versicherung wirkt wirklich alles verriegelt und verrammelt, ich klopfe an sämtliche Türen und Fenster, aber nichts tut sich. Aber ich höre Stimmen aus dem ersten Stock. So sammle ich Steinchen und werfe sie einen nach dem andern nach oben in das offene Fenster, mein Bewacher verdrückt sich lieber. Oben im Fenster erscheint ein Mann, ich setze meinen Dackelblick auf und bitte inständig, dass er mir die Tür aufmacht. »Okay«, antwortet er, aber erst wolle er in Ruhe essen. Nach einer Viertelstunde erscheint er und ich gebe ihm eine dramatische Schilderung und in allen Einzelheiten. Er nimmt den Schaden auf, den er nun nach Dakar faxen muss, denn die Versicherung hatte ich ja im Senegal abgeschlossen. Eine Antwort, sagt er, könnten wir so in ein bis zwei Tagen erwarten! Sicher, in Mali oder in Burkina Faso würde es schneller gehen, aber Dakar sei eben Dakar. Wenn ich aber wirklich etwas will, dann kann ich schon sehr penetrant sein, und so lasse ich nicht locker, bis er alle Rufnummern, die ich bei mir habe, anruft, um zu klären, wo genau er das Fax hinschicken soll. Erst dann bin ich zufrieden.

Zurück im Polizeirevier ist der Junge, dem ich Vega anvertraut habe völlig mit den Nerven am Ende und verschwindet sofort, als ich ihm Vega abnehme. Vega schnappt fast über vor Wiedersehensfreude, sie springt an mir hoch und klammert sich so fest, dass ich sie kaum von mir wegbringe.

Nun starte ich den letzten Versuch, meine Papiere zurückzubekommen. Ich frage den diensthabenden Polizisten, ob ich wenigstens noch in Lomé fahren könne? Nein, nicht möglich. Ich drohe mit der deutschen Botschaft, aber er lacht nur. Ich verspreche, mich morgen zu melden, er lacht wieder. »Okay«, fordere ich, »dann will ich deinen Boss sprechen.« Der sei beim Essen und dort gehe er jetzt ebenfalls hin, antwortet er. »Du kannst von deinem Bauch leben«, sage ich und klopfe auf den füllingen Leib. Er lacht und reicht meine

Papiere seinem Untertan weiter. Wenn die Bestätigung da sei, könne ich sie wiederhaben. Nickt und verschwindet.

Ich lasse mir noch die Adresse geben von der Stelle, an der mein Truck steht, und gehe nach draußen, um ein Taxi zu suchen. Aber wegen Vega hält keines an. Also arbeite ich mit Trick 17, drücke Vega an der Leine wieder einem Passanten in die Hand und stoppe ein Taxi. Ich pfeife den Hund herbei, er reißt sich los und springt neben mir ins offene Taxi. Jetzt hat der Taxidriver keine Chance mehr, allerdings klebt sein Blick am Rückspiegel, sodass ich ihn mehrmals ermahnen muss, auf den Verkehr zu achten ...

Am Lkw angekommen, sondiere ich die Lage und rufe dann nochmals in der deutschen Botschaft an. Die Sûreté Nationale, zuständige Behörde für Ausländer, die mein Visum verlängern kann, hat bereits geschlossen. Also bitte ich Herrn Sowieso, wegen meiner mangelhaften Sprachkenntnisse dort für mich anzurufen und meinen Besuch für morgen anzukündigen, um die Umstände zu klären. Er bedeutet mir mit einem klaren nein, dass er mir da nicht weiterhelfen könne. Ärgerlich, auch über mich selbst und mein schnelles Aufgeben, lege ich auf. Wo war das Problem für Herrn Sowieso, mir den Gefallen zu tun?
Eine Weile bin ich unschlüssig, ob ich Vega außen am Lkw festbinden soll. Schließlich setze ich sie in den Truck und reiße alle Fenster auf, aber ich habe ein schlechtes Gefühl dabei – sie ist im Stande, aus dem Fenster zu springen.
Weil es am schnellsten geht, stoppe ich wieder einen Mopedfahrer. Wie ein Irrer fegt er durch die Stadt und bringt mich zum Versicherungsbüro. Dann folgen einige Stunden, in denen ich dem guten Mann von der Assekuranz gehörig auf den Geist gehe. Immer wieder bittet er mich, das Büro zu verlassen und draußen zu warten, aber nach spätestens zehn Minuten baue ich mich wieder vor seinem Schreibtisch auf. Auf die letzte Sekunde, gegen 18.30 Uhr abends, kommt endlich die Bestätigung der Versicherung. In nervenzerreißender Langsamkeit sucht der Versicherungsmensch noch ewig nach einem Kuvert, drückt dann äußerst gründlich den Stempel darauf und ist am Ende den Tränen nahe, so froh ist er, mich loszuwerden.
Ich habe Glück, auf der Polizeiwache ist der für mich zuständige Kollege noch da, er hat aber gerade eine Vernehmung, wie mir der Posten vor der Tür mitteilt. Kaum ist der Posten weg, trete ich ein, entschuldige mich für die späte Störung und lege ihm die Bestätigung der Versicherung vor, um meine Papiere zu erhalten. Zuerst beharrt er noch darauf, dass ich eine zusätzliche Strafe zu zahlen habe, und ruft seinen Chef, als ich mich weigere. Schließlich werde ich entlassen, ohne einen weiteren Obolus entrichten zu müssen.

Draußen stoppe ich wieder ein Moped, der Fahrer kennt mich bereits, wahrscheinlich hat sich mein Bedürfnis nach häufigen Fahrdiensten hier schon herumgesprochen. Auf jeden Fall fährt er mich zum Truck und ich sage ihm,

dass er bitte kurz warten soll. In der Polizeistation zeige ich den Schein vor, der mich berechtigt, den Truck rauszufahren, aber die Jungs haben keine Lust, das ohne Geld zu regeln.
So hole ich Vega und meinen Rucksack, gehe zu den Jungs in die Bude zurück und lege mich auf das freie Bett. Es herrschen fünf Minuten Stille, dann fragen sie mich, was das soll. »Ich schlafe hier bis morgen, wenn's recht ist«, antworte ich freundlich. Der eine möchte wissen, ob der Hund brav ist, was ich bestätige: »Aber wenn ich schlafe, kommt ihr mir besser nicht zu nahe, denn dann passt er gut auf.« Und siehe da, nun kommt Bewegung in die träge Masse. Also, wenn ich noch raus wolle, dann würde er das doch gerne heute noch für mich erledigen.

Der Mopedfahrer wartet noch geduldig vor der Station und ich frage, ob er mir den Weg zur Grenze zeigen könne. Es ist schon dunkel und ich hab keine Lust, mich nach diesem Tag jetzt noch in der Gegend zu verfahren. Er willigt ein für preisgünstige 500 CFA. Das ist ziemlich wenig, und so gebe ich ihm noch ein billiges Taschenmesser dazu. Er freut sich so sehr darüber, dass es richtig ansteckend auf mich wirkt.

Meine Erkenntlichkeit lohnt sich doppelt, denn der Guide lotst mich nicht nur bis auf die Hauptstraße, die danach immer geradeaus bis zur Grenze führt, nein, er begleitet mich noch weiter. Als der Stau vor der Grenze beginnt, fährt er einen Meter vor mir her und winkt mir zu, ich solle weiterfahren – vorbei an den stehenden Autos und Lkws folge ich ihm bis vor das Grenztor. Dort springt er vom Moped und läuft davon, um kurz darauf mit einem Mann zurückzukommen, der mich sofort vor den wartenden Autos einweist und schon ist das erste Hindernis bei meinem Grenzübertritt genommen. Normalerweise nehme ich an den Grenzen keine Hilfe von Schleppern in Anspruch, aber für heute sind meine Nerven genug strapaziert. Es ist spät, ich habe noch nichts gegessen und den ganzen Tag nur wenig getrunken, bin ziemlich fertig. Es ist immer noch schwülheiß und zwei besondere Probleme, nämlich die zweite Einreise und das bereits gestempelte Carnet, liegen noch vor mir.
Der Schlepper ist clever, denn am zweiten Tor wollen mich einige Zöllner stoppen. Der Junge aber winkt, also fahre ich ohne Rücksicht auf pfeifende, winkende und »Stopp!« rufende Menschen bis in den Bereich der Abfertigung. Dort geht das gleiche Theater wieder los, einige kreischen: »Hier parken!«, andere rufen: »Weiterfahren!«, wieder andere: »Hier hin!« Und ich denke, ich bin im Irrenhaus. So bleibe ich einfach stehen, mache den Motor aus, gehe zu einem der Uniformierten und sage, dass ich hier bleibe. Basta. Er zuckt nur die Schultern.
Mit meinen Unterlagen unter den Arm geht's Richtung Zoll. Nun mache ich dem Schlepper klar, dass ich den Zoll umgehen will. Begründen muss ich das nicht weiter, denn hier macht jeder seine Geschäfte ... Der Junge geht also mit mir zum Zoll rüber und bespricht etwas mit dem Typen, dann können wir

weiter zur Passkontrolle, auch dort bemerkt der Beamte die zweite Einreise nicht und drückt anstandslos den Ausreisestempel auf das Dokument. Uff, geschafft! Ich erhalte meinen Handzettel zur Ausreise.
Fast immer ist nach erledigter Arbeit noch ein letztes Tor zu passieren, wo nochmals alles geprüft wird. Auch hier erwartet mich das gleiche Chaos: »Stopp!«, »Zurück!«, »Nach rechts!«, »Nach links!« Der Schlepper winkt mir zu, ich fahre einfach weiter und ignoriere den Höllenlärm um mich herum. Der Junge öffnet das Tor und ich bin endlich in Ghana, zumindest halb, wie sich herausstellen wird.

Am Einreise-Kontrollpunkt soll ich einen Zettel ausfüllen, den ich nun schon zum dritten Mal in der Hand habe. Ich habe keine Brille griffbereit und es ist dunkel hier, meine Augen sind überfordert. Ich fülle den Wisch nur zur Hälfte aus und gebe ihn ab, der Beamte schaut verärgert auf. Ich beuge mich freundlich zu ihm herunter und er weicht etwas zurück. Richtig, nach diesem strapaziösen Tag dufte ich nun wirklich nicht mehr wie ein Veilchen. Mit dem vollständig ausgefüllten Zettel gehe ich zum nächsthöheren Beamten, der gerne vorab für seine Tätigkeit entlohnt werden will. Ich schüttele so entschieden den Kopf, dass ich den Stempel nahezu sofort bekomme. Aus Erfahrung klug, prüfe ich gleich die Daten, und tatsächlich hat man mir nur 7 Tage Aufenthalt genehmigt. Sofort moniere ich dies sehr freundlich, aber bestimmt und erhalte dafür, welch Wunder, ohne weitere Argumente eine 30-tägige Aufenthaltsgenehmigung.

Anschließend geht es weiter zum Zoll, aber als ich einen großen Parkplatz in der Nähe sehe, frage ich, ob ich nicht die Nacht über hier stehen bleiben kann. Der Schlepper verneint zuerst, aber nach Rückfrage gibt der Zollchef grünes Licht. Ich bin heilfroh, verabschiede mich von meinem Helfer und bitte ihn noch, morgen früh bald wiederzukommen und Brot mitzubringen. Dann strecke ich nur noch alle viere von mir, reiße eine Dose Bier auf, die für heute nicht die letzte sein wird. Ich lasse Vega raus, die Arme hatte heute kaum Bewegung.
Dafür hat sie spätestens mit diesem Tag ihren Afrika-Tauglichkeits-Schein gemacht, braves Mädchen ...

Die Nacht ist grauenhaft drückend heiß und schwül, Vega muss ich mehrmals mit einem nassen Lappen abkühlen. Um acht Uhr morgens kommt der Schlepper mit dem Brot. Wir erledigen die noch nötigen bürokratischen Angelegenheiten, was nicht ganz einfach ist, da die zuständigen Büros auf dem Gelände verstreut sind. Jeder will Geld oder ein Geschenk von mir, aber heute gibt es nichts. Punktum. Nach seiner Entlohnung verabschiede ich mich von dem Schlepper, er hat sehr gute Dienste geleistet. Dann bin endlich richtig in Ghana angekommen.

URLAUB
Die Leichtigkeit des Seins

Schon um ein Uhr mittags habe ich ziemlich schlechte Laune – sechs Kontrollen liegen hinter mir und alle wollten eine Sonderentlohnung von mir. Teilweise fordern die Posten dies recht aggressiv ein, sie klopfen oder schlagen an die Beifahrertür, damit ich öffne. Ich weigere mich standhaft mit der Ausrede, dass die Tür kaputt sei, was mir im Hinblick auf die Verkehrstauglichkeit der hier fahrenden Autos auch immer geglaubt wird.

Nun stoppt mich eine Radarkontrolle mit dem Hinweis, ich sei im zurückliegenden Dorf 50 km/h statt der erlaubten 30 km/h gefahren. Möglich ist das, bei der Schlaglochdichte aber doch eher unwahrscheinlich. Gut, die Radarpistole zeigt zwar 50 km/h an, aber ... Jetzt stehe ich in der gleißenden Sonne einer großen, fülligen Polizistin gegenüber, ihr Chef sitzt auf einem Stuhl und drei weitere Kollegen lümmeln am Auto.
Ich weiß inzwischen, dass mit afrikanischen Frauen nicht immer gut Kirschen essen ist, egal ob bei Verhandlungen auf dem Markt oder bei Verkehrsdelikten wie hier.
Sie baut sich vor mir auf, überragt mich dabei trotz meiner über 1,80 Meter Körpergröße um Haupteslänge und beginnt, von oben herab, in einem nicht enden wollenden Wortschwall auf mich einzureden.
Sie spricht, als ob sie mit dem Kopf in einem Misthaufen stecken würde. Ich verstehe einzig das Wort »Prozess«, während sie einen Zettel mit meinen Daten ausfüllt. Bevor ich schon wieder in die Mühlen der Bürokratie gerate, ziehe ich alle Register: »Ich verstehe dich nicht, du sprichst zu schnell.« Dann lasse ich sie die Worte, die ich nicht verstanden habe, bis zur Weißglut wiederholen.
Als das nicht wirkt, wende ich mich an ihren Chef und bitte ihn, sie doch abzustellen und mir selbst zu erklären, was hier eigentlich los ist.
Es hilft alles nichts, dann kann ich nur noch die letzte Karte ziehen: scheinbare Aufgabe, treuherziger Dackelblick und Resignation gepaart mit der Aussage, dass sie mit mir machen sollen, was sie wollen. Dass ich nun seit sechs Monaten unbehelligt (Lüge) durch Afrika fahre und nach einer halben Stunde in Ghana nichts als Probleme habe. Tief betrübt füge ich an, dass sie mich doch verhaften oder anklagen sollen, ich hätte einfach keine Lust mehr und würde Ghana sofort wieder verlassen.
Nun geben sie endlich auf! Ich könne weiterfahren, aber bitte langsam und vorsichtig.

Das reicht für heute. Ich suche mir bereits mittags einen Übernachtungsplatz in der Pampa und klemme die noch zu Hause vorbereiteten und eigentlich erst für Nigeria gedachten Querstangen über die Beifahrertür. So dürfte für jedermann erkennbar sein, dass die Tür nicht zu öffnen ist. Den übrigen Tag ruhe ich im Schatten.

Es war eine gute Entscheidung, gestern etwas zu entspannen, denn die Kontrollen während der Weiterfahrt hören auch heute nicht auf. Ich bin aber recht gelassen, das hilft.
Ich erreiche Accra, dort hole ich 3,4 Millionen Cedis, etwa 300 Euro, mit der EC-Karte aus der Mauer (Geldautomat). Als ich den Lkw vor der Bank abstelle, kommt mir Joshep entgegen, der Parkplatzwächter, er hat Pfeil und Bogen in der Hand!
»Ich werde dein Auto beschützen«, sagt er mir und macht ein grimmiges und zu allem entschlossenes Gesicht. Na gut.
Als ich zurückkomme, erzählt er mir, dass er auf eine Flinte spart, in zwei Jahren hat er das Geld zusammen.
Ohne ein rechtes Ziel fahre ich einfach immer nach Westen. So komme ich schließlich in Kokrobite an, einem bekannten und beliebten Badeort. Auf der Suche nach einer Camp-Möglichkeit frage ich bei einem nahe gelegenen Haus nach.
Ich lande einen Glückstreffer, der Mann antwortet in akzentfreiem Deutsch: »Du kannst bei mir im Hof stehen bleiben.«
Adjin ist Deutscher und hat 16 Jahre in Oldenburg gearbeitet. Dann wollte er sich hier eine Existenz mit einer kleinen Pension aufbauen, das klappte aber nicht so recht, und so fliegt er heute wieder nach Deutschland, um dort sein Geld zu verdienen.
Die nächsten Tage bleibe ich hier stehen, der Stellplatz ist optimal. Morgens bekomme ich Frühstück ans Bett und am Abend essen wir – das sind Tho, Adjins Frau, und ihre drei Kinder – gemeinsam. Zum Strand sind es nur ein paar Meter und so kann ich mich wunderbar erholen und erfahre in den wenigen Tagen viel über die Kultur der Akan-Völker.
Diese Völker (Ashanti und Fanti) machen die Hälfte der Gesamtbevölkerung aus, neben Mole, Gondja und Ewe, um nur die bedeutendsten zu nennen. Insgesamt soll es mehr als 50 verschiedene Volksgruppen geben. Bei den Akan-Völkern spielt anders als in den meisten afrikanischen Ländern die Frau die Hauptrolle. In der Erbfolge wird der mütterlichen Linie gefolgt. Im innerfamiliären, nicht öffentlichen Bereich regeln die Frauen alle Angelegenheiten selbstständig und sehr selbstbewusst. Der Zusammenhalt in der Großfamilie, Lineage genannt, ist fest und dauerhaft. Der Begriff der Ehe ist eher verschwommen und spielt keine große Rolle, oft dient sie nur zur Zeugung der Kinder. Eine Hochzeitszeremonie ist nicht üblich. Brautkauf oder gar Beschneidungen sind unbekannt, Scheidungen unproblematisch, auch wilde Ehen sind gang und gebe. Auch ein gemeinsames Budget unter Eheleuten ist unüblich. Mit jeder Geburt eines Kindes erhöht sich der Status der Frau.

Abendessen bei Tho

Alles in allem ist die Akan-Frau eine wirtschaftlich autonome Person, die es vorbildlich versteht zu handeln und so zu einem beachtlichen Reichtum kommen kann. Diese Frauen werden »Mammy Benz« genannt und sind gleichermaßen gefürchtet und geachtet, denn wer so reich ist, kann leicht mit Hexerei in Verbindung gebracht werden ...

Die nächsten Wochen fahre ich immer am Meer entlang Richtung Elfenbeinküste und genieße die wunderschönen, kilometerlangen Sandstrände.
Aus Spaß habe ich einmal gemessen, wie weit ich morgens mit Vega laufe. In dreißig Minuten komme ich auf gut drei Kilometer, das heißt drei Kilometer langer, weißer und von Palmen gesäumter, sauberer Sandstrand ohne eine Menschenseele, unbeschreiblich herrlich.
Immer wieder finde ich schöne Stellplätze direkt am Meer, verzehre reichlich Fisch und Krustentiere und besichtige einige der Castels.
Diese zahlreichen Forts und Castels, allesamt von Europäern gebaut und dann umkämpft, dienten zum Schutz und zur Sicherung der Kolonien. Später wurden sie für den Sklavenhandel benutzt, in den Kerkern und Verliesen eingesperrt warteten die Sklaven oft monatelang auf den Abtransport. Das sogenannte »Tor ohne Wiederkehr«, also das Tor zum Schiff, das die Sklaven beim Abtransport durchlaufen mussten, findet sich in jedem Castel. Von den Europäern wurde dieser Landstrich »Goldküste« genannt. Werner Herzogs Film »Cobra Verde« wurde hier im Elmina Castle gedreht.

Andere Nächte wiederum verbringe ich in Fischerdörfern und tauche in das dortige Leben der Bewohner mit ein. Hier muss ich allerdings ein Auge auf Vega haben, denn so mancher Fischer scheint den Hund als willkommene Abwechslung für seinen Speiseplan in Erwägung zu ziehen! Dafür habe ich Gelegenheit einer Trauerfeier beizuwohnen. Obwohl für die schwarzen Afrikaner der Teufel weiß ist, werde ich eingeladen. Maisbrei und selbst gebrautes Bier werden verteilt, die Menschen lachen, tanzen und reden. Der Tod wird zelebriert. Ein paar junge Männer setzen sich neben mich unter den Baum, reichen mir dicke Zigarren aus Zeitungspapier, wohl benebelt durch das starke Bier ziehe ich zweimal kräftig. Eine halbe Stunde später spüre ich meine Beine nicht mehr. Ob es das Bier war oder die Zigarren, spielt nun keine Rolle mehr. Nur mit Hilfe komme ich in den Truck und alle lachen sich halb tot, die Weißen sind eben doch schwächlich!
Hier abseits der großen Straßen haben sich die Kontrollen so gut wie erledigt. Körperlich geht es mir ein paar Tage lang nicht so gut, es ist nichts Schlimmes, eher eine allgemeine Schwäche. Das mag auch an den ständig feuchtheißen Temperaturen liegen. Auch einen psychischen Tiefpunkt habe ich überwunden. Denn eins ist klar: Nach der Durchfahrt durch Nigeria gibt es keinen Weg zurück und ich ertappe mich dabei, den Lkw auf Schäden zu untersuchen! Dies wäre ein guter Grund, auf relativ sicheren Wegen wieder nach Hause zu kommen.

Auf einem Camp lerne ich Nicole kennen, sie hat in Kumasi ein Volontariat gemacht und reist nun noch etwas in der Gegend herum. Meinen Plan, in den Mole National Park zu fahren, könne ich streichen, laut Nicole gäbe es dort keine Möglichkeit mehr zu campen.
Also disponiere ich wieder einmal um. Die letzten Tage war es wieder außerordentlich schwül und nachdem ich alternativ den Ankasa National Park besucht habe, fahre ich gemütlich und auf kleinen Nebenstraßen gen Norden. Ich esse bei »Mama Afrika«, halte hier und da einen Plausch mit den Leuten am Straßenrand und repariere mal eben eine umgestürzte Marktbude.

Die Landschaft wird hügelig, ich fahre in eine regengrüne Feuchtwaldzone. Es gibt auch immer wieder erstaunliche Dinge aus dem afrikanischen Alltagsleben zu entdecken. So wird im turbulenten Stadtverkehr mitten auf einer Kreuzung bei einem Lkw die komplette Hinterachse getauscht, Radwechseln mitten auf der Straße ist da schon eher als normal zu betrachten. Die Straßen sind ein niemals abreißender Film des afrikanischen Lebens, wer sie benutzt, erhält ein unendliches Schauspiel geboten, in Farbe und Dolby-Stereo.

Ghana, Strandleben

Ghana, Traumcamp

Und »Gimiimanii« treffe ich auch mal wieder. Wer das ist? Einfach mal eine Socke in den Mund stecken und dann sagen: »Give me money.« Ich steige aus dem Truck und schon steht er neben mir, streckt mir einen Zettel entgegen, eine Rechnung oder was auch immer, die ich für ihn zahlen soll. Seine leuchtenden Augen strahlen mich an, die blitzweißen Zähne im breiten Grinsen tun das Übrige. Es ist nicht ungewöhnlich, egal wo in Afrika, als Weißer fällst du auf, bist sofort umlagert und die Jungs kleben wie Fliegen an dir. Viele Afrika-Touristen verzweifeln an den vielen »Gimiimanii«. Aber ich bin gewappnet, finde sie eher selten lästig, brauche auch mal ihr Wissen. Und ich bin kein Tourist, diese sind reich, wollen Luxus, geben Geld aus, kaufen und wollen beeindrucken. Ich bin Reisender, habe nur meine Neugier und die ist unverkäuflich. Und »Gimiimanii« bekommt heute eine Zigarette, aber nur, wenn ich bei meiner Rückkehr den Lkw unversehrt vorfinde.
Die Tage vergehen wie im Flug, und da ich wieder ganz obenauf bin, habe ich viel Spaß bei meinen Erlebnissen. Über den Lake Volta, den weltweit größten, von Menschenhand angelegten Stausee, erreiche ich schließlich die Wli Falls, wo das Wasser über eine etwa achtzig Meter hohe Klippe mit tosendem Donner in die Tiefe stürzt. Dort betreibt ein Deutscher ein Camp und ich bleibe für ein paar Tage. Die Nächte sind angenehm kühl und am Lagerfeuer erfahre ich einige Geschichten aus Bernhards Leben, dass er auf seiner geplanten Transafrika-Tour hier hängengeblieben sei. Er erzählt mir Skurriles und Heiteres über das Leben in Ghana, den Zoll, die Polizei, die Behörden im Allgemeinen und den hiesigen Dorfchef im Besonderen. Sie alle würden ihm immer wieder das Leben schwer machen und selbst hier hätte man ohne Steuerberater keine Chance –, und ich dachte, wir sind in Afrika. Er lamentiert, dass er sich verpflichten musste, eine Straße bis zu seinem Grundstück zu bauen, und als er nach vier Wochen harter Arbeit die Straße fertiggestellt hatte, musste er seine eigene Arbeit auch noch bezahlen, Straßenbaugebühr! Ja ja, so seien sie hier! Aber er sei doch insgesamt ganz zufrieden, das Grundstück hier habe auch nur 1.500 US-Dollar gekostet und er habe es als Erbpacht erworben.

Es wird Zeit weiterzuziehen und ein paar Tage später stehe ich wieder an der Grenze zu Togo. Zahlreiche Schlepper umlagern mich sofort, aber ich kenne mich ja bereits aus und die beiden Grenzen sind kein großes Hindernis. Allerdings fliege ich am togoischen Zoll mit meinem gefälschten Visum auf und muss ein neues ausstellen lassen. Bei der Ausfahrt zwischen den beiden letzten Toren wollen die Jungs wieder Geld, aber da sie nicht sehr offiziell aussehen, hole ich meinen Stock hervor, lehne mich aus dem Fenster und stoße das Tor auf. Mit mir nicht, Leute!

Zurück in Lomé fahre ich diesmal zu Alice, einer Schweizerin, die Camping und Hotel in Lomé betreibt und eine Institution für alle Afrika-Fahrer ist. Ich bin sonst eher skeptisch, aber Alice ist eine absolute Ausnahme. Eine liebenswerte Person, freundlich, eine wahre Bereicherung der Menschheit, denn sie

kümmert sich auch um die Kinder in Lomé und hat einige unter ihre Fittiche genommen.
Stehen kann ich mit dem Truck in einem ummauerten Grundstück, ein paar andere Fahrer sind auch da und es ist ziemlich eng. Durch die hohe Mauer kommt kein Lüftchen rein und die Nächte sind grauenhaft schwül und heiß, an Schlaf ist nicht zu denken.

Ich treffe ein Pärchen Schweizer, Tamara und Simon, die mit einem 110er Land Rover unterwegs sind, und wir beschließen, Nigeria gemeinsam »zu machen«. Dass ich in Lagos einen Bekannten treffen will, den ich über das Internet kenne, ist für beide okay. Also werden wir morgen zu Togo-Toni fahren, einem Österreicher, der in Lomé eine Werkstatt betreibt, die Autos prüfen lassen und dann losfahren.
Vorher will ich noch einkaufen, da ich aber eingeparkt bin, muss ich wieder mal ein Moped stoppen. Beim Einkaufen vergesse ich das völlig und als ich bezahlt habe, stehe ich mit einem vollen Einkaufswagen vor dem kleinen Moped. Manchmal bin ich einfach unschlagbar clever! Nun muss ich einen Jungen zum Aufpassen suchen und ein zweites Moped stoppen. Wir verstauen die Einkäufe auf den beiden Zweirädern und kommen nach einer abenteuerlichen Fahrt durch die Stadt und nur einem kleinen Sturz heil zum Camp zurück.
Diese Nacht darf Vega das erste Mal draußen schlafen, es ist einfach zu schwül innen, obwohl ich, wie so oft, bei offener Tür schlafe.
Bei Togo-Toni lasse ich am nächsten Tag soweit wie möglich alles prüfen, was allerdings hier sehr relativ aufzufassen ist. In Afrika wird das Fahrzeug so lange gefahren, bis es kaputt ist, und erst dann wird repariert! Trotzdem leisten die Jungs gute Arbeit und wir können bald Richtung Benin starten. Die beiden Grenzen sind kein Problem und wir sind schnell durch, haben jedoch nur ein 48-Stunden-Visum bekommen. Meine schweizerischen Reisebegleiter sind allerdings so lässig drauf wie ich und so fälschen wir das Visum einfach auf die gewünschte Aufenthaltsdauer. In Grand Popo suchen wir uns ein Camp und bereiten uns mental auf das bevorstehende Nigeria-Abenteuer vor.

NIGERIA
Einer der korruptesten, abgebrühtesten und untüchtigsten Landstriche unter dem Sonnenlicht.
Chinua Achebe

Reisewarnung des Auswärtigen Amtes, Stand 2006: »In Nigeria können überall jederzeit gewaltsame lokale und regionale Konflikte aufflammen, die soziale, religiöse und/oder ethnische Ursachen haben können. Im südwestlichen Bundesstaat Oyo wurden im Zusammenhang mit der Absetzung eines Gouverneurs im Januar 2006 zahlreiche Menschen getötet. Im Bundesstaat Plateau besteht eine erhöhte Gefahr durch kriminelle Banden. Im Bundesstaat Anambra, insbesondere in Onitsha und der näheren Umgebung, kommt es immer wieder zu bewaffneten Auseinandersetzungen mit zahlreichen Toten und Verletzten. Meist sind diese Auseinandersetzungen nur von kurzer Dauer (wenige Tage) und örtlich begrenzt (meist nur einzelne Orte, in größeren Städten nur einzelne Stadtteile, nie ganze Bundesstaaten), deshalb sollen Reisende sich vor Reisen außerhalb von Abuja und Lagos stets in nigerianischen und internationalen Medien über die aktuelle Lage informieren.
In den städtischen Ballungsgebieten sowie in den ölreichen Staaten des Nigerdeltas besteht erhöhte Gefahr schwerer Gewaltkriminalität. In den Ölfördergebieten in den Regionen des Niger Deltas, das die nigerianischen Bundesstaaten Delta, Bayelsa, Rivers und Akwa Ibom umfasst, kommt es immer wieder zu Kämpfen zwischen paramilitärisch organisierten Banden untereinander und mit Sicherheitskräften. Insbesondere in der Ölstadt Port Harcourt kommt es immer wieder zu Schusswechseln verschiedener Gruppen untereinander bzw. mit der Polizei mit zahlreichen Todesopfern.
Es besteht eine ernst zu nehmende Drohung verschiedener bewaffneter Gruppen gegen im Niger Delta aufhältige Ausländer, nach welcher diese als Feinde und aus diesem Grund als legitime Ziele betrachtet werden. Seit Beginn des Jahres 2006 ist es im Niger Delta verstärkt zu bewaffneten Angriffen auf Einrichtungen ausländischer Ölgesellschaften sowie zur Entführung ausländischer (meist westlicher) Arbeitnehmer von in der Region tätigen Unternehmen gekommen. In den letzten Tagen kam es in diesem Gebiet zu zahlreichen Entführungen von unter diese Kategorie fallenden Ausländern. Diese erfolgten, anders als in der Vergangenheit, nicht nur in den Ölfördergebieten sondern direkt aus der bisher verschonten Hauptstadt des Bundesstaates Rivers, Port Harcourt.
Vor Reisen in die Bundesstaaten Delta, Bayelsa, Rivers und Akwa Ibom wird daher nicht zuletzt angesichts der erhöhten Gefahr von Geiselnahmen gewarnt.

In gleicher Weise wird wegen der Möglichkeit gewaltsamer Auseinandersetzungen auch von Reisen auf die Bakassi-Halbinsel und in das Ogino-Gebiet östlich von Port Harcourt abgeraten.
Autofahrten sollten nur mit ortskundigen und zuverlässigen, möglichst persönlich bekannten und einheimischen Personen durchgeführt werden, vorzugsweise im Konvoi. Fahrten bei Dunkelheit sollten in jedem Fall vermieden werden. Im Zweifel sollte trotz Reifenpanne weitergefahren werden, um einem möglichen Überfall zu entgehen.
Von Busreisen im Lande ist abzuraten. Reisebusse können besonders bei Dunkelheit in schwere Unfälle verwickelt oder von bewaffneten Banden überfallen werden.«

Theoretisch hätten wir auch die Möglichkeit, um Nigeria herumzufahren, aber Niger, Tschad und das nördliche Kamerun werden vom Auswärtigen Amt derzeit nicht besser bewertet. Durch meinen Kontakt zu Rainer in Lagos haben wir zumindest einen zuverlässigen Ansprechpartner bei Problemen und einen sicheren Schlafplatz.
Abgesehen davon benötige ich, um aus Nigeria wieder rauszukommen, ein Visum für Kamerun, und das gibt es nur in Lagos oder in Calabar. Dass man alternativ ein Visum für Kamerun auch in Dakar bekommt, habe ich erst zu spät erfahren.

Jeder von uns wird Mut für dieses Land brauchen, ebenso wie einen klaren Kopf. Ich bin nicht der Erste, der nach Nigeria fährt, und werde auch nicht der Letzte sein. Für mich persönlich ist wichtig, dass ich mir nie die Frage stellen muss, ob es das wert war, sollte mir etwas Ernsthaftes zustoßen. Ich betrachte es als meine Aufgabe, mir im Voraus über die Konsequenzen des Unternehmens Nigeria klar zu werden, mit allem zu rechnen und dies auch in ganzem Umfang zu akzeptieren.

Das Abenteuer beginnt am Sonntagmorgen. An diesem Tag ist der afrikanische Verkehr in den großen Städten in der Regel erträgbar. Unser Job lautet zunächst, einen GPS-Punkt (Rainers Adresse) in der Stadt Lagos (17 Millionen Einwohner) zu finden.

Die Grenzer in Benin wollen Geld sehen und haben auch eine Erklärung parat. Schließlich sei heute Sonntag und sie müssten extra für uns arbeiten ... Die gefälschten Visa fallen ihnen nicht auf.

Von der Grenze in Nigeria haben wir viel Schlechtes gehört, tatsächlich blickt uns die füllige Grenzerin auch ziemlich grimmig entgegen. Erst nachdem ich ihr zugezwinkert und ein blitzsauberes Lächeln habe folgen lassen, ist das Eis gebrochen. Sie nimmt mich an der Hand und schleust mich von Posten zu Posten, überall fallen eher heitere Bemerkungen. Die altbekannte und doch

immer wieder neue Prozedur geht schnell und ohne Forderungen vonstatten, da hatten wir wohl einmal richtig Glück!
Die Verabschiedung ist herzlich und schon ist alles erledigt, wir passieren die letzte Schranke – und von da an ist Schluss mit lustig.
Die letzte Schranke öffnet sich noch dank eines scharfen Pfiffes »meiner« Grenzerin, aber keinen Wimpernschlag später stehen wir einem Spalier von finster blickenden Typen mit und ohne Uniform gegenüber.

An die folgende Strecke bis Lagos werde ich mich erinnern bis ans Ende meiner Tage.

Es kommt knüppeldick und das im wahrsten Sinne des Wortes. Alle 50 Meter stehen Typen, mit Uniform, ohne Uniform, mit AK-47 in der Hand - besser bekannt unter dem Namen Kalaschnikow - mit Eisenstangen, Baseballschlägern oder einfachen Knüppeln.

Nur eins verbindet alle: selbst gemachte, üble Nagelbretter, die ohne Probleme auch Lkw-Reifen zerstechen, liegen griffbereit herum.
Den Überblick zu behalten ist unmöglich, überall, wo mein Blick hinwandert, wird geschrien, auf fahrende Autos eingeschlagen und Nagelbretter werden auf die Fahrbahn gezogen.

Langsam fahre ich los, die Sonnenbrille verdeckt meine Augen. Somit kann niemand ahnen, wohin ich gerade schaue. Und es ist ratsam, keinen Blickkontakt aufzunehmen, die Stimmung ist hochaggressiv.
Vor allem die Jungs in Straßenkleidung, die ich absolut nicht zuordnen kann, schlagen mit den Knüppeln um sich. Ich bleibe nur stehen, wenn man mich nachdrücklich dazu auffordert.
Einer will den Führerschein sehen, ein anderer das Carnet.

Unangenehm nur, dass immer ein Zweiter mit der AK 47 im Anschlag vor dem Lkw steht und die Mündung bedenklich in meine Richtung wandert. Auf Fragen nach Geschenken erwidere ich immer in Französisch: »Ich spreche nicht englisch, tut mir so leid«, mal ein Lächeln, mal ein grimmiges Gesicht, je nach Situation.
Man kann es sich am Besten so vorstellen: Es ist wie Spießrutenlaufen. Kaum ist die eine Kontrolle vorbei, hat man schon die nächste im Blick, taxiert die Leute, die wiederum taxieren mich, und jeder macht sich wohl so seine Gedanken.
Plötzlich schlägt mir einer, den ich im Getümmel übersehen habe, mit dem Knüppel gegen den Truck. Er rennt neben dem Lkw her und prompt muss ich an der nächsten Kontrolle halten. Nun bleibt mir nichts anderes übrig als auszusteigen, den Kerl mit dem Knüppel anzuschreien und zu fragen, was der Mist soll. Ich bin ziemlich sauer, er zeigt sich beeindruckt, fordert jedoch barsch meinen Pass. Sofort stehen noch zwei da: »Was willst du?«, frage ich

den Zweiten. »In den Lkw sehen!« »Und du?«, frage ich den Dritten. »Dein Carnet«, sagt er. Also hole ich den Pass aus dem Lkw, zeige ihn vor und bringe ihn wieder zurück, hole das Carnet und versperre es wieder. Dann öffne ich den Truck, und er wirft einen Blick hinein. Als er versucht einzusteigen, mache ich deutlich: Sehen ja, reingehen nein.
Ich steige in den Lkw und fahre weiter. Simon, der immer an meinem Truck klebt, rutscht mit mir durch, egal ob ich stoppen muss oder durchfahre. Er fährt so dicht auf, dass man ihn erst sehr spät bemerkt.
Bis kurz vor Lagos haben wir so um die 60 Kontrollen, manchmal müssen wir stehen bleiben, andere winken uns durch. Einem verspreche ich, ihn auf dem Rückweg mit nach Togo zu nehmen, dem anderen gar nach Deutschland. Ich verteile rund 15 Mal meine Adresse, damit sie mich in Deutschland besuchen können, und wimmele alle ab.
Ein Gespräch, das an ein Irrenhaus erinnert, möchte ich nicht vorenthalten:

»Wo kommst du her?«
»Aus Deutschland.«
»Gib mir 20 US Dollar!«
»Ich habe kein Geld mehr.«
»Warum?«
»Weil der letzte Posten mir alles abgenommen hat!«
»Welcher Posten?«
»Na der letzte!«
»Was, hier an der Straße?«
»Ja, hier an der Straße.«
»Gibt's, nicht, (er macht auf empört) den müssen wir sofort aus dem Verkehr ziehen!«
»Danke.«

Als wir den Außenbezirk von Lagos erreichen, tritt ein weiteres Problem auf. Irre, völlig durchgeknallte Autofahrer fahren gerade da, wo Platz ist. Da kommt mir einer links und ein anderer rechts, halb im Gras, entgegen.
In Lagos wird die Straße achtspurig, getrennt durch eine Betonmauer von einem Meter Höhe. Doch auf unseren vier Spuren kommen mir Geisterfahrer entgegen, die von anderen noch überholt werden, und das Ganze mit hohem Tempo.
Als wir uns der Stadtmitte nähern und der Verkehr zu stocken beginnt, kann ich mir endlich etwas die Stadt ansehen.

Lagos ist eine abstoßende, lärmende Stadt. Dreck, wohin man blickt, an jeder Ampel Heerscharen von bein- oder armamputierten Bettlern, manche bewegen sich auf ihren beinlosen Rümpfen mühsam auf Skateboards fort. Ich bin zutiefst betroffen, als ich einen verkrüppelten Mann auf dem Bauch mitten auf der Straße liegen sehe, die Beine vollkommen verdreht, hinter ihm ein rollstuhlartiges Vehikel. In der einen Hand hat er einen Stock, mit dem er die

Münzen, die nicht in seine Reichweite fallen, einsammeln kann. Wenn die Ampel auf Grün springt, rasen die Autos auf der mehrspurigen Straße haarscharf an dem am Boden Liegenden vorbei.

Beim ersten Anlauf verpasse ich die richtige Ausfahrt und das ist schlecht. Hier in einem falschen Stadtviertel zu landen, könnte irreparable Schäden nach sich ziehen, vornehm ausgedrückt. Gerade noch vor Einbruch der Dämmerung kommen wir bei Rainer und Andrea an.

Der Empfang ist so herzlich, dass für uns drei Lagos zu einem Highlight wird. Das Bett ist bereits gemacht, ein Fahrer samt Auto steht uns schon morgens zur Verfügung und Rainer drückt uns einen Packen Geldscheine in die Hand! Geld zu tauschen ist hier in Nigeria, wenn überhaupt, nur schwer möglich und nimmt mindestens einen Tag in Anspruch, erklärt er uns. Rainer ist der Ansicht: »Nehmt, was ihr braucht, abrechnen können wir später.«
Rainer und Andrea arbeiten an der deutschen Schule in Lagos, sie wohnen zusammen, wie viele andere Weiße auch, sicher abgeschirmt im Beachland Estate.

Die Gastgeber in Lagos

Am nächsten Morgen nach einer, dank Klimaanlage, wunderbar kühlen Nacht besprechen wir beim Frühstück die nötigen Verhaltensregeln für Lagos und lassen uns zur Botschaft von Kamerun fahren. Ich genieße es, einmal nicht selbst am Steuer zu sitzen und frage den Fahrer Löcher in den Bauch. Es geht nur langsam voran, die ganze Stadt ist ein einziger Stau, und so brauchen wir für die paar Kilometer unendlich lange. Ich kann mich dabei in aller Ruhe umschauen. Die ehemalige Hauptstadt Nigerias ist unglaublich dicht besiedelt. In manchen Stadtvierteln leben bis zu 31.000 Menschen auf einem Quadratkilometer. Zum Vergleich: In Berlin sind es im Durchschnitt 3.750. Das Leben in Lagos quillt auf die Straßen hinaus, jegliches Private wird öffentlich. Auf den Straßen und Marktplätzen spielt sich das städtische Leben ab, unmittelbar, chaotisch, kraftzehrend. Lagos ist die am stärksten wachsende Stadt der Welt. Täglich kommen hoffnungsvolle Neuankömmlinge, um letztendlich das Heer der Bettler, der Straßenkinder und Tagelöhner zu vergrößern. Sie finden sich wieder zwischen stinkenden Kanälen und schwirrenden Moskitoschwärmen. Inzwischen leben zwei Drittel der Einwohner in Slums, ohne Anbindung an irgendeine Infrastruktur.

In der Botschaft das übliche Verfahren, Formulare ausfüllen und so weiter. Der Teppichboden, der in einem Anflug von Optimismus irgendwann verlegt wurde, modert in der tropischen Hitze vor sich hin. Neben dem Geld für das Visum möchte der schmierige Typ am Schalter noch mehr Geld für eine schnelle Bearbeitung haben, aber ich erkläre ihm gerne, dass man nun einmal nicht alles haben kann.

Zurück bei Rainer finde ich einen Zettel am Scheibenwischer meines Trucks, so lerne ich Klaus kennen. Er arbeitet bei Julius Berger Nigeria und ist Elektrik-Chef der gesamten Berger-Flotte, und die ist ziemlich groß. Solch eine gut ausgestattete Lkw-Werkstatt werde ich in ganz Afrika nicht mehr finden. Klaus hat sich einen Lkw aus Deutschland geholt und eine Kabine drauf gebaut, ein schönes Auto. Wir unterhalten uns lange und tauschen Erfahrungen aus. Klaus beschafft uns alles, was wir brauchen. Dazu muss man wissen, dass Nigeria zwar Öl ohne Ende hat, es aber an den Tankstellen absolut nichts gibt. Der Sprit wird komplett und ausschließlich über den Schwarzmarkt verhökert. Klaus gibt uns auch eine Karte von Nigeria, auf der die Straßen korrekt eingezeichnet sind, und markiert darauf mit Kreisen, wo Berger seine Niederlassungen hat. Dort fänden wir bei Problemen jederzeit eine Anlaufstelle. Das beruhigt ungemein. Früher gehörte die Firma Julius Berger Nigeria zum Bilfinger Berger Konzern. Sie hat sich jedoch vor Jahren als selbstständige Firma aus dem Konzern gelöst. Kein Wunder, denn das Geschäftsgebaren hier in Nigeria passt überhaupt nicht zu europäischen Vorstellungen! Etwa achthundert Weiße und rund 30.0000 Nigerianer arbeiten für die Firma.

Am Abend kommt Mathias, seine Frau ist Pastorin hier. Auch er kennt sich in Nigeria bestens aus und bespricht mit uns, welche Route wir fahren sollen, um den Kontrollen aus dem Weg zu gehen und welche Straßen überhaupt befahrbar sind. Zum Schluss gibt er uns noch den Tipp, in den Afi Mountains die Drills zu besuchen - imposante Affen, die in der Auswilderungs-Station

von Peter und Lisa Jenkins leben. Wir schicken gleich eine E-Mail los, ob ich dort mit Vega rein darf. Schon nach Kurzem kommt die Antwort, dass wir willkommen seien.
Zusammen mit Klaus verbringen wir einen gemütlichen Abend mit leckerem Essen. Die Köchin vermittelt uns ein »Zuhause-Gefühl« mit Schnitzeln, Kartoffeln und Salaten. Nur einen so guten Obstsalat zum Dessert bekommt man zu Hause nicht.

Heute besuchen wir die deutsche Schule. Da viele deutsche Firmen in Lagos offensichtlich gute Geschäfte machen, gibt es für die Kinder eben die deutsche Schule. Alle Klassen dürfen Tamaras und Simons Land Rover und meinen Lkw besichtigen. Ein tolles Erlebnis für die Kinder, sie fragen uns Löcher in den Bauch. Ganz schön anstrengend, aber es macht Spaß ...

Am Mittwoch sollen unsere Visa fertig sein. Wir fahren zur Botschaft, aber dort gibt es unerwartet Probleme. Wir bräuchten eine Einladung aus Kamerun, um sie ausstellen zu können, und das Geld reiche nicht aus – wir hatten 800 US-Dollar (!) in Reiseschecks kopiert und vorgelegt. Ich mache Druck, aber er redet sich damit heraus, dass er nicht wisse, was sein Vorgesetzter wolle. Wir wenden uns an das Büro des Vorgesetzten, aber der ist gerade nicht da. Wir sollen warten.
Nach zwei Stunden habe ich genug und prüfe mal die Lage im oberen Stock. Hier finde ich das Büro des Botschafters. Ich gehe wieder nach unten und lasse mir von Tamara die Quittung für das bezahlte Visum geben. Mit dieser gehe ich wieder nach oben zur Sekretärin und bitte sie um die Aushändigung des Passes. Sie entgegnet, dass dies der Kollege im unteren Stockwerk mache. Also gehe ich wieder nach unten, warte zwei Minuten ab und erscheine dann erneut bei der Sekretärin mit der Erklärung, der Mann unten habe zu viel zu tun, eine Menge Leute würden warten und sicher könne auch sie mir meinen Pass geben. Sie lehnt ab. Kurz entschlossen klopfe ich an die Tür zum Büro des Botschafters und trete schon in der nächsten Sekunde ein. Der Botschafter ist sichtlich verdutzt, nach Schilderung der Sachlage aber sehr freundlich. Er bittet mich, mitzukommen. Und nun werden der Reihe nach die Leute rundgemacht. Als der Botschafter fragt, ob ich in Begleitung sei, hole ich eilig Simon herbei. Keine Dreiviertelstunde später haben wir unsere Pässe wieder und sogar eine Aufenthaltsgenehmigung für die nächsten 60 Tage. Das nenne ich Glück!

Am Abend gehe ich zu Klaus, der mir Lagos-Nummernschilder besorgt hat, die ich unbedingt haben wollte. Auf dem Nummernschild steht: Lagos - »Centre of Excellence«, was ich irgendwie recht lustig fand. Als ich ihm mitteile, dass wir morgen früh um 5 Uhr losfahren wollen, überlegt er nicht lange und weist seinen Fahrer an, uns morgen früh abzuholen und aus Lagos herauszuleiten.

Wir drehen zusammen mit den Hunden noch eine Abschiedsrunde und verabschieden uns mit dem Versprechen, uns einmal wieder zu treffen. Im Grund wären wir noch gerne geblieben, aber die überbordende Gastfreundschaft macht uns – so merkwürdig es klingt – doch etwas zu schaffen. Die Verabschiedung am nächsten Morgen ist sehr herzlich und mir wird richtig warm ums Herz.

Der Fahrer von Klaus ist pünktlich und so starten wir. Es geht durch unbeleuchtete Straßen, an dunklen Fahrzeugen vorbei, nirgendwo ist etwas beschildert. Bis zehn Uhr am Vormittag bleibt der Fahrer vor uns, erst dann verabschieden wir uns.

Der Moloch Lagos lässt uns nicht so schnell los. Die Wirklichkeit ist noch weit schlimmer als der miserable Ruf der Stadt.

Es ist schlicht unvorstellbar, dass es in dieser Millionenstadt nicht einmal eine Feuerwehr gibt.

Dafür besticht die große Polizeidichte: Federal Highway Police, Road Police, City Police, State Police, Traffic Police usw. Jede Menge Typen ohne Uniform, dafür meist ausgerüstet mit den berüchtigten Nagelbrettern. Dazu kommen noch TÜV Police, Militär, Zoll und einige, die wohl nicht so genau wissen, was sie eigentlich sind. Im Notfall jedoch kannst du nirgends anrufen und um Hilfe bitten, denn keiner käme – stattdessen wollen alle immer nur Geld von dir.

Während meiner Tage in Lagos habe ich selten einmal jemanden lachen sehen. Wenn man alle Typen von Menschen kennenlernen möchte, auch die Hoffnungslosen, dann sollte man in diese Stadt gehen!

Unglaubliche, erschreckende Szenen spielen sich hier alltäglich vor aller Augen ab: Einmal stürzt das obere Drittel eines Hochhauses ein - Konstruktionsfehler, Baufälligkeit, wer weiß das schon? Niemand kümmert sich um die Toten, niemand räumt den Müll weg, im Gegenteil – auf der anderen, noch intakten rechten Seite, wird in aller Ruhe weitergearbeitet. Es fallen einfach Straßenlaternen um und alle fahren solange darüber, bis die Laternen platt gedrückt sind. Da liegt ein menschlicher Leichnam auf der Straße und niemand kümmert sich darum. Im Vergleich dazu sind gefährlich auf der Straße herumliegende Autowracks kaum der Rede wert.

Die Straßen außerhalb der Stadt sind gut, abgesehen von vielen großen Schlaglöchern, wir kommen gut voran. Die Kontrollen passieren wir problemlos.

Leider finden wir das von Mathias empfohlene Hotel nicht und müssen am frühen Abend eine Entscheidung treffen. Sie fällt für wildes Campen aus.

Lagos, Chaos City

Lagos Centre of Excellence

Wenige Minuten, nachdem wir einen Platz gefunden haben, kommt einer angefahren, der sich als der hiesige Pfarrer vorstellt und wissen will, was wir hier machen. Nachdem wir es ihm erklärt haben, versichert er uns, dass wir hier sicher stehen würden.
Tatsächlich ist die Nacht ruhig und am kommenden Morgen bringen wir dem Pfarrer für die Kinder seines Dorfes ein paar Kleinigkeiten.

Die Fähre, mit der wir den Fluss überqueren wollten, kann meinen Lkw nicht aufnehmen und so fahren wir einen kleinen Umweg, um wieder auf die geplante Route zu kommen. Die Menschen sind neutral, kaum Touristen gewohnt, man ist nicht aufdringlich aber wir fühlen uns auch nicht so richtig wohl. Wir fahren durch eine recht angenehme, hügelige Landschaft mit grünen Wiesen, Palmen und Bananenstauden. Auch die Häuser machen einen gepflegten Eindruck.

Die Kontrollen werden wieder aggressiver. Einer möchte Vega mitnehmen, ein anderer braucht Diesel, dem nächsten gefällt meine Sonnenbrille, einer fragt – bei laufendem Motor auf dem Trittbrett wippend – ganz unverschämt und direkt nach Geld. Auch meine Pfeife ist immer wieder gefragt, es gelingt mir aber, alle ohne Verluste erfolgreich abzuwimmeln.

In der Mittagspause nehme ich Simon beiseite und teile ihm mit, dass ich ab jetzt nur noch bei Typen mit umgehängten Kalaschnikows und über die Fahrbahn gezogenen Nagelbrettern stehen bleiben werde. Ich habe etwas weiche Knie, als ich nach dieser Devise ohne zu bremsen auf die nächsten Kontrolleure zufahre, aber ich muss sagen, ab der dritten durchfahrenen Kontrolle stellt sich eine Art Routine ein.

Wir sind zügig unterwegs und so brauchen wir nur noch eine Übernachtungsmöglichkeit, die sich jedoch schwierig gestaltet. Überall ist die Besiedlung ziemlich dicht, ich frage bei einer Schule nach. Nach anfänglichem Zögern dürfen wir unsere Fahrzeuge dort abstellen. Am Abend kommt neben zig anderen Leuten auch der Dorfoberste und will Geschenke, wir verziehen uns deshalb früh in die Autos. Als am nächsten Morgen bereits um sieben Uhr vor den Fahrzeugen eine Menschentraube klebt, fahren wir kurzerhand ohne Frühstück los.

Nachdem die letzten krassen Schlaglöcher umkurvt sind, geht die Strecke in eine Schlammpiste über, einige Brückchen sind gerade eben breit genug für den Truck. An einer Brücke brechen beim Darüberfahren einige Bohlen, bei dem krachenden Geräusch stellen sich meine Nackenhaare auf. Es ist ein undurchdringliches Gebiet mit steilen Hängen. Die schmale Piste, die durch den Urwald führt, erfordert an einigen Stellen die Hilfe von Simon, denn immer wieder stehen beidseits der Piste die Urwaldriesen eng zusammen und Simon muss mich einweisen. Mit etwas Glück finden wir schließlich die

Zufahrt zu der Auswilderungs-Station der Drills, die etwa 1.300 Meter hoch liegt. An der Station werden wir freundlich empfangen und eine spanische Volontärin verguckt sich sofort in Vega, sodass ich mir keine Sorgen machen muss, wenn ich die Affen besichtigen gehe. Man weist uns einen Platz zu, wo wir campen können und am nächsten Tag sehen wir uns die Affen an. Vega kann ich der Volontärin überlassen.

Die Drills sind wirklich imposant. Ein paar Amerikaner, vier Frauen und drei Männer, finden das auch.

Plötzlich folgt der unumstößliche Beweis, wovon wir, zumindest die Männer, abstammen. Der große männliche Drill fixiert beim Herangehen ausschließlich die Frauengruppe und wird immer nervöser. Er fängt an, mit dem rechten Knie zu zittern und langt sich mit beiden Händen an das Knie, um gleich darauf an sich zu arbeiten. Der Erguss nach wenigen Sekunden setzt mich doch in Erstaunen. Ich schau unsere Führerin an, aber die ist knallrot im Gesicht, und so verkneif ich mir erst mal meine Fragen.

Maskenhaft und weich sind die Gesichter der Drills. Wir erfahren noch einige recht interessante Dinge über diese vergessenen Affen Afrikas. Diese Primaten sind Verwandte der Meerkatzen ähnlich den Mandrills und gelten als die seltenste afrikanische Affenart. Nur noch ungefähr 3.000 Exemplare leben im Grenzgebiet von Nigeria und Kamerun. Die Drills leben in Gruppen am Boden, sind Allesfresser und verständigen sich vor allem durch die Körperhaltung. Allerdings gibt es auch eine Reihe von Schreien, die ebenfalls der Verständigung dienen. Bei einer Größe von 60-75 Zentimetern erreichen sie ein Gewicht von bis zu 20 kg. Die Tiere sind durch die Rodung des Regenwaldes bedroht. Hier in der Station werden Drills auf ihre Auswilderung vorbereitet.

Einige Schimpansen, die hier ebenfalls leben, werfen wüst mit allen möglichen Gegenständen nach uns und wir lassen sie deshalb in Ruhe. Uns wird erklärt, dass sie manchmal recht nervös sind, weil sie schlechte Erfahrungen mit den Menschen gemacht haben.
Der Rundgang endet an einem schönen Badeplatz, wo wir schwimmen gehen. Im Camp zurück ist Vega ganz aufgedreht, als sie mich wiedersieht, und ich frische mit der Volontärin mein Spanisch etwas auf.

Die Ausreise wird zu einer Zitterpartie, als der Nigerianer an der Grenze mein Visum für Kamerun moniert. Er hat natürlich recht, eine Jahreszahl auf dem Kamerun-Visum liest sich wie eine Zwei, ist aber eine Sieben. Nein, nein, das sei nicht mein Fehler, wird mir erklärt, das sei ein Fehler der Botschaft, die das Visum ausgestellt habe. Ich solle aber nach Lagos zurück, um das ändern zu lassen! Als der Chef eingeschaltet wird, entziffert auch der

eine Zwei ... Ich erkläre, dass der Pass erst im Mai 2002 ausgestellt worden sei und dass das Visum daher nicht auf Februar 2002 datiert sein könne.
Ich bin schier am Verzweifeln, und bevor ich ganz ausflippe, greift Tamara ein, behält die Ruhe und redet und redet und redet.
Endlich können wir weiterfahren, ich wische mir den Schweiß aus dem Gesicht und fluche in mich hinein. Noch auf der Brücke zur Grenze nach Kamerun ändere ich die Zwei in eine Sieben um. Die Einreise in Kamerun verläuft zäh, aber korrekt.

Lagos, die Kinder der deutschen Schule besichtigen den Truck

Der Drill aus dem Text …

GROSSE SORGEN UND NETTE MENSCHEN
Vega wird krank und ich immer schusseliger

Auszug aus den Sicherheitshinweisen des Auswärtigen Amtes für Kamerun, Stand 2006: »Auch auf den Hauptverkehrsverbindungen kommt es zu Straßenüberfällen (»coupeurs de route«), bei denen die Sicherheitskräfte sich zum Teil passiv verhalten. Erhöhte Unfallgefahr besteht landesweit auf Grund häufiger technischer Mängel an den Fahrzeugen und dem riskanten Fahrverhalten einheimischer Fahrer.
Die Weiterreise von Kamerun auf dem Landweg für Afrika-Durchquerer ist wegen zeitweise geschlossener Grenzen und innerer Unruhen sowie hoher Kriminalität (Republik Kongo, Demokratische Republik Kongo, Zentralafrikanische Republik) unmöglich bzw. mit hohem Risiko verbunden.«

Seit einiger Zeit sind wir mitten im Regenwald. Die Piste ist zunehmend schlechter und schlammiger geworden, steile Auf- und Abfahrten sind zu bewältigen und große Schlammlöcher lassen erahnen, dass das Gebiet zur Regenzeit wohl unpassierbar ist. Einige Auffahrten nehme ich im Drift, also quer, trotz Allrad. Da macht sich der extrem kurze Radstand auch mal negativ bemerkbar, aber alles ist noch im grünen Bereich.

Wenn wir durch Dörfer kommen, begrüßen uns die Kinder immer wieder mit »Hey, white man!«, und die Erwachsenen machen uns Zeichen, dass wir stehen bleiben sollen. Als ich in einem Dorf mal stoppe, sind wir sofort umringt. Man bringt eine Schale mit einem undefinierbaren Gebräu, ein Becher wird gefüllt. Ich rieche erst mal dran, es sieht aus wie schon mal hochgewürgt und riecht auch so. Alle sehen mich freudig und erwartungsvoll an. Und da bleibt mir nichts anderes übrig als einen Schluck zu trinken. Es ist säuerlich und bitter im Geschmack, aber zumindest schmeckt es nicht so schlimm, wie es riecht. Anerkennend nicke ich mit dem Kopf. Da aber das ganze Dorf hacke voll ist, verschwinden wir besser wieder.

Kurz vor Bameand finde ich einen schönen Platz auf einer Wiese und wir legen ein paar Ruhetage ein. Die Leute lassen uns in Ruhe und ein Schafhirte zeigt uns, wo wir Wasser zapfen können.
Vega bereitet mir etwas Sorgen. Über Nacht muss sie zwei Mal ins Bett gemacht haben, zwei große Flecken sind auf ihrem Betttuch zu sehen.
Simon geht es heute auch ziemlich schlecht, auf dem Weg nach Bamenda musste er sich übergeben und ich schlage vor, dass er zurück auf die Wiese soll und Tamara und ich die nötigen Dinge erledigen.

In der folgenden Nacht scheint Vegas Zustand stabil und auch Simon geht es wieder besser. Wir haben vor, die sogenannte Ring Road zu fahren. Da Simon noch eine Versicherung abschließen will, gehe ich so lange ins Internetcafé. Als ich zurückkomme, sehe ich, dass Vegas Schlafplatz durchnässt ist und dass sie auch meinen Fahrersitz vollgemacht hat. Jetzt mache ich mir ernsthaft Gedanken. Ich schlage den beiden Schweizern vor, dass wir uns trennen und uns irgendwo in Kamerun wieder treffen, denn ich will mich jetzt erst einmal in Ruhe um Vega kümmern. Nach dem Tausch unserer Telefonnummern vergesse ich mein Handy auf dem Kotflügel des Trucks, aber das sollte ich erst später bemerken.

Ich versuche, über das Satellitentelefon den Kontakt zu meinem Tierarzt in Deutschland herzustellen. Dort teilt man mir mit, dass er erst ab 15 Uhr wieder in der Praxis sei, jetzt ist aber erst später Vormittag.
Also frage ich zwei gerade vorbeikommende Männer, ob es einen Veterinär in Bamenda gäbe. Ja, da sei sogar eine Tierklinik. Am Ortsrand erkundige ich mich bei einer Gruppe Jugendlicher nach dem Weg. Einer von ihnen bietet mir an mitzukommen, wenn ich 300 CFA für die Rückfahrt hätte. Ich willige ein. Auf dem Weg zur Klinik frage ich Karl, so heißt mein Begleiter, ob er einen Platz kenne, wo ich den Truck abstellen kann. Eigentlich dachte ich an ein Hotel oder etwas Ähnliches, aber Karl sagt, bei ihm zu Hause wäre es möglich. Na, mal sehen.
In der Klinik ist der junge Doktor extrem ängstlich, das gefällt mir nicht. Ich erkläre ihm das Problem, er nickt und stellt fest, dass Vega zwei Spritzen bräuchte. Der Maulkorb, den ich Vega aufsetzen soll, ist viel zu klein, so muss ich also Vega halten, während der zitternde Jungspund aus sicherer Entfernung versucht, Vega die Spritze zu verabreichen. Das geht gründlich daneben, die Spritze bricht an der Kanüle ab!
So geht es nicht ... Ich nehme dem Arzt die Spritze ab und mache es selbst. Vega jault kurz auf und ich habe die Befürchtung, dass ich etwas falsch gemacht habe. Mit muskulären Injektionen habe ich nicht so viel Erfahrung, aber der Doc meint, das sei der Wirkstoff, der so schmerzhaft sei.
Vega kippt weg und mir wird mulmig, ich versuche, sie zu beruhigen. Nach Kurzem gelingt es mir. Die noch nötige zweite Injektion wird nur unter die Haut appliziert, was ohne Komplikationen funktioniert.
Ich solle morgen noch einmal kommen, sagt der Doc, worauf ich nicke. Er verlangt 15.000 CFA, aber ich habe nur etwa 13.000 in der Tasche. Er gibt sich damit zufrieden, auch das ist Afrika! Ich lasse mir noch die Wirkstoffe der Injektionen aufschreiben und fahre dann mit Karl zum Haus seiner Eltern. Das Haus hat eine super Lage, direkt am Stadtrand und nicht weit von der Klinik entfernt. Karl stellt mir seinen Bruder Jos und seine beiden Schwestern vor, die Eltern sind zurzeit in Amerika. Man zeigt mir das Haus, rechts ein Neubau, der noch nicht ganz fertig ist und links das alte Wohnhaus. Drinnen sucht sich Vega gleich einen Platz an einer Wand, an die sie sich gut anlehnen kann.

Wir unterhalten uns eine Weile, wobei Jos übersetzt, was die anderen auf Englisch nicht verstehen. Als ich einen Blick auf Vega werfe, sehe ich, dass sie schon wieder in ihrem Urin liegt, wie unangenehm. »No problem«, beruhigen mich meine Gastgeber und unterhalten sich weiter, als wäre nichts passiert. Auf einen Wink kommt eine Frau herein, die das Malheur sogleich aufwischt. Ja, so ist das, auch die gut situierten Afrikaner haben hier ihre Bediensteten ...

Um drei Uhr nachmittags rufe ich über Satellitentelefon den Tierarzt in Deutschland an, erkläre ihm die Lage und er teilt mir mit, was ich Vega an Medikamenten geben soll. Blasenentzündung lautet seine Ferndiagnose. Das war auch meine Vermutung, aber ich ging davon aus, dass diese nur zusammen mit Schmerzen aufträte. Vega aber ging es offensichtlich gut, sie schien vor der Behandlung in der Klinik noch putzmunter. Die Entzündung, so reime ich mir im Nachhinein zusammen, kam vermutlich von unserem Aufenthalt in dem klimatisierten Haus in Lagos.

Jetzt endlich merke ich, dass mein Handy fehlt, wie lästig! Da auch die Straßenkarte von Kamerun weg ist, fahre ich mit Jos zu der Stelle zurück, an der ich mich von den Schweizern verabschiedet habe, aber wir finden nichts. Also gehen wir zum nächsten Haus und erklären das Problem. Nun wird es lustig, sofort werden alle Leute zusammengetrommelt und eine groß angelegte Suche beginnt, leider erfolglos.
Ich soll aber morgen noch einmal kommen, die Leute werden dem Schulleiter der nahen Schule Bescheid geben, da eigentlich nur vorbeilaufende Kinder die Sachen gefunden haben können.

Es ist schon dunkel, als wir zurück nach Bamenda fahren. Mit den Polizisten an den zahlreichen Kontrollstellen bin ich mittlerweile schon auf Du und Du. Mit den beiden hilfsbereiten Jungs gehe ich in eine typisch afrikanische Kneipe zum Essen. Es wird ein recht netter Abend, leider trübt die Sorge um Vega meine Stimmung.
Nachts stehe ich einige Male auf, um Vegas Temperatur zu messen, die leicht erhöht ist. Als ich morgens gegen sechs Uhr aufstehe, bleibt Vega liegen, das ist beunruhigend. Während ich Kaffee und Frühstück mache, lässt sie mich normalerweise nicht aus den Augen, heute wirkt sie völlig desinteressiert. Nur mit Aufwand kann ich sie hinauslocken, damit sie ihr Geschäft verrichten kann, danach geht sie sofort wieder auf ihren Platz.

Ich fahre mit Jos in die Schule, wo schon der Lehrer auf uns wartet. Als wir die Klasse betreten, stehen alle Kinder auf und singen ein Lied, anschließend setzen sie sich wieder. Der Lehrer vorne hebt zu einem schulmeisterlichen Vortrag an, dass mir die Ohren klingen. Er betont, dass ich eine andere Hautfarbe habe, aha, und dass es nicht schlimm sei, wenn einer von ihnen das Handy und die Karte mitgenommen habe. Nun müssten die Sachen aber wieder herausgegeben werden. Die Kinder schauen mich mit großen Augen an, ich glaube, sie hören gar nicht zu, was der Lehrer sagt. Das Ganze wiederholt sich in der nächsten Klasse. Keines der Kinder meldet sich zu Wort und so muss ich das Handy samt Landkarte wohl endgültig abschreiben.

Insgesamt gibt es vier Klassen in der ganzen Schule, die nur durch hölzerne Querbalken getrennt sind. Es ist sicher schwierig, unter diesen Umständen etwas zu lernen, aber besser als gar keine Schule. Mangelnde Bildung ist zweifellos eines der größten Probleme Afrikas. Verschärft wird die Situation dadurch, dass in den meisten Ländern der Schulbesuch kostenpflichtig ist.

Vega hängt total durch, als ich zurückkomme, und so fahre ich schnurstracks wieder in die Tierklinik, denn meinen Tierarzt in Deutschland erreiche ich erst wieder am Nachmittag. Wie schon öfter, wenn wir gemeinsam unterwegs waren, muss ich alle paar Minuten hupen, damit die beiden Brüder ihre Freunde an der Straße aus dem Truck heraus grüßen können. Sie genießen sichtlich die allgemeine Bewunderung.
Der Doc ist nicht da, Jos ruft ihn an. Kurze Zeit später taucht er auf, betrachtet Vega mit Sicherheitsabstand und erklärt mir dann, das sei normal nach den starken Medikamenten, ich solle mittags noch einmal kommen. Unsicher, was ich machen soll, überlege ich hin und her. Soll ich in die nächste größere Stadt fahren?

Bei Jos und Karl vor dem Haus

Ich entscheide schließlich, noch eine Weile hier zu bleiben, um Vega Ruhe zu gönnen. Heute früh hat Jos mich gebeten, ihm dabei zu helfen, ein Visum für Deutschland zu bekommen. Gestern Abend hatte sein Vater angerufen und ihm gesagt, was ich dazu tun könne. Ich verschiebe das auf später, der Hund geht im Augenblick vor. Bei Vega steigt das Fieber auf 40 Grad und bleibt fast konstant in diesem Bereich. Nachmittags telefoniere ich noch einmal mit meinem Tierarzt und wir besprechen das weitere Vorgehen. Ich gebe Vega dann ein zweites Antibiotikum und werde heute Abend gegen neun Uhr noch einmal in Deutschland anrufen. Ich kühle den Hund ständig und versuche, ihm alles Mögliche schmackhaft zu machen. Bei der Papaya lande ich einen Treffer, nicht ein Stück lässt sie mir davon übrig!

Mit der Pflege bin ich den restlichen Tag und die folgende Nacht beschäftigt, erst früh am nächsten Morgen fällt das Fieber deutlich unter 40 Grad. Ich kann Vega zu einem Spaziergang und einem Happen Futter überreden. Ich glaube, sie ist über den Berg, und so schlafe ich erst einmal eine Runde. Tags darauf geht es ihr schon wieder ganz gut und ich kann mich um meine weiteren Angelegenheiten kümmern. Dazu gehört, das Auto abzuschmieren. Kardanwellen und Kugelköpfe sind mir Schmiernippeln versehen und da muss regelmäßig Fett rein. Eine neue Versicherung muss ich auch abschließen, denn die alte läuft in zehn Tagen ab.

Bei einer Fahrt durch Bamenda stelle ich fest, dass ich hier anscheinend schon recht bekannt bin. »Hallo, Weißer!«, tönt es von überall her, einige rufen sogar meinen Namen und stellen Fragen, wollen wissen, ob es Vega wieder besser gehe ... Ich bin umgeben von freundlichen Leuten.
Dennoch sollte ein Europäer immer im Hinterkopf haben, wie die meisten Gespräche in Afrika ablaufen:

»Wo kommst Du her?«
»Aus Deutschland.«
»Ja, Deutschland ist gut. Ein starkes Auto hast du.«
»Ja, ein gutes Auto.«
»Wie lange bist du schon unterwegs?«
»Ich bin schon eine Weile unterwegs. Ja, alleine.«
Dann folgen meist ein eindeutiger Blick, eine Geste, eine direkte Bitte.
»Nein, du kannst keine Zigarette von mir haben.«
»Nein, heute kann ich dir kein Geld geben.«
»Nein, deine Schulden kann ich nicht übernehmen.«
»Ja, schade, aber ich habe auch Hunger.«
»Ja, das nächste Mal!«

Dies ist alles nicht weiter schlimm, man muss sich nur daran gewöhnen, dass vom Hund über den Diesel bis zum Geld alles begehrt wird, was man hat.

Der andere ist aber auch nicht böse, wenn du es ihm nicht gibst, er wollte es einfach einmal versuchen.
Eleganter ist natürlich die Variante, die Thematik auf morgen zu verschieben, dann sind beide zufrieden, denn morgen ist ein anderer Tag und vielleicht bekomme ich ja dann, was ich will.

Nach dem Besuch von drei Versicherungsagenturen ist meine Police endlich verlängert und ich lasse den Tag mit einem Bummel durch Bamenda ausklingen. Meine beiden Freunde treffe ich, wie besprochen, in einer Bierkneipe und wir fahren spät zusammen zurück.

In der Dunkelheit kreuzt eine schwarz-braun gefleckte Raubkatze unseren Weg, sie ist knapp so groß wie Vega. Beide Brüder schreien auf: »Überfahr sie, überfahr sie!« Ich halte an. »Tigre«, brüllen beide wie aus einem Mund und immer wieder »Hit it, hit it!« Kurz darauf verschwindet die Katze in der Dunkelheit und ich muss mir schwere Vorwürfe anhören, weil die tote Katze 50 US-Dollar gebracht hätte. Ich versuche zu erklären, warum und weshalb man Tiere nicht totfährt und dass sie viel mehr Geld bringen würden, wenn man – wie im südlichen Afrika – Parks anlegen würde. Ich weiß um die Nutzlosigkeit meiner Argumente, aber ich muss es wenigstens versuchen. Die beiden halten sich höflich zurück und geben vor, mein Ansinnen zu verstehen.

Seit wir uns im Regenwald befinden, werden überall tote Tiere zum Verzehr angeboten, angefangen von Schlangen über Affen, die so verschnürt sind, dass sie wie Handtaschen getragen werden können, bis hin zu riesigen, rattenähnlichen Tieren.

Morgen werde ich Karl und Jos zur Feier von Vegas Gesundung und zum Dank für ihre Unterstützung während meiner Zeit hier in den besten Nachtclub der Stadt einladen und ich lasse es mir nicht nehmen, sie aus meinem Fundus mit jeweils einem schicken Pullover zu beschenken. Den Wunsch nach 150 US-Dollar für einen Reisepass lehne ich aber mit dem Argument ab, ich hätte kein Geld mehr wegen Vegas Behandlung.
Abends im Nachtclub, in den uns ihre Freundinnen begleiten, zeigen Karl und Jos stolz ihre neuen Pullover. Es wird ein sehr lustiger Abend, der für mich erst morgens gegen vier Uhr endet, ziemlich betrunken falle ich ins Bett. Schon vier Stunden später leckt mir Vega über die Hand und will Gassi gehen. Ich bin happy, ihr geht es wieder gut.

Die nächsten Tage bummle ich über Nebenstraßen quer durch Kamerun, freundliche Menschen und der herrliche Regenwald lassen die Tage schnell dahingleiten.

Bei mir stellt sich wieder einmal die Leichtigkeit des Seins ein und ich kann die Tage in vollen Zügen genießen. Ich bin gerne abseits der Touristenrouten unterwegs, bleibe oft stehen, unterhalte mich mit den Leuten und kann so viele Beobachtungen machen. Allerdings bleibt dabei immer die Frage offen, ob ich nun wirklich alles richtig verstanden habe, denn oft ist die Verständigung schwierig. So kann ich viele Dinge, die mir sehr interessant erscheinen, nicht verifizieren.

Eines Tages lerne ich Soum, den Medizinmann kennen. Er läuft mit seinem Köfferchen hier durch die Gegend, um kranke Menschen zu heilen. Vor der eigentlichen Behandlung muss jedoch das Orakel befragt werden, welches preisgibt, was dem Patienten überhaupt zu schaffen macht. In meinem Fall geht es aber nur darum, ob die weitere Reise ohne Schwierigkeiten verlaufen wird. Das Orakel ist gnädig, alles wird gut weitergehen.

Das Köfferchen von Soum enthält viele Hölzer aus dem Urwald. Jedem Holz wird eine spezielle pharmakologische Wirkung zugeschrieben. Es gibt Holz gegen Kopfschmerzen, Ausschlag, Impotenz, Menstruationsbeschwerden und so weiter. Aber auch Ungewöhnliches wie Löwenfett, Hühnerköpfe oder Schildkrötenpanzer.

Ich besichtige auch einige Chefferien. Dort wird neben Eintrittsgeld auch Geld für die Fotoerlaubnis verlangt, dafür hat man aber einen Führer, der englisch spricht.

Eine Chefferie bedeutet so viel wie Häuptlingstum und bildet eine politisch, religiös und sozial unabhängige Einheit einer ganzen Region. Der Fon ist dabei das Oberhaupt und hat große Macht. Weltlich gesehen ist er Heerführer und Richter und dient auch als Vermittler zwischen Ahnen und Lebenden. Allerdings muss er alle Entscheidungen mit dem so genannten Beraterstab abstimmen.

Als Hoheitssymbole gelten Elfenbeinzähne, Leopardenfell, Thron, Pfeife und heilige Glocke. Neben dem Privileg eines großen Gehöftes und vieler Frauen dürfen mancherorts die Untertanen den Fon nicht direkt ansprechen.

Eine Chefferie ist aber auch ein in sich abgeschlossenes Dorf, das je nach finanziellen Möglichkeiten sehr gepflegt und mit vielen Insignien geschmückt ist. Palastgebäude, Versammlungshaus, Trommelhaus, Weiberhütten sowie Vorratshütten findet man in jeder Chefferie, oft auch schöne Alleen und verzierte Eingänge.

Allerdings sollte man sich klar machen, dass zum Beispiel der Fon von Bandjoun mitsamt seinen über 60 Frauen und fast vierhundert Kindern in einer (!) Villa im europäischen Stil wohnt. Auch hält die edle Abstammung die Kinder nicht vom Betteln ab.

Bamenda, Ersatzteilhandel

Bamenda, Kundendienst

Nach einiger Zeit lande ich am Ekom Wasserfall, wo seinerzeit der legendäre Tarzan-Film Greystoke mit Christopher Lambert gedreht wurde.
Die Landschaft ist ein absoluter Hit, wuchernd, üppig und wild mit gewaltigen Baumriesen, deren Blätterdach wie ein Gewölbe erscheint - einfach grandios!

Ebenso der Wasserfall - zu jeder Tageszeit aus jedem Blickwinkel ein wundervolles Bild. Jeden Tag laufe ich mit Vega runter zum Baden, wobei man die letzten hundert Meter im steilen Gelände eher rutschen muss. Die Gischt ist hier so stark, dass alles pitschnass ist. Unten angekommen, verbringen wir oft mehrere Stunden mit Schwimmen und Herumklettern.

Für mich ist dies einer der schönsten Plätze Afrikas!

Morgens, wenn die Luft klar und noch kühl ist, packen wir Kaffee und Frühstück ein und suchen uns jeden Tag einen neuen Platz, um den Tag zu beginnen. Während der ganzen Zeit treffen wir keinen Menschen, nur ein Aufseher der Gemeinde schaut einmal vorbei und zeigt mir die traditionelle Palmölgewinnung. Wir geben ihm auch einen Obolus für unseren Stellplatz, das ist in Ordnung so, denn dann haben wir unsere Ruhe.

Ekom Wasserfall

SÜDSEE
Der Fremde soll seine Augen und Ohren öffnen, aber nicht seinen Mund
afrikanisches Sprichwort

Es wird Zeit, mich wieder mit den beiden Schweizern zu treffen, und so verlasse ich diesen wunderbaren Ort, um nach Limbe zu fahren.
Der Badeort am Atlantik liegt am Fuße des Mont Kamerun. Schwarze Küste wird der Strand bei Limbe genannt, vulkanischer tiefschwarzer, funkelnder Sand, wohin man blickt. Es ist üppig grün hier und direkt am Strand spenden mächtige Tropenwaldbäume Schatten.

Aber die schwülheißen Temperaturen treiben uns wieder in die Berge. Tamara und Simon wollen den Mount Kamerun (aktiver Vulkan) besteigen und ich vertreibe mir die Zeit in Buea.

Dieser Ort liegt auf rund 1000 Metern Höhe und ist Ausgangspunkt für die Bergtour. Da ich das Kochen zurzeit wieder vollständig eingestellt habe, suche ich in Buea ein Lokal, dass von Einheimischen reichlich besucht wird. Dort gehe ich in die Küche, gucke in alle Töpfe und wähle aus, was ich haben möchte. Nicht überall ist das gang und gebe, aber mit höflichem Nachdruck nie ein Problem. Mit Nachdruck deshalb, weil ich keinen Drang verspüre, Schlangen, Affen oder sonstiges Getier zu essen.
So kann ich »vor Ort« prüfen, was da so in den Töpfen schmort. Wie in ganz Afrika gibt es regionale Kost - alles, was im Umland geerntet wird, steht auf dem Speiseplan. Das Angebot unterscheidet sich kaum innerhalb Afrikas: Mais, Tomaten, Süßkartoffeln, Maniok, Kochbananen, Hirse und Karotten. Meist schmort in einem Topf Fleisch, das in kleinen Portionen dazu gereicht wird.
Wenn ich Lust auf mehr Fleisch verspüre, gehe ich zu einem der Grills - im Viereck gebaute offene Feuerstellen, an denen auf dem Rost Fleisch gegrillt wird. Man geht hin, zeigt mit dem Finger auf ein gut aussehendes Stück, der Koch schneidet ein Probestück ab, und wenn es schmeckt, packt er in Zeitungspapier die gewünschte Menge ein. Dazu frisches Brot vom Bäcker und alles im nächsten Lokal am Tisch aus dem Papier gegessen. Mit Bier und meist freundlicher Unterhaltung der anwesenden Gäste wird es nie langweilig.

Da die beiden Schweizer gut trainiert sind, schaffen sie den Berg in nur zwei Tagen, wo sonst normalerweise drei bis fünf Tage nötig sind. Simon flucht allerdings: »Ein bescheidener Berg! Wenn es steil wird, gehen die geradeaus hoch, und die Guides hatten nur T-Shirts an und konnten vor Kälte ihre Finger nicht mehr aus den Taschen nehmen.«

Wir machen uns auf den Weg nach Yaoundé, weil wir wieder mal einige Visa für die folgenden Länder beantragen müssen. Die Landschaft bleibt herrlich wie zuvor, überall wird Kaffee und Tee angebaut. Und am Weg sind einige Autowaschstraßen zu beobachten. Nein, keine Waschhalle, ein Flüsschen, in dem die Steine als Weg gelegt wurden, dient hier dazu. Zwei, drei Arbeiter waschen dort ein Auto nach dem anderen. In Douala verfahre ich mich derart, dass ich einen Polizisten so lange bearbeite, bis er uns vorausfährt. Die sollen auch einmal etwas für uns tun, schließlich wurden wir die ganze Strecke über an jedem Kontrollposten rausgewinkt ...

In Yaoundé, von Deutschen um 1890 als Militärstation mit dem Namen Jaunde gegründet, finden wir die Botschaft von Gabun zum Glück recht schnell, wir können auf die Visa warten.
Der Pförtner in der Botschaft der Republik Kongo will aus Vega allen Ernstes ein leckeres Essen zubereiten, aber heute bin ich nicht zum Spaßen aufgelegt. Klipp und klar sage ich ihm, was ihm passieren werde, wenn er den Hund anfasst – das war dann wohl zu viel des Guten, denn der Kerl verzieht sich hinter seine Tür und macht nicht mehr auf, da hilft auch unser halbstündiges Klopfen nichts. Also werden wir das Visum wohl in Libreville beantragen müssen.

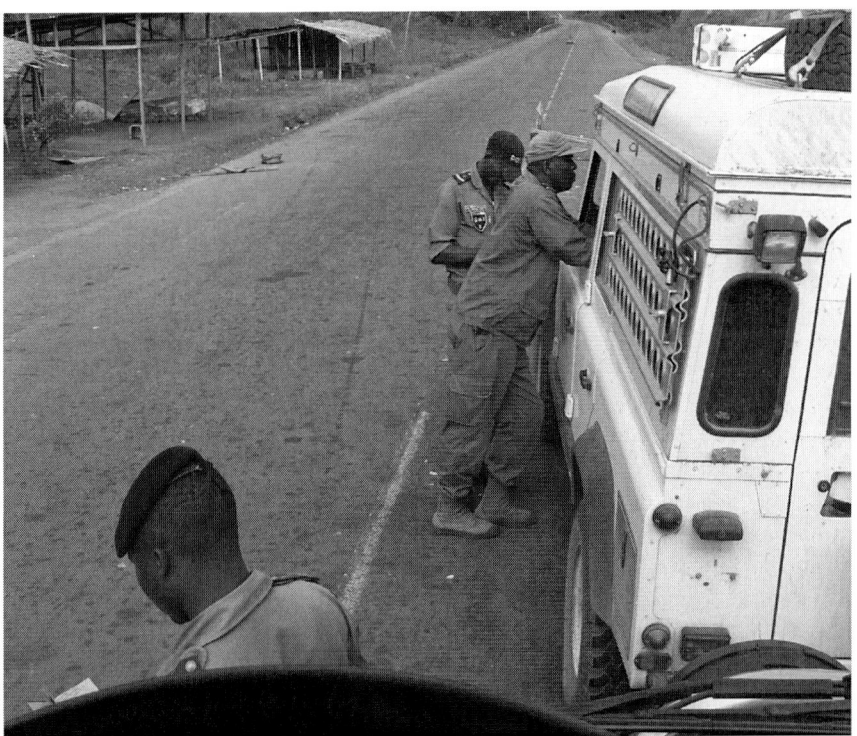

Eine von zig, Kontrolle mit Taktik, nur nicht an den Rand fahren

Noch vor Jahren war Yaounde als schlimme Stadt verrufen, die Kriminalität, durch starke Zuwanderung aus dem Umland begünstigt, war enorm. Mittlerweile hat es sich wohl etwas gebessert. Dies ist allerdings nicht der Grund, weshalb wir die Stadt schnell verlassen. Nachdem wir alle drei möglichen Campingplätze angefahren haben und nirgends bleiben können, wollen wir genervt nur noch raus aus der Stadt.

Als wir Yaoundé verlassen, passieren gleich zwei unerwartete Dinge.
Erst übersehe ich ein Taxi, das sich an der roten Ampel rechts an mir vorbeimogeln will. Ich bemerke das Auto erst, als jemand wie verrückt an meine Beifahrertüre hämmert. Ich beuge mich zum Beifahrerfenster und werfe einen Blick hinaus. Verflixt, ich habe ihm doch glatt die Fahrertür mit meinem nach rechts eingeschlagenen Reifen eingedrückt. Der Fahrer sitzt im Auto und hämmert wie wild aus dem Fenster gegen meine Tür, aber zurücksetzen ist nicht, denn ich bin völlig im Verkehr eingekeilt. Also drehe ich meinen Reifen in die andere Richtung und dann kommt er fluchend vorbei.

Das zweite Missgeschick passiert Simon. Beim Reinfahren nach Yaounde am Morgen bin ich verbotenerweise in einem unübersichtlichen Kreisverkehr geradeaus über eine breite Allee gefahren. Simon macht das auch und wir werden prompt von der Polizei gestoppt. Einer der Ordnungshüter zieht unsere Führerscheine ein und dann wird der gesamte Verkehr – auf immerhin sechs Fahrspuren – gestoppt, damit wir den Kreisel passieren können. Wir werden zur gegenüberliegenden Polizeistation geleitet. Hier weigere ich mich, in den Innenhof zu fahren, mit der Begründung, dass es zu eng für den Truck sei. Die Jungs pfeifen und drohen, aber ich bleibe mitten auf der Straße stehen.
Drinnen fange ich gleich an, mich wüst zu beschweren, es sei kein Zeichen für »Durchfahrt verboten« zu sehen gewesen und so weiter. Der diensthabende Polizist raunzt mich an, ich solle mich nicht so aufführen und gibt mir mit einem Blick, der wohl »reiß dich am Riemen« heißen soll, meinen Führerschein zurück. Manchmal sollte ich einfach mal meine Klappe halten ...
Noch aber ist der Tag nicht vorbei.
Wir haben einen netten Platz für die Nacht gefunden, die Schweizer haben ihr in den Landrover integriertes Schlafdach hochgeklappt und liegen bereits im Bett. Ich habe es mir auf meiner Schlafstatt bequem gemacht und lese noch ein paar Zeilen, als ich plötzlich ein Auto höre. Aus dem Badfenster werfe ich einen Blick nach draußen. Da stehen zwei Typen in Zivil, ihr Auto haben sie etwa zwanzig Meter weiter weg geparkt. Sie geben sich als Polizisten aus. Der eine fängt gleich an, heftig auf mich einzureden. Ich verstehe nur die Hälfte und erkläre ihm, dass wir nichts weiter wollen, als hier zu schlafen, aber der Kerl ist recht aufgebracht. Der andere versucht erfolglos, ihn zu beruhigen. Schließlich will er den Pass sehen, und als ich ihn frage: »Warum?«, flippt er völlig aus. Ab jetzt halte ich meinen Mund. Nun telefoniert der Kerl mit irgendjemandem, ich höre mehrmals die Anrede »Captain«.

Kurz darauf steigen die beiden ins Auto und fahren weg, beim Wenden sehe ich, dass im Fonds noch zwei Frauen sitzen.
»Hey, Simon«, flüstere ich tonlos, »was sollen wir jetzt machen?« Ich bin für einen schnellen Aufbruch, Tamara ebenfalls, aber Simon will bleiben. Es sei mitten in der Nacht und nur schwer möglich, jetzt noch einen anderen sicheren Platz zu finden – also bleiben wir.

Wie befürchtet, nähern sich keine halbe Stunde später vier Autos. Schon sitze ich hinter dem Lenkrad, warte aber mit dem Losfahren, denn das könnte falsch interpretiert werden. Eine Handvoll Leute springen aus den Fahrzeugen und legen ihre Waffen auf uns an. Ich öffne das Fenster und rufe laut: »Wir sind Touristen, steckt eure Waffen weg!« - erst in Französisch, danach in Englisch und zum Schluss in Deutsch.
Glücklicherweise senken sie darauf ihre Gewehre. Der Typ von vorhin kommt jetzt auf mich zu: »Deinen Pass!«, fordert er mich auf. »Nein«, antworte ich beherrscht. Da steigt ein weiterer Mann aus einem der Fahrzeuge, vermutlich der Captain persönlich, und kommt auf mich zu. »Touristen, ja? Kein Problem«, sagt er freundlich auf Französisch und lässt dem ein akzentreiches deutsches »Guten Tag!« folgen. Dann bittet er uns, der Polizei das nächste Mal kurz bei der jeweiligen Dienststelle Bescheid zu geben, sollten wir wieder mal irgendwo abseits übernachten wollen.
Selbst als sie schon längst weg sind, zittert Tamara noch wie Espenlaub.

Wir wollen nach Kribi, bekannt für seine schönen Strände, die erste Piste wird aber immer enger und unwegsamer. Als die Wasserrinnen über einen Meter Tiefe haben, beschließe ich umzukehren. Weitere 170 Kilometer werden wir auf diese Weise nicht bewältigen, Simon ist der gleichen Meinung. Die zweite Route entpuppt sich leider auch nicht als wesentlich besser und so brauchen wir auch hier mehr als acht Stunden. Vega muss tapfer sein, sie wird hinten ohne Ende rumgeschaukelt.

Der Platz am Meer entschädigt uns für die Reisestrapazen, es macht sich alsbald Südseefeeling breit am mit Palmen gesäumten Strand. Wunderbar feiner Sand umgibt die Lagune, das klare Meerwasser ist angenehm warm. Der Junge vom Camp bereitet uns für wenig Geld eine große Platte mit leckerem Fisch zu – das Leben ist einfach schön.

Über eine Woche bleiben wir an diesen herrlichen Stränden, wechseln einmal das Camp, wo wir einen noch schöneren Platz finden. Wir erkunden die Lobe-Wasserfälle, lassen uns bekochen und die Seele baumeln. Als der Aufbruch naht, entschließen wir uns, lieber 500 Kilometer Umweg zu fahren, als die gleiche üble Strecke noch einmal zurückzulegen.
Die Ausreise aus Kamerun erfolgt genauso ohne Probleme wie die Einreise nach Gabun. Kamerun wird gerne ›Afrique en miniature‹ genannt, ich werde sicher irgendwann einmal zurückkehren, hier hat es mir einfach zu gut gefallen.

Kamerun, Abhängen in Kribi

Kribi

Kribi

VISA
No problem, Mister!

In Libreville, der Hauptstadt Gabuns, haben wir keine Ahnung, wo man sich mit den Autos hinstellen kann, und so sind wir froh, Overlander zu treffen, die uns ein Hotel mit Standplatz nennen. Erst nach langem Suchen finden wir das Hotel, jedoch sind die Overlander nicht dort.
Die GPS-Daten der drei Botschaften haben wir gespeichert und so sollte es später kein großes Problem sein, sie für die Ausstellung der neuen Aufenthaltsgenehmigungen zu finden. Es stehen die Visa für die Republik Kongo (R. Kongo), die Demokratische Republik Kongo (D.R. Kongo), ehemals Zaire und Angola an.

Der Weg über die Botschaften erweist sich dann doch als steiniger als erwartet. Nervenaufreibend und doch lesenswert - eine Kurzform der Ereignisse:

Die Botschaft der Republik Kongo ist ein echter Brocken. Der zuständige Beamte redet kein Wort mit uns, macht nur Zeichen mit der Hand oder dem Kopf. Ein lächerliches Schauspiel. Beim Botschafter müssen wir exakt unsere Route erklären, unsere Arbeitgeber (?) nennen und zum Schluss wird uns eröffnet, dass eine technische Untersuchung der Autos nötig sei. Der Prüfer möchte den Motor von Simons Land Rover sehen. »Das dauert eine halbe Stunde«, sagt Simon daraufhin, »ich habe den Reservereifen auf der Motorhaube montiert.« »Gut, dann bitte den Motor starten. Wo ist der Auspuff?«, fragt der Prüfer. Er hält die Hand davor und entscheidet, das Auto sei fahrtüchtig. Toll! Als er bei mir nach dem gleichen Schema danach an seiner Hand schnuppert, frage ich wirklich nach, ob alles in Ordnung sei ...

Vergleichsweise problemlos geht es bei der Botschaft der Demokratischen Republik Kongo zu. Die Forderung nach einer Extrabelohnung schockiert uns in keiner Weise, routiniert wird diese Kleinigkeit behoben. Nur bei der Abholung der Pässe fliegt Simon hochkant aus der Botschaft raus, er hatte kurze Hosen an ...

Ein echtes Problem bereitet uns jedoch das Angola-Visum. Aus einem Loch in der Mauer vor der Botschaft wird herausgerufen: »No Visa!« Das ist alles. Es wird uns der Zutritt sowie jegliche Auskunft verweigert. Eines solchen Verhaltens überdrüssig kann ich zwar am nächsten Tag mithilfe einer ziemlich derben Methode (ich habe mit dem Truck die Zufahrt zur Botschaft blockiert) in die Botschaft hinein, jedoch will niemand der Bediensteten mit mir reden. Nur ein paar ebenfalls anwesende Angolaner, die neue Pässe beantragen wollen, erzählen mir, dass ein Visum in Pointe Noire zu bekommen sei. »No problem, Mister!« ...

Unterwegs in Libreville treffe ich Jeff, den Chef der Overlander. Auch er hatte keinen Erfolg mit dem Angola-Visum obwohl er einen Kontaktmann in der angolanischen Botschaft hat. Nun klärt sich auch ein Missverständnis, was das angegebene Hotel betrifft. Unsere neuen Bekannten stehen im »Bananas«, wir aber sind im »Banana-Hotel« am anderen Ende der Stadt gelandet. Ich vereinbare einen Standortwechsel.

Seit wir wissen, dass wir am »falschen« Hotel stehen, versuchen wir, den Hotelchef zu sprechen, um die Kosten für die Übernachtung klar zu machen - aber das eine Mal ist er nicht da, das andere Mal schläft er. Zwischen unseren Botschaftsbesuchen versuchen wir es erneut. Leider erwischen wir den Hotelbetreiber wieder nicht und so beschließen wir, uns zu trennen. Ich werde zum Zahlen hier bleiben, während Tamara und Simon die Visa für die D. R. Kongo abholen. Meine Laune ist nicht besonders gut heute Morgen, denn in der Nacht hat es zu regnen begonnen und in regelmäßigen Abständen ergoss sich ein Wasserschwall ins Bett. Die Dachluke ist undicht.
Ich warte Stunde um Stunde, bis mir schließlich der Kragen platzt und ich zusammen mit Vega ins Hotel marschiere. Vier Männer sitzen in der Lobby und schreien gleich los, dass hier keine Hunde erlaubt seien. Ich bringe Vega also vor die Tür und gehe wieder rein. Es folgt ein erneuter Aufschrei, Rauchen sei hier auch nicht erlaubt. Okay, Sitten und Gebräuche in allen Ehren, aber einen solchen Umgang, vor allem in diesem Ton, bin ich dann doch nicht gewohnt. Als Gast versuche ich mich anzupassen, so gut es mir möglich ist, aber das geht mir jetzt ein bisschen zu weit – außerdem hat mich die lange Warterei mürbe gemacht. Deshalb stelle ich mich vor die Jungs, paffe provozierend ein paar Wolken aus meiner Pfeife in die Luft und frage, was sie eigentlich von mir wollen.
Irgendwann bekomme ich mal die Hucke voll, aber heute nicht.

Da der Chef nach einer weiteren Stunde immer noch nicht aufgetaucht ist, fühle ich mich eingeladen ... Besten Dank auch.

Das Camp des »Bananas«, das direkt am Meer liegt, ist ziemlich nett. Zusammen mit Jeff besprechen wir das weitere Vorgehen. Alle sind der Meinung, dass wir in Pointe Noire sicherlich das Visum bekommen. Ich bin skeptisch, vielleicht fühle ich schon, was da auf mich zukommen wird. So wird beschlossen, wie geplant über Cabinda - eine angolanische Enklave in der D. R. Kongo - zu fahren. Alternativ bliebe uns nur die Strecke über Brazzaville und Kinshasa, und die wollen wir unter keinen Umständen fahren. In jedem Bericht über diese Städte tauchte das Wort Horror auf.

Da wir also erst durch Cabinda und danach noch ein Stück durch die D. R. Kongo müssen, um nach Angola zu kommen, benötigen wir ein sogenanntes Double-Entry-Visum für Angola.

Libreville ist auffällig modern, sehr gute Straßen, geordneter Verkehr, viele Weiße und noch mehr Asiaten. In den modernen Supermärkten gibt es ein europäisches Warenangebot, aber die Preise: Ein kleines Glas Nutella kostet sechs Euro!

Aufgrund meines anhaltend schlechten Gefühls will ich nichts unversucht lassen und gehe am nächsten Tag zur deutschen Botschaft. Dort treffe ich auf eine sehr nette Mitarbeiterin, die mir allerdings bestätigt, dass es keine Chance auf ein Visum für Angola gäbe. Vor drei Wochen sei sie selbst mit einer Gruppe Deutscher bei der angolanischen Botschaft gewesen und habe keinen Erfolg gehabt. Die Deutschen hätten ihre Visa dann in Pointe-Noire bekommen und seien anschließend mit dem Schiff von Cabinda bis Luanda gefahren. Ich solle mir keine Sorgen machen, verwirft sie meine Bedenken mit einem zuckersüßen Lächeln – und ich glaube ihr. Das männliche Gehirn ist einfach klasse.

Leider gehören die Auseinandersetzungen mit den Behörden, der stetige Kampf um Dokumente und Stempel, zermürbende Wartezeiten, lästige Bittstellerei und Bestechungsversuche zum Alltag eines Reisenden, der die Länder Afrikas durchqueren will. Dabei sind aber nicht die Zeiten zu vergessen, in denen man sich rundherum wohlfühlt, in denen sich nette Gespräche mit den Einwohnern ergeben, in denen man sich treiben lässt und sich einfach nur über die unbeschreiblich schöne Natur freut. Manchmal schenkt dir einfach jemand an der Straße Obst, ein anderer lächelt dich so offen und freundlich an, dass es dir das Herz erwärmt. Wieder ein anderer läuft einen (!) Kilometer vor dir her, damit du auch ja die richtige Abzweigung findest. In solchen Momenten sage ich einfach nur »Danke, Afrika« und vergesse alles Unangenehme.

Gabun wäre eine intensivere Reise wert, denn außerhalb von Libreville gibt es nahezu keinen Tourismus, die Leute sind sehr aufgeschlossen und die Polizei gibt sich zwar nicht sonderlich freundlich, macht aber auch keinen Ärger. Es gibt hier sogar einen direkt ans Meer grenzenden Tierpark mit Flachlandgorillas. Der weltweit einzige Park, in dem man die Gorillas am Meer beobachten kann. Leider ist auf der Landkarte kein Weg dorthin eingezeichnet, überhaupt sind die Informationen über Gabun sehr mau. Schade. Ich bin kein Freund von Reiseführern, will keine Gebrauchsanweisung für das jeweilige Land, will eintauchen, denn so sind die Chancen größer, dem Wundersamen auf die Spur zu kommen. Aber das Problem mit dem Angola-Visum beschäftigt mich so stark, dass ich den Kopf für nichts anderes frei habe, also fahren wir auf direktem Weg in die Republik Kongo.

URWALD HIGHWAY
Das Recht des Stärkeren

Die Strecke wird schlechter und schlechter, nur langsam kommen wir voran. Links und rechts der Straße ist dichtes Buschland. Als ich bei einem Stopp mal auf das Dach der Kabine steige, um einen Überblick zu bekommen, sehe ich soweit das Auge reicht nur undurchdringlichen, aber sattgrünen Busch. Das Gras ist mannshoch, undurchdringbar und auch in keiner Beziehung nutzbar.

Die Ausreise aus Gabun an sich ist keine große Sache, das Auffinden der zuständigen Büros schon. Kaum zu glauben, aber die Jungs haben sich wirklich so gut versteckt, dass wir viermal an ihnen vorbeifahren.

Als wir dann an die Grenze zur Republik Kongo kommen, trauen wir unseren Augen nicht. Dies hier ist der einzige Grenzübergang weit und breit und nach dem Schlagbaum hört die Straße hinter einem aufgetürmten Steinhaufen einfach auf! Und das ist erst die Station für die Einreise, der Zoll ist noch knapp fünfzig Kilometer entfernt.

Die Kongolesen schauen sich erst einmal gründlich unsere Fahrzeuge an und texten uns dabei voll, dabei bleiben sie nett und fordern auch nichts ein. Nachdem wir uns in drei uralten, speckigen, zerfledderten Büchern eintragen mussten, will aber der eine Polizist bei uns mitfahren, um nach Hause gebracht zu werden. Bisher konnten wir uns immer damit herausreden, dass Simon nur zwei Sitze habe und bei mir der »böse« Hund hinten drin säße. Da schlägt der Mann doch glatt vor, Tamara solle sich zu mir reinsetzen, dann könne er bei Simon mitfahren. Mir fehlen tatsächlich einmal die Worte, er hat gewonnen ...

Ab nun wird es feucht, sehr feucht. Wir geraten schon kurz nach dem Losfahren in bis zu hundert Quadratmeter große Wasserpfützen. Mit viel Fingerspitzengefühl und sanftem Druck auf das Gaspedal manövrieren wir unsere Fahrzeuge durch die Wasserlöcher, während Simons Mitfahrer in aller Ruhe ein Nickerchen hält. So schleichen wir weiter bis zum Zoll, noch dreimal unterbrochen von Stopps, bei denen wir uns wieder in irgendwelche Dokumente eintragen müssen und zwei weitere Stempel in den Pass bekommen.
Schließlich beim Zoll angekommen, will ein Beamter meinen Impfpass sehen und reicht ihn mir sofort wieder zurück. Kein Wunder, er ist voller Stempel.

Afrikanische Wasserpfützen

Wir finden keine Stelle für einen Schlafplatz, denn weiterhin ist links und recht undurchdringlicher Busch. So bleibt nichts anderes übrig, als auf der Straße zu campen. Schon kurz darauf sind wir von einer Kinderschar umringt, die jedoch auf Distanz bleibt. Tamara kocht Spaghetti für uns, aber als wir fertig sind, habe ich ein schlechtes Gewissen, die Reste - wie sonst üblich - Vega zu geben. Ich winke die Kinder herbei, es ist zwar noch ziemlich viel übrig, aber es gibt sofort Streit. Ich versuche zu beschwichtigen und gerecht zu verteilen, am Ende füttere ich die beiden Kleinsten. Alles wird bis auf die letzte Nudel verputzt.

Die nächsten Tage ändern sich die Bedingungen kaum, Wasserlöcher wohin man blickt, die Straße in gleichbleibend schlechtem Zustand. Wir begegnen vielen Bettlern, es schaut erst so aus, als winkten sie dir zu. Wenn du zurückwinkst, beugen sie den Oberkörper etwas nach vorne, während die linke Hand zum Magen greift und die rechte ausgestreckt und an den Mund geführt wird. Sie haben Hunger, auf wenigen Kilometern spielt sich dutzende Male das gleiche Elend ab. Da stumpft man irgendwann ab, egal welche Einstellung man dazu hat.

»Wenn zwei Elefanten kämpfen, leidet das Gras«, so sagt man in Afrika. Das Gras sind die Menschen, die Elefanten sind austauschbar, egal ob gerade ein Militär oder ein vermeintlicher Demokrat im Land an der Macht ist. Politik in Afrika ist wenig kompliziert, es geht um die Mercedes-Schlüssel, um das Geld der Nationalbank, um die Sicherung des Lebensstandards von Freunden und Verwanden - das Gras interessiert niemanden.

Heute muss ich wieder einmal an einem Schlagbaum anhalten. Zwei Polizisten warten auf uns, von denen einer sturzbetrunken aus seinem Kabuff heraus schreit, ich solle aussteigen. Ich weigere mich und der Typ hört nicht auf zu schreien. Der zweite steht stumm daneben, dann stoppen sie eine gerade vorbeilaufende Frau und schicken sie zu mir hinüber. Ich solle aussteigen, sagt sie auf Französisch, aber ich schüttele den Kopf und schaue stur geradeaus. Der Kerl hört nicht auf zu palavern, aber er ist wohl zu betrunken, um aufzustehen. Simon hat es gut, er wird gar nicht beachtet. Nun kommt ein Auto entgegen, der Fahrer hält an, steigt aus und geht zu den beiden Polizisten. Die schicken ihn doch tatsächlich zu mir und er fordert mich auf Englisch auf, ich solle aussteigen. Wieder schüttle ich den Kopf: »Ich spreche nur deutsch.«
Jetzt hat der zweite Polizist seinen Auftritt und will sämtliche Dokumente sehen: Pass, Führerschein, Fahrzeugschein, Carnet, Versicherungspolice. Ich reiche ihm ein Dokument nach dem anderen, erst wenn ich ein Papier wiederbekommen habe, reiche ich ihm das nächste. Dann irritiert er mich mit der Forderung nach dem Nachweis der technischen Untersuchung des Fahrzeugs. Ich gebe mich unwissend und zeige ihm meinen kopierten deutschen Fahrzeugschein, den er nicht lesen kann. Mit einem kurzen Nicken gibt er ihn mir zurück. Schließlich winkt er einem Jungen zu, der öffnet die Schranke und wir passieren.

Unsere Route führt uns weiter über Lehmpisten, seit gestern wird unser Fortkommen zusätzlich erschwert durch riesige, uns entgegenkommende Lkws, die bis obenhin mit Edelholzstämmen beladen sind. Bisher dachte ich, nur Tiere könnten mich erweichen, aber weit gefehlt, mir blutet richtig das Herz, wenn ich mir ansehe, was hier mit den Baumriesen des Urwalds geschieht. Wir sitzen hier quasi in der ersten Reihe, sehen, wie tief die Schneisen geschlagen werden, um mit den Trucks bis zur Ladestation zu kommen.
Im Kongo werde ich später in einer Botschaft auf die Werbebroschüre einer Firma stoßen, die in großem Umfang Holz abbaut, wie das unkontrollierte, weil staatlich nicht reglementierte Abholzen dort wohlklingend bezeichnet wird. Seite für Seite wird in dem Prospekt anschaulich dokumentiert, was die Firma so alles im Regenwald treibt, es ist zum Heulen. Aber auch hier geht es einmal mehr um eine ganze Menge Geld und dafür gibt es in Afrika immer einen Weg! Wann begreifen wir, dass die Erde kein Privatgrundstück ist!

Die lehmigen Pisten sind nur mit größter Vorsicht befahrbar, vor allem wenn es bergab geht. Eine Bremsprobe auf der nassen und glitschigen Piste ergab unkontrolliertes Verhalten des Trucks. Die großen Lkws nehmen keine Rücksicht, wie überall gilt auch hier auf der Straße das Recht des Stärkeren, und da bin selbst ich klar im Nachteil.

Muss es trotzdem das steilste Stück der Gefällstrecke sein, wo ein Truck einen anderen überholen will, das ganze Manöver auch noch unmittelbar vor einer Kurve? Die Straße vor mir ist versperrt von zwei Lkws und so muss ich, um größeren Schaden zu vermeiden, von der Straße runter und in den Busch ausweichen. Es kracht und ich fliege fast vom Sitz, aus den Augenwinkeln sehe ich, dass auch Vega unfreiwillig Flugstunden nimmt. Zum Schluss stoppt mich ein Baum, der die Kabine touchiert, aber zumindest steht mein Truck erst einmal.

Der Schaden ist beträchtlich, Spiegel und Halterung sind kaputt, ein Fenster im Aufbau gesplittert, der Dachträger abgerissen, innen hat sich der Tisch aus der Halterung gelöst und in die Verkleidung ein Loch geschlagen. Ein Blick unters Fahrzeug lässt größere Schäden an der Aufhängung vermuten. Ich sichere den Lkw erst einmal, denn es ist hier ziemlich steil. Dann lasse ich von den beiden Lkw-Fahrern, die so clever überholt haben, eine Schneise schlagen und den Truck gesichert den Abhang herunterrollen. Das liest sich leicht,

Arbeit

dauert aber einen ganzen Tag. Erst als die Dämmerung anbricht, steht mein Gefährt wieder auf sicherem Grund. Eine genaue Überprüfung am nächsten Tag bestätigt meine Vermutung, dass die Lagerung gebrochen ist. Ich sichere so gut wie möglich alles mit Gurten, damit ich fahren kann.

Endlich kommen wir nach Pointe-Noire, wir suchen direkt den Jachtklub auf, denn dort könne man gut stehen, haben wir erfahren. Früher war es wohl einmal umsonst, jetzt wollen sie Geld, aber das ist in Ordnung. Wir können duschen und der Platz ist ganz ordentlich. Den restlichen Tag sitze ich vor dem Truck und versuche, meine Mutlosigkeit zu überwinden, überlege, wie ich den Schlamassel mit dem Fahrzeugschaden in diesem Landstrich in den Griff bekommen soll. Simon ist mir eine große Hilfe, er hat technisches Verständnis und macht mir Mut.

DAS DUNKLE HERZ AFRIKAS
Es gibt keine Probleme, nur Aufgaben, die gelöst werden müssen
afrikanische Mentalität

Die Nacht über schwitze ich wie selten zuvor und in der Früh ist das ganze Bett nass. Ist das Malaria? Ich verwerfe den Gedanken, habe im Augenblick keine Zeit für derlei Unpässlichkeiten.
Bereits um sieben Uhr morgens bin ich auf der Suche nach einer Werkstatt, gleich die erste, eigentlich mehr eine Schweißerei, steuere ich an. Die Verständigung gestaltet sich wieder einmal mehr als schwierig, bis ein Libanese kommt, dem ich erklären kann, was ich brauche. Er gibt vor zu verstehen, sagt allerdings, dass er das nötige Material nicht habe. Ich solle in zwei Stunden noch einmal kommen, bis dahin habe er alles beisammen, na gut.
Zusammen mit Tamara und Simon fahre ich zur Botschaft von Angola, und nun kommt es, wie es kommen musste. Es gibt kein Visum für Autofahrer, wir sollen die Fahrzeuge nach Luanda verschiffen und selbst fliegen, dann würden wir ein Visum erhalten.
Im Hafen finden wir jedoch keine Reederei, die unsere Autos verschiffen kann, obwohl wir alle Schifffahrtsbüros abklappern. Meine beiden Weggefährten wollen sich bei der Schweizer Botschaft erkundigen gehen, eine deutsche Botschaft ist nach meinen Informationen nicht vor Ort. Wir trennen uns also.
Zurück in der Werkstatt fehlt natürlich der Libanese, angeblich sei er gegen fünf Uhr nachmittags wieder da, na super.
Ich begebe mich erneut auf die Suche nach einer Werkstatt und finde eine weitere Schweißerei, eine recht große Firma. Dort ist ein Franzose der Chef. Etwa dreißig Männer laufen in der großen Halle herum und schweißen alles Mögliche zusammen. Ich erkläre dem Franzosen mein Problem und fertige ein Dutzend Zeichnungen an. Er lacht, klar könne er mir helfen. Er ruft seinen Vorarbeiter zu sich. Zusammen durchforsten wir den Betrieb, um das nötige Material zu suchen. »No problem, Mister«, beruhigt mich der Mann. Sie beginnen mit der Anfertigung der nötigen Teile, die ich am und im Auto verbauen will.
Da es mir immer noch recht übel geht, beschließe ich, ins Krankenhaus zu fahren. An der Aufnahme der Clinique Guenin treffe ich auf eine elend lange Warteschlange, ich schaue mich kurz um und gehe in den ersten Stock hoch. Gleich den ersten Weißkittel, der mir über den Weg läuft, schnappe ich mir, setze einen Dackelblick und das wehleidigste Gesicht auf, das mir überhaupt möglich ist, und erkläre dem Arzt, dass ich sofort einen Malaria-Test machen müsse. Ich drücke ihm meine mitgebrachte Kanüle samt Nadel in die Hand und er nimmt mir gleich auf dem Flur Blut ab. Im Labor erhält eine Angestell-

te den Auftrag zur Untersuchung. Nach ein paar Minuten steht das Testergebnis fest: negativ.

Mit der Bemerkung, ich solle mich nicht so anstellen, es sei nur eine Erkältung, werde ich hinauskomplimentiert. Nachdem ich bezahlt habe, bin ich entlassen. Obwohl ich sonst eher kritisch veranlagt bin und lieber einmal mehr nachfrage, nehme ich die Diagnose hin. Sie passt mir momentan ja auch ganz gut in den Kram, für Krankheiten habe ich einfach keine Zeit! Das soll jedoch ein Fehler sein, wie sich noch herausstellen wird.

Als ich auf die Straße trete, kommt mir ein großer, schlaksiger Weißer entgegen, er grinst mich an, ich ihn, und so kommen wir ins Gespräch.

So lerne ich Michel kennen, einen Holländer, der nahezu sein ganzes Leben in Westafrika verbracht hat und seit sieben Jahren hier in Pointe-Noire als Architekt arbeitet. Er wird heute zu meinem persönlichen Glücksfall. Als ich ihm meine Probleme mit dem Angola-Visum schildere, zieht er elegant – wie John Wayne zu seinen besten Zeiten – seine beiden, nein nicht Revolver sondern Handys aus den Gürtelhalftern. Er tippt mit irrsinniger Geschwindigkeit eine Nummer in das eine und - auf Anschluss wartend - bereits die nächste Nummer in das andere Handy. Das eine Gespräch hat er kaum beendet, schon spricht er am anderen Telefon weiter. So geht das Ganze eine Weile weiter. Ich stehe nur da und bin völlig verdutzt. Nach etwa zehn Minuten lässt Michel die beiden Handys wieder elegant in die Halfter gleiten und holt einmal tief Luft. »So, jetzt bin ich wieder auf dem Laufenden«, sagt er und berichtet, dass es zurzeit in der angolanischen Enklave Cabinda größere Probleme mit der Sicherheit gäbe, man es aber direkt an der Grenze versuchen könne. Er wisse da auch jemanden, der uns begleiten würde. Außerdem gäbe es einen hier ansässigen deutschen Honorarkonsul, der wiederum ein Freund des angolanischen Botschafters sei. Abschließend teilt er mir mit, dass er jetzt noch ein paar weitere Freunde anrufen werde und dass wir uns doch heute Abend in einer Kneipe treffen sollten. Michel beschreibt mir auch gleich den Weg dorthin und wir verabschieden uns. Ich bin sprachlos ...

Und das Blatt wendet sich weiter zu meinen Gunsten.
Zurück in der Schweißerei haben die Jungs schon einiges an Vorarbeiten erledigt und ich beginne mit der Montage der angefertigten Teile. Tamara und Simon kommen vorbei mit der nun nicht mehr neuen Nachricht aus der Schweizer Botschaft, dass die Problematik mit der Ausstellung eines Visums für Angola bekannt sei. Simon packt bei mir mit an, während Tamara mit Vega eine Runde dreht.
Am Abend treffen wir Michel und lernen seine Frau kennen, ein Bündel an Temperament und sehr nett, die eine Leckerei nach der anderen auftischt und weitgehend die Unterhaltung allein bestreitet. Für den folgenden Abend vereinbaren Michel und ich, zum deutschen Honorarkonsul zu fahren.

Zurück am Camp treffen wir die Overlander aus Libreville. Auch ihr Versuch, ein Visum zu bekommen, ist kläglich gescheitert. Jeff, der Chef, überlegt, ob er nach Nigeria fliegen soll, um den Antrag dort zu stellen. Ich verspüre keine Lust, das Gespräch noch weiter auszudehnen und verziehe mich ins Bett. Mir ist immer noch ziemlich übel, allein Aktivität lenkt mich von meinem maladen Zustand etwas ab.

Schon um sieben Uhr am folgenden Morgen stehe ich wieder in der Werkstatt, die Arbeit geht gut voran und gegen Abend sind wir tatsächlich fertig. Ich habe heute neun Liter Wasser getrunken, bin den ganzen Tag über schweißnass, weiß aber nicht, ob es an der anstrengenden Arbeit oder an meinem körperlichen Zustand liegt. Der Truck ist soweit wieder fit, ob sich die Reparaturen bewähren, wird sich zeigen.

Ich suche den Franzosen auf, um meine Schulden zu begleichen, und er erklärt mir doch tatsächlich, dass ich nichts zahlen müsse.

»Wenn einer so wie du arbeiten kann, dann ist es mir eine Freude zu helfen«, ist sein einziger Kommentar.

Momente wie diese sind schwierig zu beschreiben. Da stehe ich dreckig und schweißnass im Kongo vor einem fremden Menschen, der nicht versucht ein Geschäft zu machen, nein, er freut sich sichtlich, mir geholfen zu haben. Dabei geht es mir nicht um das Geld, die paar Euros hätten mich nicht wesentlich ärmer gemacht, nein es geht um Hilfsbereitschaft, ohne irgendwann mal eine Gegenleistung zu erwarten. Selten.

Jeff und Tamara haben bereits besprochen, morgen an die Grenze zu fahren, um dort eventuell ein Visum zu bekommen. Im Grunde ist es mir egal, es passt mir allerdings nicht, wenn über meinen Kopf hinweg eine Entscheidung getroffen wird.

Am frühen Abend fahre ich mit Michel zum Honorarkonsul. Der ist zunächst äußerst zurückhaltend mir gegenüber, erst als sich Michel einschaltet und erzählt, dass er ein hier ansässiger Architekt sei, wird der Herr Konsul zugänglicher. Wir erfahren, dass der angolanische Botschafter sein Duzfreund ist, wie wichtig! Der Konsul sagt zu, dass er uns morgen zur Botschaft begleiten werde. Zurück im Camp bin ich so erledigt, dass ich sofort ins Bett gehe.

Nach einer nahezu schlaflosen Nacht treffen wir pünktlich am folgenden Morgen den Herrn Konsul, Michel ist zur Verstärkung auch bereits eingetroffen. Ohne weitere Umstände werden wir an der Pforte eingelassen und im gleichen Moment dreht sich der Herr Honorarkonsul auf den Hacken um, nicht ohne sich noch schnell mit den Worten: »Mehr kann ich leider nicht für Sie tun« zu verabschieden. Ich bin so überrascht über sein plötzliches Verschwinden, dass ich kein Wort herausbringe. Michel schaut mich nur verdutzt an. Schließlich prusten wir vor Lachen los, so etwas haben wir beim besten Willen nicht erwartet! Herr Honorarkonsul, niemand hätte erwartet, dass Sie uns Ihren Duzfreund vorstellen. Aber zu dem zuständigen Mitarbeiter in der Angola-Botschaft wäre ein Vordringen sicher möglich gewesen. Sie sind sehr beschäftigt hier in Pointe-Noire, aber ich kenne hier einen Franzosen, in einer Schweißerei ... Aber lassen wir das, mein Horizont reicht nicht soweit, um die Hintergründe zu begreifen.

Also betreten wir alleine das Gebäude und fragen, wer für die Visumsangelegenheiten zuständig sei. An der zuständigen Stelle erhalten wir heute die Auskunft, dass die Ausstellung eines normalen Visums zwei Wochen dauert, eines Transitvisums etwa eine Woche und dass man eine Einladung aus Angola benötige. Ein Visum für den Landweg gäbe es jedoch nicht.

Tamara und Simon, die vor der Botschaft auf uns gewartet haben, erzähle ich die Neuigkeiten. Tamara bleibt dabei, dass sie es lieber an der Grenze zu Cabinda versuchen möchte. Okay, ich schließe mich ihrer Ansicht an – ein Fehler folgt dem anderen.

Es vergeht eine Menge Zeit, bis wir zusammen mit den Overlandern startklar sind. Zelte müssen abgebaut werden, einige wollen noch einkaufen gehen, andere duschen. Zum ersten Mal seit Langem ertappe mich bei dem Gedanken, alleine weiterzufahren, das Warten nervt. Auf guter Straße sind wir dann schnell an der Grenze.

Die Ausreise geht rasch vonstatten, und da die Overlander mit ihren zwanzig Leuten natürlich länger brauchen, fahre ich schon einmal rüber zur angolanischen Grenzstation, Tamara und Simon folgen mir.

Hier bekommen wir kein Visum! Der zuständige Grenzer ist sehr ungehalten und schreit uns an, wir sollen zurückfahren nach Pointe-Noire und dort das Visum beantragen. Mit meinen paar Brocken Portugiesisch, in Angola wird aufgrund portugiesischer Vergangenheit portugiesisch gesprochen, versuche ich ihn umzustimmen: »Se faz favor, o senhor, por favor, quero o visto, Ajude-me, faz favor.« Es hilft nichts. Er geht hinüber an die Grenze zum Kongo und redet mit den Beamten dort. Das Ergebnis ist, dass der Truck der Overlander jetzt nicht mehr passieren darf, obwohl er bereits abgefertigt ist. Ich rede weiter auf den Grenzbeamten ein, aber er ignoriert mich einfach. Erst als ich ihm sage, dass wir dann wohl hier bleiben müssen, bis wir ein Visum haben, stutzt er. »Wo wollt ihr denn schlafen?« »Na hier, direkt vor der Tür«, antworte ich. Mit einem Schulterzucken schlägt er die Tür des Grenzhäuschens vor meiner Nase zu. Wir beratschlagen uns. Simon und ich tendieren dazu, tatsächlich hier zu campen, um einen gewissen Druck aufzubauen. Tamara aber ist schon wieder bei Jeff und den übrigen Overlandern und klärt mit den Kongolesen die Möglichkeit einer Wiedereinreise ab.

Erneut kann ich mich nicht durchsetzen und so reisen wir alle wieder in die Republik Kongo ein. Auf den Ausreisestempel wird »ungültig« gestempelt und den Abschnitt des Carnets bekommen wir ohne Rückfragen zurück. Ein kongolesischer Grenzer lässt es sich nicht nehmen und geht zu seinen Kollegen aus Angola hinüber, um noch einmal zu fragen, warum wir kein Visum bekommen. Kopfschüttelnd kehrt er zurück, wir können ihm aber nicht mehr entlocken, als dass es dort schlechte Menschen seien.

Auf der Fahrt zurück nach Pointe-Noire zerbreche ich mir den Kopf über das weitere Vorgehen. Im Nachhinein weiß ich, dass ich bereits zu diesem Zeitpunkt den Entschluss gefasst hatte, alleine weiter zu fahren. Zurück im Camp gehen Simon, Tamara und Jeff samt einem Koreaner, der auch Teil der Reisegruppe ist, zu einem Landsmann des Koreaners hier in Pointe-Noire, der ein weiterer Duzfreund des angolanischen Botschafters sein soll. Vielleicht lässt sich ja so etwas regeln.

Ich rufe Michel mit der Bitte um ein Treffen an und keine zehn Minuten später ist er da. Ich frage ihn ganz offen, wie er die Möglichkeiten einschätzt, mit dem Truck bis nach Brazzaville, in die Hauptstadt, zu fahren.»Weißt du«, entgegnet er, »keiner hier käme auf die Idee, das zu tun, alle nehmen den Flieger. Allerdings ist mein Kumpel vor Jahren, als der Krieg in Brazzaville tobte, von dort bis hierher gefahren. Er hat zwar ...« Ich höre bereits nicht mehr zu, habe nur gefiltert, dass die Fahrt über Land möglich ist, also werde ich es morgen versuchen. Michel berichtet zwar noch von einer Bahnlinie, die nach Brazzaville führt, aber meist sei die Lok kaputt oder die Strecke verschüttet, dazu kämen regelmäßige Überfälle, nein danke.

Michel gibt mir noch eine Adresse, wo ich morgen den Ölwechsel machen kann und wünscht mir viel Glück, er schaut etwas komisch dabei. Ich frage warum, er sagt nur: »Pass auf die Rebellen auf, notfalls zahle.« Wir umarmen uns zum Abschied. Wieder habe ich einen Menschen getroffen, der selbstlos hilft, wo er kann.

Reisen bildet! Es verändert den eigenen Blick auf die Menschen, im Allgemeinen.

Mir ist wieder ziemlich übel und ich schwitze heftig. Während ich mit Vega vor dem Truck ein Bier öffne, denke ich über meinen Zustand nach. Eigentlich kann ich keine Malaria haben, denn ich bilde mir ein, dass meine Leber vorzüglich arbeitet.

Kurz darauf schließe ich wieder eine von diesen kurzen Bekanntschaften, wie dies auf Durchgangsreisen oft passiert. Eine Minute vorher weißt du noch nichts von der Existenz einer Person, nach weiteren zehn Minuten kennst du deren halbe Lebensgeschichte und kurze Zeit später verschwindet dieser Mensch nahezu spurlos wieder von der Bildfläche, aus deinem Leben. Ohne dass du ihn vermutlich je wiedersiehst.

Eine Französin kommt um die Ecke gerannt und ruft nach ihrem Hund, der Vega entdeckt hat. Wir kommen ins Gespräch. Sie erzählt, dass sie zusammen mit ihrem Mann auf einem kleinen Segelboot auf Weltreise war. Als er krank wurde, gingen sie hier vor Anker. Als sich der Zustand ihres Mannes rapide verschlechterte, wurde er nach Brazzaville geflogen, wo er an Malaria starb. Das war vor vier Jahren, seither sei sie hier und versuche, das schreckliche Ereignis zu verarbeiten.

Das ist auch keine Geschichte, die mir in meiner aktuellen Lage wirklich Mut macht. Ich reiße das dritte Bier auf und ziehe mich erst spät zu einer weiteren unangenehmen und schlaflosen Nacht zurück.

Mehrmals gehe ich in der Nacht meinen Plan durch, nach Brazzaville zu fahren und dann über den Kongo Fluss nach Kinshasa überzusetzen. Es ist risikoreich, aber die einzige Möglichkeit, hier in Pointe-Noire nicht zu versauern.
Beide Hauptstädte haben eine angolanische Botschaft, also zwei Chancen ein Visum zu bekommen. Und falls nötig habe ich als letzte Möglichkeit für ein Visum die Grenzstadt Matadi. Die Demokratische Republik Kongo steht zwar für einen der brutalsten Kriege der Neuzeit, Hunderttausende wurden bei Massakern getötet, aber ich will ja nicht sesshaft werden. Ich hoffe nur, dass der Bundeswehr-Einsatz zur Sicherung der Wahl im letzten Jahr keine negativen Eindrücke hinterlassen hat. Es sind von Kinshasa nur gute zweihundert Kilometer nach Angola, höchstens eine Übernachtung, also das sollte doch möglich sein, schließe ich meine Gedanken ab.

Heute teile ich Simon mit, dass ich versuchen werde, auf dem Landweg mit dem Truck nach Brazzaville zu kommen. Er bespricht meinen Plan mit Tamara, aber Tamara will hier bleiben. Nach einer nun doch recht langen Zeit als Reisegefährten verabschieden wir uns. Ich werde die beiden vermissen.

Ich fahre in eine Werkstatt namens »Baden-Baden«. Ja, der Besitzer hat tatsächlich in Deutschland gearbeitet und seinen Betrieb aus Verbundenheit »Baden-Baden« genannt. Stolz zeigt er mir Artikel über seine Werkstatt in diversen deutschen Zeitungen. Die Arbeiter sind allerdings weniger auf Zack, erst nach dreißig Minuten haben sie die Fettpresse soweit fertig, nach einer weiteren halben Stunde sind sie immer noch am ersten Nippel der Kardanwelle. Also ziehe ich mich um und schmiere selbst ab. Der Ölwechsel klappt dann wenigstens, allerdings bricht ein Arbeiter beim Schließen der Motorhaube die Scharniere aus, weil er vergessen hat, den Stab wegzunehmen!

In diesem Stil geht es weiter, heute ist nicht mein Tag. Der Bankautomat geht nicht, im Supermarkt will man meine leeren Bierflaschen nicht akzeptieren, dann vergesse ich, die obere Schublade im Aufbau zu schließen, sodass sie in der ersten Kurve mit einem ohrenbetäubenden Krachen herausfliegt. Kein Wunder, dass ich den Polizisten, der mich anhält, weil ich angeblich nicht geblinkt habe, wütend anschreie, ob er wohl spinne. Ich muss mit auf die Polizeiwache, dort habe ich dann meine Nerven wieder unter Kontrolle und nach meinem ausgesucht freundlichen Einlenken darf ich wieder gehen.
All diese Widrigkeiten und Missgeschicke werden sich aber bald als ziemlich banal im Vergleich zu dem herausstellen, was mich in den kommenden Tagen erwarten wird.

LEIDENSWEGE
Fieber, Rebellen, Schlamm und Krieg

Ich fand mich schon auf früheren Reisen einige Male in ziemlich verzwickten und auch mitunter gefährlichen Situationen wieder.
In Sambia waren wir auf dem Luangwa River mit einem Schlauchboot unterwegs, als uns Krokodile das Boot zerrissen. Wir standen ziemlich verloren mitten im Busch. Und in Mauretanien hatte sich mein Auto einmal an der sogenannten Strandpassage am Meer so tief eingegraben, dass die hereinbrechenden Wellen das Wasser zu den Fenstern hereingedrückt haben – selbst die mit fünfzehn Mann zu Hilfe geeilte Armee hat damals fünf Stunden gebraucht, um das Auto wieder auszugraben. All diese Erlebnisse sollten im Vergleich zu den mir jetzt bevorstehenden Ereignissen aber nur halb so schlimm gewesen sein ...

Es beginnt alles noch recht harmlos, indem es zu regnen anfängt, das allerdings wie aus Kübeln. Die Piste verwandelt sich in null Komma nichts in Schmierseife, jegliche unsanfte Lenkbewegung führt trotz des Allradantriebes sofort zum Querstellen. Hier macht sich wieder der extrem kurze Radstand des Trucks bemerkbar.
Es geht bergauf und bergab, dazwischen folgen immer wieder einmal lange Sandpassagen. Wenn auch anspruchsvoll, so ist alles noch im grünen Bereich.

Am nächsten Tag folgen die ersten tiefen Schlammlöcher, meist am Ende abschüssiger Passagen. Ich muss bereits oben am Berg gut zielen, um die gewünschte Spur zu erwischen, es gelingt nicht immer. Ich schaffe es aber, ohne stecken zu bleiben. Die längsten Pfützen messen etwa fünfzig Meter, mit einer Portion Schwung kommt man hier zügig durch. Urplötzlich geht die Strecke in eine bequeme Schotterpiste über, ich bin beglückt, aber bereits nach ein paar Kilometern kommt eine Abbiegespur nach rechts. Auch das GPS weist nach rechts. Weil die Piste aber gerade so angenehm zu fahren ist, ignoriere ich die Angabe und fahre geradeaus weiter. Nach drei Kilometern endet die Straße im urwaldgrünen Nichts. Vor mir liegt Dschungel pur und es gibt keinerlei Anzeichen dafür, dass hier jemals etwas anderes war, kein aufgeworfener Haufen Erde, keinerlei Anzeichen von Bautätigkeit, einfach nichts. Aber es ist ein idealer Platz für die anbrechende Nacht.
Vor dem geplanten Aufbruch am folgenden Tag reinige ich die Kabine und bin gerade dabei, in der Hocke sitzend Vegas Haare zusammenzukehren, als es mich wie aus heiterem Himmel plötzlich von den Füßen reißt.

Es ist ein Gefühl, als habe einer in meinem Körper den Ausschalter gedrückt. Wie vom Blitz getroffen falle ich nach hinten um, peng, da ist nichts mehr zu machen.

Ich liege wie ein gestrandeter Käfer auf dem Boden der Kabine und kann mich vor Kraftlosigkeit nicht mehr bewegen.
Nach einiger Zeit spüre ich, dass zumindest mein Gehirn noch Leistung bringt, und fange an zu überlegen, was nun zu tun ist.
Dank gewissenhafter Vorbereitung von Notfällen aller Art habe ich sämtliche Medikamente dabei nebst einem Ordner, in dem fein säuberlich Wirkstoffe, mögliches Einsatzgebiet und Dosierung pro Arznei aufgelistet sind.
Im Geiste gehe ich die Möglichkeiten durch und beschließe, zwei unterschiedliche Antibiotika zu nehmen und zusätzlich noch das von meiner Hausärztin empfohlene sogenannte Joker-Medikament, für das ich noch ihre Worte im Kopf habe:
»Wenn du nicht weißt, was du hast, dann nimm das.«
Da genau dies jetzt der Fall ist und ich mit keinerlei Hilfe von außen rechnen kann, habe ich keine Zeit mehr für Experimente, ich muss in die Vollen gehen.
Unter Aufbringung meiner ganzen Willenskraft quäle ich mich hoch zum Schrank, ziehe dort die Medikamente samt dem Ordner heraus, nehme auf dem Rückweg noch eine Flasche Wasser mit und liege schon wieder völlig ermattet auf dem Boden.
Ein paar Minuten vergehen, bis ich die Kraft finde, die Medikamente einzunehmen. Als mir plötzlich die Worte der Französin aus Pointe-Noire einfallen: »Mein Mann ist an Malaria gestorben«, zögere ich nicht und werfe zusätzlich noch die Malarone gegen Malaria ein. Sicher ist sicher.
Demnach müsste in etwa sechs Stunden eine Besserung meines Zustandes eintreten, wenn nicht, muss ich zurück – wie auch immer ich das hinbekommen soll. Notfalls habe ich dafür noch reichlich Hallo-Wach-Kautabletten dabei.

An die nächsten sechs Stunden erinnere ich mich nur bruchstückhaft, weiß nur noch, dass ich 40,84 Grad Fieber habe, dass Vega einmal kurz reingeschaut hat, dass ich zwei Flaschen Wasser getrunken habe. Ziemlich genau um drei Uhr nachmittags werde ich wach und fühle mich ein wenig besser. Ich schaffe es, kurz aufzustehen und nach Vega zu schauen. Sie liegt vor dem Auto, ich kann das Bett machen und Vega reinholen. Danach messe ich erneut Fieber, 40,36 Grad, und rede mir ein, dass es fällt. Die folgende Nacht verbringe ich in dämmerigem Halbschlaf oder liege wach und trinke, trinke, so viel mein Körper nur aufnehmen kann. In Abständen messe ich immer wieder Fieber und stelle erleichtert fest, dass es zwar langsam, aber immer weiter fällt.

Am frühen Morgen des zweiten Tages in der Einsamkeit des Urwalds kann ich schon wieder kurz den Truck verlassen, muss mich dabei aber überall

festhalten, so wackelig bin ich auf den Beinen. Vega erledigt ihr Geschäft und geht dann brav wieder auf ihren Platz – sie scheint zu spüren, dass es mir nicht gut geht.
Den ganzen Tag verbringe ich im Bett, Hunger habe ich keinen, aber ich versuche, so viel wie möglich zu trinken. Das Fieber sinkt weiter, bin ich über den Berg? Nachts um zwei Uhr bereite ich mir eine Suppe und gebe Vega etwas zu fressen, das hatte ich ganz vergessen.

Am nächsten Tag überlege ich, was los war, und komme zu dem Schluss, dass ich mir die Malaria eingefangen habe, alles andere wäre unlogisch, denn ich fühle mich schon wieder recht fit. Der negative Test auf Malaria muss wohl verfälscht gewesen sein durch meine Prophylaxe, etwas anderes fällt mir nicht ein. Allerdings spricht dagegen, dass meine Leber eher nicht vergrößert ist, zumindest mir als Laie ist beim Abdrücken nichts aufgefallen. Aber sei's drum, ich fühle mich schon wieder ganz gut. Trotzdem warte ich noch einen ganzen Tag ab, um mich zu erholen, bevor ich weiterfahre.

Ich bin schon gut vier Stunden unterwegs, als vor mir eine etwa fünfzehn Mann starke Gruppe nicht uniformierter, aber düster wirkender Gestalten auftaucht. Da ich mich auf einer langen geraden Strecke befinde und sowieso langsam fahre, habe ich genug Zeit zu überlegen.
Mein Blick erfasst eine dünne, nur auf zwei Stühlen aufliegende Schranke und ich suche beim Näherkommen nach automatischen Waffen, bemerke aber nur drei oder vier Flinten neben den vielen Macheten. Es steht kein Auto oder Moped in der Nähe, da sind nur die herumlümmelnden Kerle.
Mein Entschluss steht. Ich schalte runter und lasse die Luftbremse aufzischen. Sie hat unter zweitausend Motorumdrehungen zwar keinerlei Wirkung, hört sich aber ziemlich beeindruckend an. Ich fahre näher heran und mache Zeichen: »Wo soll ich stehen bleiben?« Die Kerle winken und laufen nach rechts, ich trete das Gaspedal durch.
Der linke Stuhl wird platt gewalzt, die Schranke fliegt in die Luft, hinter mir schreien die Männer auf. Auf den nächsten paar Kilometern zittern mir heftig die Knie und mein Blick klebt am Rückspiegel, aber niemand folgt mir.

Heute suche ich schon früh und mit Bedacht einen Schlafplatz und verwende viel Zeit damit, meine Spuren zu verwischen. Für die wunderbare Landschaft, links und rechts der Piste erstreckt sich wilder, urwüchsiger Dschungel, habe ich keinen Blick.

Am nächsten Tag führt mich meine Route durch ein paar Dörfer und ich versuche, die Leute, die mir begegnen, einzuordnen, versuche zu fühlen, wie die Stimmung ist. Es sind einige dabei, die betteln, ein paar springen auf die Straße und rufen, ich solle stehen bleiben. Direkt nach einer Kurve stehe ich plötzlich vor einem weiteren Kontrollposten, es bleibt zu wenig Zeit zu überlegen, meine Gedanken überschlagen sich.

Mehr instinktiv drücke ich aufs Gas und durchbreche die Absperrung, die nur aus einer Leine besteht, die Jungs müssen auf die Seite springen. Mist, ich bin zu langsam, denn einer von ihnen schafft es doch tatsächlich, sich an die Leiter hinten rechts zu klammern: Ich sehe im Spiegel kurz seinen Körper hin und her schaukeln. Da kommt mir die Straße zu Hilfe, eine Bodenwelle schleudert den Typen nach rechts in den Busch. Erneut werfe ich einen sorgenvollen Blick in den Rückspiegel, aber auch jetzt folgt mir niemand.

Ich stelle mir die bange Frage, wie lange ich wohl noch mit dieser Taktik durchkomme. Jegliche Menschenansammlung an der Straße von mehr als zwei Personen treibt meinen Puls nach oben, aber bis zum Abend bleibt alles ruhig. Wieder suche ich mit äußerster Sorgfalt einen Platz aus und denke systematisch über mein weiteres Vorgehen nach. Denn sollte durch meine derzeitige Rollkommando-Strategie ein Mensch zu Schaden kommen, werde ich richtig dicken Ärger bekommen. Ich beschließe, morgen im nächsten Dorf Erkundigungen einzuholen.

Tags darauf sehe ich gleich am Straßenrand einen Mann stehen, der so aussieht, als könne man sich mit ihm unterhalten, also halte ich und steige aus. Er kann ebenso wie ich ein wenig auf Französisch radebrechen und ich glaube zu verstehen, dass die zurückliegenden Posten Rebellen gewesen seien und dass die Regierung ihnen das Gebiet hier überlassen habe, da es aufgrund der Straßenverhältnisse kaum zu kontrollieren sei. Die Rebellen würden Wegezoll verlangen, ja, es seien böse Menschen, sagt der Mann. Im nächsten Dorf käme wieder ein Rebellen-Posten, nein, das Dorf sei nicht weit weg, ich würde etwa einen Tag dorthin brauchen.
Und das soll nicht weit weg sein? Ich frage noch einmal nach.
»Mollo-mollo«, antwortet der Mann, ich verstehe nicht.
»Was ist mollo-mollo?«
Da bückt er sich, hebt einen Klumpen Erde auf und hält die Hand mit der Schlammkugel in Bauchhöhe, oh weh, das ist »mollo-mollo«, alles klar.
Gerade will ich mich mit einem frisch aufgebrühten Kaffee bei ihm bedanken, als ein paar Männer dazu kommen und eine freundliche Unterhaltung mit mir beginnen. Ich schenke Kaffee an alle aus und schon bringt einer frisches Brot, ich steuere noch Butter und Marmelade dazu und so beginnt der heutige Tag ganz entspannt und heiter.
Bei der Verabschiedung fragt mich einer der Männer, ob ich jemanden bis in das nächste Dorf mitnehmen könne, ich willige ein. Mein Beifahrer spricht kein Französisch, aber das ist auch nicht nötig. Mit Handzeichen gibt er mir die Route vor, die jetzt immer anstrengender wird. Wir müssen hundert Meter lange Schlammlöcher queren, meist gibt es zwei oder drei mögliche Durchfahrten, und ich manövriere größtenteils, wie es mir mein Beifahrer vorgibt. Nur wenn ich absolut der Meinung bin, den besseren Weg gefunden zu haben, höre ich nicht auf ihn, was mehr als einmal zu brummigen Missfallensäußerungen führt.

Auf einmal ist die Straße jedoch blockiert, eine zerborstene Brücke liegt vor uns. Rechts gibt es eine Umfahrung, der Beifahrer gibt mir ein Zeichen auszusteigen und erst einmal zu schauen. Ich aber antworte ihm, dass es schon gehen werde, und bezahle diese Dummheit mit sechs Stunden Schlamm schaufeln, Bäume fällen und blutigen Füßen.

Die Umfahrung wurde zwar schon benutzt, was die beiden Fahrspuren deutlich zeigen, aber die Spur ist eben nur breit genug für Pkws, also etwa 1,80 Meter. Der Lkw hat aber eine Fahrspurbreite von 2,50 Metern. Und so stecke ich, nachdem der Schlamm fast hüfttief wird, in der leichten Linkskurve fest.

Der Einsatz lehrt mich verschiedene Dinge, nämlich dass Sandbleche in Schlamm gar nichts bringen außer zusätzlicher Arbeit.
Einmal drüber gefahren muss man die Bleche an einem Seil gebunden mit dem Truck aus dem Schlamm reißen. Alles andere ist sinnlos, denn die Bleche sind regelrecht im Schlamm verankert. Dass Michelin-Reifen zwar eindeutig sehr gut sind, aber hier total überfordert.

Dass ein Spaten grundsätzlich eine gute Entscheidung ist, aber dass Schlamm mit Ästen und kleinen Bäumen vermengt so ziemlich das Schlimmste ist. Und dass man unter solchen Bedingungen am besten barfuß agiert, Schuhe verschwinden mit einem Blubb und einem Schmatzen in den Tiefen des Untergrundes.

Bereits nach einer Stunde ist mir klar, dass es kein leichtes Unterfangen wird. Acht Tonnen sind schon eine beachtliche Masse. So lasse ich zwischendurch Vega raus, die nächsten Stunden ist sie im Busch unterwegs, schaut aber immer wieder einmal vorbei.

Mein Beifahrer und ich arbeiten beide abwechselnd mit Axt und Spaten, kommen aber nicht recht weiter. Wenig später gesellt sich ein alter Mann dazu, er kann zwar kaum aufrecht gehen, arbeitet aber fleißig mit. Mittlerweile sind die Füße durch im Schlamm verborgene Äste und sonstige Gegenstände an mehreren Stellen blutig. Aber Schlamm ist ein gutes Pflaster.

Am späteren Nachmittag, wir sind nun schon einige Stunden am Arbeiten, erscheinen zwei weitere Männer mit Schaufeln und ihren beiden Söhnen auf der Bildfläche. Ich muss zwar etwas betteln, aber am Ende helfen sie mit und so schaffen wir es, gegen sechs Uhr und mithilfe einiger gefällter Bäume zum Unterlegen, den Truck aus dem Loch zu bekommen.

Ich sammle Vega ein und überlege, wie es weiter gehen soll, denn es ist bereits dunkel. Die Jungs, die mir so tatkräftig geholfen haben, wollen in ihr Dorf, und meinen Beifahrer kann ich auch nicht hängen lassen, also entschließe ich mich weiterzufahren.

Die zwei Buben nehmen samt Beifahrer auf dem Sitz vorne Platz, die beiden Männer stellen sich links und rechts auf die Trittstufen des Lkws und halten sich an den Spiegeln fest. So geht es weiter, immer wieder kommen lange Schlammpassagen. Die beiden springen dann vom Truck und laufen die Passagen ab, damit ich sehen kann, wo ich am besten durchkomme. Schließlich erreichen wir einen Streckenabschnitt, bei dem die Scheinwerfer weit und breit nur noch Schlamm ausleuchten. Ich steige aus, um einen besseren Überblick zu bekommen.

»Mollo-mollo«, sagen alle im Einklang, ja verflixt, ich sehe es. Die Passage ist etwa zweihundertfünfzig Meter lang. Die Männer machen mir mit Handzeichen klar: »Gib alles, sonst musst du hier im Schlammloch übernachten.« Ich lasse zwei Bäume zum Staken fällen und laufe dann die Passage ab. Dabei stelle ich fest, dass ich zwar rechts anfahren kann, dann aber nach links raus muss, denn vorne links und am Ende rechts lauern tiefe Löcher. Die beiden etwa zweieinhalb Meter langen Stangen, die bis in gut 1,50 Meter Höhe mit Schlamm überzogen sind, überzeugen mich vom hohen Risiko dieses Unternehmens.

Ich setze den Truck zurück, um ausreichend Anlauf zu gewinnen, überlege, welchen Gang ich einlegen soll, lege den Gurt an und fahre mit größtmöglicher Geschwindigkeit in das Schlammloch hinein.

Der Lkw jault auf, es scheppert und schwankt, wie gut, dass die acht Tonnen ziemlich tief liegen. Ich habe das Lenkrad fest im Griff und versuche, mit kleinen Lenkeinschlägen die linke Ausfahrt zu erwischen und es klappt tatsächlich.
Die Jungs jubeln glücklich auf, als ich durch bin, ich steige aus und sie schlagen mir kräftig auf die Schultern.
Aber noch besteht kein Grund zur abschließenden Freude. Etwas später folgt auf eine steile Abfahrt mit tiefen Löchern eine Brücke, die etwa drei Meter in der Breite misst. Links und rechts davon geht es steil den Abhang hinunter in den Fluss.
Auf der Brücke selbst ist es glitschig, direkt danach folgt ein scharfer Knick nach links den Berg hoch, mit dem Abgrund auf der linken Seite. Mir bleibt wirklich nichts erspart auf diesem Trip. Jetzt machen sich auch noch meine Beifahrer dünne und wollen erst wieder oben am Berg zusteigen. Was soll ich sagen, auch diese Hürde wird mit Augenmaß und einer ganzen Portion Mut genommen.
Es ist bereits vier Uhr morgens, als wir endlich in dem Dorf ankommen, trotzdem sind wir schon ein paar Minuten später von einer Menge Leute umringt. Meine Mitfahrer erzählen wortreich und äußerst anschaulich die Abenteuer der letzten Stunden und ich ernte staunende Blicke. Nachdem ich meine Helfer für ihre Verhältnisse fürstlich entlohnt habe, verabschiede ich mich, um einen Schlafplatz zu finden.

Kongo, Leidenswege

Kongo

Die Einladung der Dorfbewohner, hier zu nächtigen, lehne ich mit der Begründung mangelnder Zeit ab. Ich will weg von hier, denn morgen früh ist sicherlich der angekündigte Posten hinter dem Dorf besetzt und ich möchte weiteren, möglicherweise unangenehmen Begegnungen aus dem Weg gehen. Ich erkläre also, dass ich jetzt noch bis Dolisie durchfahren wolle.

Bereits nach ein paar Metern bereue ich es fast. Der Weg verengt sich stark, es ist eigentlich keine Straße mehr zu erkennen, über vom Regen ausgewaschene Felsbrocken krieche ich an den Hütten des Dorfes vorbei. Der Kontrollpunkt aber ist leer und ich beglückwünsche mich zu meiner richtigen Entscheidung. Ich bringe noch einen Sicherheitsabstand von einigen Kilometern zwischen den Posten und mich und bleibe dann einfach auf der engen Straße stehen. Mit dem Truck benötige ich die komplette Fahrspur, aber in den letzten Tagen habe ich kein einziges Auto gesehen, also sollte es mit Verkehr heute Nacht keine Probleme geben. Nach einer schnellen Dusche und der Versorgung der Wunden an Füßen und Händen falle ich ins Bett, schlafe kurz, aber tief und fest.

Etwas gerädert gehe ich am Morgen mit Vega Gassi. Ich komme nach Kurzem auf eine schöne breite Schotterstraße und denke – wie fast immer positiv –, das Schlimmste scheint geschafft zu sein. Inmitten herrlicher Natur, die verschiedenen Grüntöne sind bezaubernd, mache ich ein ausgiebiges Mittagessen und trinke ein Bier. Ich bin guter Dinge. Dieser Zustand währt jedoch nur kurz.

Laut GPS muss ich schon kurz darauf die angenehme Piste verlassen und eine Abfahrt nach rechts nehmen. Meine Route folgt einem Fluss, der rechts unterhalb von mir schön eingebettet im Dschungel dahin fließt. Der Weg ist schmal, aber gut zu befahren, nach einigem bergauf und bergab stehe ich allerdings vor einer zerbrochenen Brücke.
Eins würde mich schon brennend interessieren: Es ist eine alte Reifenspur zu sehen bis vor die Brücke und danach geht die Spur weiter. Gut, es ist nur eine Pkw-Spur, aber hatte der Kerl einen Brückenlege-Panzer dabei?
Ich muss einige Bäume fällen, die ich zum Teil mit dem Lkw an die gewünschte Stelle ziehe und mit Gurten vor einem seitlichen Abrutschen sichere. Dann lege ich die Sandbleche darüber und kontrolliere mein Werk noch einmal akribisch. Zufrieden mit meiner Konstruktion fahre ich vorsichtig über die Brücke, sie knackt zwar, aber hält stand. Allerdings ist einer der Gurte so verhakt, dass ich ihn abschneiden muss.
Es war wieder ein harter Tag. Ich gehe noch ein wenig mit Vega spazieren und schlage dann mein Nachtlager direkt nach der Brücke auf. Ich werfe noch einen Blick auf die Landkarte und denke beim Einschlafen, das ich morgen die Strecke bis Dolisie schaffen sollte.

Ich bezeichne mich gerne als realistischen Optimisten, aber realistisch war meine Einschätzung abends zuvor nicht, denn schon nach ein paar Kilometern stoße ich am folgenden Tag auf das nächste Hindernis. Ein Bergrutsch hat einen Großteil der Piste versperrt, die Durchfahrt ist nur noch eineinhalb Meter breit, der Truck misst zweieinhalb Meter in der Breite. Dazu hat das ablaufende Wasser zu allem Übel auch noch die Piste im rechten Bereich ausgespült, daneben geht es fast senkrecht hundert Meter zum Fluss hinunter. Der Bergrutsch scheint allerdings schon eine Weile zurückzuliegen und so haben sich Erde, Sand, Geröll und Strauchwerk zu einer festgebackenen Masse verbunden.

Hier eine breitere Schneise zu schlagen wird hart werden. Jetzt aber muss ich erst die Ameisen abfackeln, ich tue das wirklich nicht gerne, aber schon bei der Begutachtung der Stelle haben sie mich angegriffen und Wunden an den Beinen hinterlassen. Also zapfe ich Benzin aus dem Stromgenerator und zünde es an. Vor den Ameisen habe ich jetzt zwar Ruhe, aber die Strafe folgt auf dem Fuß.

Bienen. Sie umschwirren mich während der nächsten Stunden, die ich schweißüberströmt mit Schaufeln, Graben und Hacken zubringe, schwirren um die Ohren, hochgradig nervend. Immer wieder einmal sticht eine, was höllisch brennt. Jedes Mal muss ich mir das schweißnasse Hemd vom Körper zerren, um den Stachel zu entfernen. In einer Pause lege ich mich zum Ausruhen unter den Lkw, die einzige Stelle, an der ich etwas Ruhe habe vor den Quälgeistern.

Immer wieder messe ich mit dem Metermaß die Breite der Durchfahrt aus, ich gebe noch fünf Zentimeter Sicherheit dazu, komme nur langsam vorwärts. Mehr als einmal muss ich mit dem Truck größere Stämme aus dem Geröll herausreißen, die ich zuvor mit der Axt bearbeitet habe.

Schließlich meine ich, es versuchen zu können, bete, dass die Piste nicht seitlich abrutscht. Die Entscheidung, ob ich Vega im Lkw mitnehmen soll oder nicht, fällt mir recht schwer, es ist eine zwiespältige Sache. Ich wäge lange ab, prüfe die Stelle nochmals und messe die Breite nach. Ich bin nicht sicher, ob es gut gehen wird, die starken Auswaschungen machen mir Sorge.

Als ich das riskante Manöver in Angriff nehme, klebt mein Blick am linken Vorderrad, sodass ich nicht erkennen kann, ob hinter mir die Piste hält oder abbricht. Ich habe das Gefühl, als habe mein Herz während der quälend langsam verstreichenden Sekunden, die ich benötige, um die gefährliche Stelle zu passieren, aufgehört zu schlagen.

Mit weichen Knien steige ich aus, um Vega einzusammeln und die Stelle noch einmal zu besichtigen. Die fünf Zentimeter Zugabe waren schon nötig, denn die hinteren Reifenspuren sind ein gutes Stück weiter außen Richtung Abhang als die Spuren der vorderen Reifen. Nach einer kurzen Pause, um die Nerven zu stabilisieren und einmal tief durchzuatmen, fahre ich weiter.

Der kongolesische Hindernisparcours wartet aber schon mit der nächsten Herausforderung, einer weiteren maroden Brücke. Rechts und links gähnt der blanke Abgrund und die restlichen drei intakten Brückenbohlen sind mit fast zwei Metern Erde bedeckt, sodass der Bau einer Behelfskonstruktion ausscheidet. Links führt eine schön breite Umfahrung am Berg entlang, nur die Auffahrt zur Umfahrung ist viel zu eng und das aufgeschüttete Material sieht nicht sehr vertrauenerweckend aus. Ich entdecke einige Holzbohlen, mit denen die Auffahrt befestigt werden könnte, aber als ich sie anheben will, bekomme ich sie kaum zwanzig Zentimeter hoch. Das wird wohl Edelholz sein, so schwer wie die Planken sind. Aber da wird mir schon etwas einfallen. Allein auf sich gestellt, braucht es einfach eine satte Portion Improvisationsvermögen. Zunächst schaue ich mir die gesamte Umfahrung an. Am hinteren Ende der Abfahrt muss ich seitlich nur Lehm abstechen und den kann ich gleich rechts den Hang hinunter werfen. »Es ist alles machbar«, rede ich mir Mut zu.
Nun kommen alle verfügbaren Gurte zum Einsatz, um die Bohlen mit dem Truck an die richtige Stelle zu ziehen. Wenigstens habe ich genügend Platz, um zu rangieren. Dennoch muss ich noch einige Pfähle einschlagen, um die Bohlen zu befestigen. Gegen Abend bin ich soweit fertig damit. Den Versuch, über die stabilisierte Auffahrt auf die Umfahrung zu gelangen, werde ich erst morgen mit frischen Kräften wagen.

Ein Tick von mir hat heute Premiere! Ich plündere die geheimnisvolle Essenskiste, die fest verstaut und gut versteckt immer mit dabei ist. Da ist alles drin, was mein Herz begehrt: gebratene, eingeschweißte und ohne Kühlung haltbare Schweinshaxen, einige Dosen mit fetter Wurst, luftgetrockneter Schinken und zuckersüße Leckereien - eben alles, was nötig ist, um körperlich bei Kräften zu bleiben. Der Seele tut es auch gut, Schweinshaxe mit Semmelknödel. Nach dem reichen Mahl nehme ich ausnahmsweise eine Schlaftablette, denn morgen muss ich ausgeruht sein. Jeder Fehler kann fatale Folgen haben. Und ich fühle mich zu zerschunden, um gut zu schlafen.

Mit ordentlich Adrenalin im Blut meistere ich am nächsten Morgen die Auffahrt ganz gut, nur eine der Bohlen hebt sich kurz bedenklich. Bei der Verbreiterung der Ausfahrt merke ich gegen Mittag, dass meine Kräfte doch langsam schwinden. Die tagelange Schinderei fordert ihren Tribut – vermutlich ist mein Körper auch immer noch geschwächt vom zurückliegenden Fieber.

Ein paar Kilometer weiter ist wieder Bäume fällen angesagt, ein Schwarm Stechmücken begleitet mich dabei. Nein, es genügt nicht, mitten in der Sonne bei glühender Hitze den Schweiß den Körper herabfließen zu fühlen, die mittlerweile offenen Blasen an den Händen brennen wie Feuer, einige Bienenstiche jucken immer noch. Nein, das genügt nicht. Die Stechmücken müssen mich zusätzlich quälen. Aber ein Baumstamm nach dem anderen kippt und wird mit dem Truck in die gewünschte Position gezogen. Ich freue mich, dass ein weiteres persönliches Faible von mir hier zum Tragen kommt, nämlich stets das beste Werkzeug zu kaufen. Unter härtesten Bedingungen bewährt es sich hier. Die Brücke, an der ich mir hier gerade die Zähne ausbeiße, war zwar intakt, aber nicht breit genug für die Lkw-Spur. Nur mein eiserner Willen und meine Kämpfernatur lassen mich nicht verzweifeln, auch das werde ich schaffen, egal wie. Als ich mit dem Brückenbau fertig bin, habe ich ein gutes Gefühl, dass alles so hält, wie gedacht. Die Baumstämme sind mit zwei 5-Tonnen-Gurten gegen ein Wegspringen gesichert und es kann eigentlich nichts schief gehen. Und es klappt, ein Lob auf den Baumeister ... Nach getaner Arbeit gehe mit Vega im Fluss baden, das kühle Nass tut dem wunden Körper gut. An die Arbeit hat er sich nun gewöhnt, nur am Morgen bin ich steif und brauche Zeit, den Körper beweglich zu machen.

Gestern habe ich ganze acht Kilometer Strecke geschafft, dafür geht es heute ganz gut, erst gegen Mittag taucht wieder eine zerfallene Brücke auf. Die wenigen intakten Streben scheinen unbrauchbar. Auch hier gibt es links bereits eine ausreichend breite Umfahrung. Die zu schmale Auffahrt kann ich sozusagen offroad – wenn man das hier überhaupt so bezeichnen kann – etwa zwei Meter weiter gut umgehen. Nur die Abfahrt ist zu eng, scheint aber machbar. Beim Arbeiten merke ich, dass mich heute überhaupt kein summendes, beißendes, stechendes Getier umgibt, und so lege ich alles ab, was mich zum Schwitzen bringt. Das muss ein witziges Bild gewesen sein, so ein weißer Hintern im Dschungel!
Immer, wenn ich einen Arbeitsschritt beendet habe, prüfe ich gewissenhaft, ob ich auch alles bedacht habe. Trotzdem bleibt ein Restrisiko, jedes Mal ist mir mulmig zumute.
Plötzlich schrecke ich durch ein Geräusch auf, ein Lkw muss das sein. Schnell schlüpfe ich in die Hose und laufe zur Straße hoch. Ich kann gerade eben noch durch den Blätterwald einen Zug erkennen, der auf der anderen Seite des Flusses vorüberfährt. Stimmt ja, hier läuft die Bahnstrecke entlang, das hatte Michel noch erzählt. Mist, dass es kein Fahrzeug war. Am späten Abend höre ich erschöpft mit der Arbeit auf und setze mich nackt und bloß, nur mit einem Bier bestückt, in den Lehm, um meine Lage zu überdenken.

Ich stecke ganz schön im Schlamassel. Wenn es anfängt zu regnen, ist es ganz aus, die Piste würde sich in ein einziges Schlammloch verwandeln. Und das Risiko, bei einer meiner Aktionen einen Fehler zu machen und die Karre umzukippen oder gar einen Abhang hinunterzuschmeißen, ist nicht von der Hand zu weisen.
Ob ich das überleben würde, ist fraglich. Meine Kräfte werden nachlassen und damit auch die Konzentration, von der angeschlagenen Psyche gar nicht zu reden. Umkehren ist nicht möglich, keine zehn Pferde bringen mich diese Strecke zurück, einmal ganz abgesehen von den Rebellen.
Aber was werde ich tun, wenn etwas Unerwartetes eintritt, das ich alleine nicht bewältigen kann? Ich mache mir Sorgen, große Sorgen. Doch am Höhepunkt meiner Verzweiflung werde ich plötzlich ganz ruhig.

Ich nehme intensiv die Landschaft um mich herum wahr, die gerade hier ganz einzigartig und schön ist. Es herrscht eine sanfte Stille, die aufziehende Dämmerung hüllt den sattgrünen Regenwald in Nebelschwaden ein. Wärme überflutet mich, neue Hoffnung, neue Kraft. Du wirst es schaffen ...

Am nächsten Morgen um acht Uhr bin ich gerade soweit, den Versuch zu wagen, die Abfahrt zu bezwingen, da stehen plötzlich zwei Gestalten vor mir, bewaffnet mit Hacke und Schaufel. Auf meine Frage, was sie hier zu suchen haben, bekomme ich die Antwort: »Wir kommen, um dir zu helfen.« Keine Menschenseele habe ich seit Tagen gesehen, aber wer immer mir die beiden geschickt hat, danke ... Ich frage nicht weiter, sondern lasse von den beiden die Ausfahrt noch an einigen Stellen verbreitern, kann dann ohne Probleme rausfahren.

Welches Glück mir durch meine beiden neuen Begleiter beschieden ist, stellt sich schon nach ein paar Kilometern heraus. Die Piste ist auf etwa fünfzig Meter Länge komplett durch einen Bergrutsch verschüttet. Sicherlich hätte ich auch das bewältigt, aber ehrlich gesagt nicht unter einem Arbeitsaufwand von zwei Tagen. Zusammen mit den beiden Helfern schaffe ich es in sechs Stunden. Ich reiße mit dem Truck die Bäume heraus, die beiden schaufeln und hacken. Richtig herausfordernd wird es dann nur noch einmal, als ich eine steile Piste hinunter und den Fluss queren muss. Gegenüber gilt es dann, den extrem steilen Hang zu erklimmen. Der Truck schaukelt in enormer Schräglage und ist schon hart an der Grenze zum Umkippen. Ohne die hervorragende Lagerung, die alle vier Räder sauber am Boden hält, wäre an solche Aktionen gar nicht zu denken.

Am Abend belohne ich uns mit einem schönen Tischleindeckdich, die Jungs machen Feuer und ziehen sich zum Schlafen unter den Lkw zurück.

Bereits um fünf Uhr früh wecken mich meine Begleiter, kurz danach brechen wir auf und gelangen wenige Stunden später in ein Dorf. Dort werden wir sofort von einer Horde Jugendlicher umringt, die alle aus einem Grund gerne mitfahren wollen: Weiter oben kommt ein »blou-blou«. Wenn ich sie recht verstehe, ist das ein gewaltiges Schlammloch, durch das ich ohne ihre Hilfe garantiert nicht hindurch käme. Ich wehre sie ab, indem ich auf meine beiden Helfer zeige, und fahre weiter.

Zwei Jungs lassen sich nicht abschütteln und hangeln sich links und rechts auf die Trittbretter. Im Spiegel sehe ich eine Handvoll von ihnen hinter dem Truck herlaufen. Als ich an einem Graben stehen bleiben und aussteigen muss, sehe ich hinter dem Auto ein paar Jungs auf der Leiter hängen. Als ich sie anschreie, laufen sie weg. Allerdings wackelt der Truck noch verdächtig, ich vermute weitere Jungs auf dem Dach. Weil man nie wissen kann, was einen erwartet, hole ich mir einen Stock und steige übers Fahrerhaus auf das Dach. Und tatsächlich sitzen noch drei Gesellen oben. Jetzt werde ich richtig sauer, die Jungs springen aus dreieinhalb Metern Höhe ab und laufen etwa zwanzig Meter weit davon. Ich fahre gerade langsam durch den Graben, da sehe ich schon wieder einen an der Leiter hängen. Jetzt reicht es aber. Höchste Zeit, ein paar ernste Worte mit den beiden auf den Trittbrettern zu reden. Ich pfeife sie an, dass ich sie persönlich dafür verantwortlich mache, wenn noch einmal einer die Leiter anfasst. Das hilft für die nächsten zwei Kilometer, bis zu »blou-blou« habe ich Ruhe.

Das Schlammloch ist wirklich ziemlich beeindruckend, schlimmer wird es noch dadurch, dass es in einer Rechtskurve liegt. Ich versuche, es von links aus anzufahren, bin aber einfach zu langsam und bleibe in der Kurve hängen. Meine beiden Helfer wirken mit einem Mal recht lustlos – ich denke, man hat ihnen erklärt, dass sie sich zurückhalten sollen. Kaum gedacht steht die ganze Bande schon wieder da mit der ganz konkreten Forderung von 75.000 CFA-Franc für ihre Hilfe. Zum Schein beginne ich zunächst alleine zu graben, dann beginnen die Verhandlungen. Am Ende zahle ich dreißig US-Dollar und einen Becher Whiskey. Dafür bekomme ich eine Lehrstunde, denn die Jungs sind nicht nur gut, sie sind sehr gut. Routiniert arbeiten sie zusammen und binnen dreißig Minuten stehe ich auf festem Grund – eine wirkliche Glanzleistung, der ich Respekt zolle. Mit meinen beiden Helfern fahren wir weiter.

Zehn Minuten später bemerke ich noch einen kleinen, etwa 12 Jahre alten Jungen, der sich unbemerkt dazugeschmuggelt hat. Weiß der Himmel, wie er das gemacht hat, aber ich will ihn jetzt auch nicht mehr zurückschicken und meine beiden Helfer grinsen nur. Auch das ist wieder eine richtige Fügung, denn nun kommen Bäume, Bäume und nochmals Bäume, sämtlich quer über die Piste verteilt. Der Kleine erweist sich als ein Künstler der Machete und als ebenso guter Kletterer. Er erklimmt ruck zuck die Bäume und hackt uns frei, das spart uns viel Arbeit. Immer wieder müssen wir ganze Bambuswälder abholzen, um weiter zu kommen. Mittlerweile steige ich gar nicht mehr aus, so erledigt bin ich.

Endlich, gegen sechs Uhr abends, erreichen wir Dolisie und ich finde schnell die katholische Mission. Dort sollen sie Stellplätze haben, aber sie verstehen nicht, was ich will. Ich bin zu müde für weitere Argumente und nehme für 6.000 CFA-Franc ein Zimmer. Jetzt ist erst einmal gründliches Waschen angesagt. Meinen beiden Helfern und dem Jungen drücke ich einen guten Lohn in die Hand, trotzdem betteln sie den ganzen nächsten Tag noch um einen Nachschlag, aber meine CFA-Franc sind aufgebraucht. In Pointe-Noire kam nichts aus dem Automaten, also versuche ich hier, Geld zu wechseln. In keiner der drei Banken gelingt es. Ein Bankangestellter erbarmt sich und gibt mir eine Adresse, wo ich tauschen kann. Mit dem Zettel in der Hand finde ich den Portugiesen, der zu einem sehr vorteilhaften Kurs meine Euro umtauscht.

Zerfallene Brücke

Pistenarbeit

Improvisieren ist angesagt

Wie schon so oft, denke ich auch jetzt, dass das Gröbste der Strecke nun geschafft sei. Tatsächlich ist die Strecke bis Madingou recht passabel, dort statte ich erneut einer katholischen Mission meinen Besuch ab und werde sehr freundlich aufgenommen. Der Pfarrer ist sehr entgegenkommend und stellt mir seine Kinder vor. (Dürfen Pfarrer da Kinder haben oder hab ich es falsch verstanden?) Ich muss dazu herhalten, ihr Englisch aufzubessern. Na, da sind sie genau beim Richtigen gelandet. Es wird ein sehr netter Abend, an dem viel gelacht wird.

Es ist gerade Messe, als ich in der Früh mit Vega vom Spazierengehen zurückkomme. Aus den offenen Fenstern der Kirche strömt ein wunderbarer Gesang, der mich magisch anzieht und meinen Rücken mit Gänsehaut überzieht. So betrete ich das erste Mal in meinem Leben freiwillig eine Kirche, der Pfarrer bemerkt mich sofort und hebt beide Hände. Alle singen, drehen sich dabei zu mir um und winken, ich solle dazukommen. Ein wenig peinlich berührt, so ungewollt im Zentrum des Interesses zu stehen, trete ich vor, während etwa dreißig Frauen mit ihren mächtigen, klangvollen Stimmen das Lied zu Ende singen. Welch unvergleichliches Erlebnis!
Beim Abschied gibt mir der Pfarrer noch ein Schreiben an den Bischof in Brazzaville mit. Damit sollte es möglich sein, an der Sacré-Coeur-Kathedrale einen Stellplatz für den Truck zu bekommen, meint er.

Mein Plan, heute noch Brazzaville zu erreichen, scheitert kläglich. Zweimal versucht man, mich zu stoppen, aber der gute Zustand der Straße kommt mir zu Hilfe. Ohne automatische Waffen, Schranke und Uniform haben die echten oder falschen Kontrolleure keine Chance – ich fahre einfach durch. Wenige Kilometer nach dem zweiten Stoppversuch höre ich allerdings ein grässliches »Pfffff«. Mist, mir bleibt aber auch nichts erspart, jetzt habe ich mir hinten rechts einen Plattfuß eingefangen. Der Reifen ist mit ziemlicher Sicherheit Totalschaden, hat einen tiefen Schnitt in der Wange abgekriegt. Ich spanne zwei Jungen ein, die in der Nähe herumstehen, und wechsle in einer Rekordzeit von einer halben Stunde und mit einem ständigen Sicherheitsblick über die Schulter den Reifen. Ab jetzt darf nichts mehr schiefgehen mit den Reifen. Ich habe zwar einen zweiten dabei, aber der ist nicht auf Felge gespannt und einen solchen Wechsel kann ich mit meinem Werkzeug nicht durchführen.

Zu allem Überfluss wird die Piste nun wieder unbeschreiblich schlecht mit steilen Rinnen. Es geht dauernd auf und ab und immer wieder muss ich in riskanten Manövern tiefe Auswaschungen durchqueren. Die anhaltende Schräglage des Trucks macht die Fahrerei mehr als unangenehm. Jetzt noch ein paar Regentropfen und ich könnte keinen Meter mehr weiterfahren, denn bereits bei trockenem Untergrund fordert die Piste alles. Immer wieder kommen aber auch Schlammpassagen, oft stehen Leute herum, die mir die beste Spur zeigen wollen – manchmal spiele ich mit, manchmal nicht.

An einer baggerseegroßen Schlammpassage muss ich aussteigen, um mir einen unmittelbaren Eindruck zu verschaffen. Etwa eine Stunde wandere ich um das Loch herum, bewaffnet mit Ästen, um eine mögliche Strecke zu markieren. Die einzelnen festen Pfade muss ich auf die notwendigen zweieinhalb Meter Breite prüfen, der Tümpel ist echt riesig!
Bald darauf komme ich zu einem weiteren Schlammloch, da steckt gerade ein Lkw fest. Ich muss messen, ob ich vorbeikomme. Es geht gerade eben so, aber da ich langsam fahren muss, bleibe ich im Schlamm hängen.
Die zahlreichen Helfer am Straßenrand verlangen ohne weitere Umschweife 100.000 CFA-Franc, ich fordere erst einmal ihre Arbeit ein. Und wenig professionell, aber wirksam, graben sie den Truck Stück für Stück in den nächsten zwei Stunden aus dem Loch. Bei den Zahlungsverhandlungen zeige ich ihnen mein Portemonnaie. Wie immer habe ich in der Hosentasche einen Beutel mit wenig Geld darin, diesmal sind es 12.000 CFA-Franc. Am Ende geben sie sich zufrieden.

Ich fahre bis weit in die Nacht hinein. Der Himmel ist stark bewölkt, ich befürchte Regen. Irgendwann halte ich direkt an der Straße und lege mich für ein paar Stunden aufs Ohr. Gegen Mittag erreiche ich endlich Brazzaville, atme erleichtert durch, nicht wissend, dass mir das Schlimmste noch bevorsteht. Um es vorwegzunehmen, Brazzaville ist keine Stadt für Reisende, schon gar nicht für weiße Traveller. Und so begegne ich auch keinem. Planlos durchquere ich die City und suche nach der Kathedrale Sacré-Coeur. Schließlich frage ich einen Polizisten am Straßenrand, der mir einen jungen Mann, der gerade vorbeikommt, auf den Beifahrersitz setzt. Der soll mir den Weg zeigen. Afrika!
Zusammen finden wir die Kirche recht schnell. Neben dem Gebäude stehen mehrere kleine, im Karree errichtete Bauten, in deren Innenhof ich einen Blick werfe. Ja, hier gibt es tatsächlich Möglichkeiten zum Abstellen des Trucks,

also suchen wir den Bischof auf. Ich zeige ihm das Schreiben aus Madingou und er erteilt mir die Erlaubnis für den Stellplatz. Ich stelle den Truck also nahe der Pension unter einen Baum und fühle mich erst einmal sicher. Mein Guide sagt mit, dass er einen Freund habe, der ganz passabel englisch spräche. Remus, der Freund, spricht um einiges besser englisch als ich, aber der Kerl ist mir nicht gerade sympathisch. Mangels Alternativen muss ich diesen Eindruck allerdings fortwischen. In groben Zügen erkläre ich Remus meine weiteren Pläne: erst nach Reifen schauen, dann die Botschaft von Angola finden, danach zum Hafen wegen der Überfahrt nach Kinshasa. »Oh«, wirft er ein, »Kinshasa geht nicht, der Truck ist für die Verschiffung zu groß.« »Wir werden sehen«, antworte ich kurz angebunden.

Beim Reifenshop lasse ich erst einmal den guten Ersatzreifen auf die Felge aufziehen und frage wegen des kaputten. In Europa würde ihn sicher jeder als Schrott einordnen, aber wir sind eben nicht in Europa. »No problem, Mister.« Der Mann vom Reifenshop erklärt Remus, wo wir den Reifen zur Reparatur hinbringen sollen. Also halten wir ein Taxi an und der Reifen, der selbst ohne Felge noch etwa achtzig Kilogramm wiegt und einen Durchmesser von 1,25 Metern hat, landet auf dem Autodach, wo er von unten durch die Fenster festgebunden wird. Diese platzsparende Variante erlaubt dem Fahrer, weitere Fahrgäste aufzusammeln. Den Reifen werde ich später im Reifenshop abholen.

Wir fahren weiter zur angolanischen Botschaft und nun frage ich Remus das erste Mal, warum er das alles für mich mache, wo er mich doch gar nicht kenne. »Oh, du bist mein Freund und gibst mir bestimmt Geld dafür«, lässt er mich wissen. »Schon Remus, aber das musst du dir auch verdienen. Ich brauche ein Visum, also lass dir etwas einfallen.« »No problem, Mister«, antwortet er – ich kann es nicht mehr hören ...

In der Botschaft werden wir, o Wunder, gleich eingelassen und ich lasse zunächst Remus reden. Da er aber immer nur »Jaja« sagt, ergreife ich das Wort und erfahre, dass der Botschafter nicht da sei und es somit keine Visa gäbe. Man wisse auch nicht genau, wann er wiederkäme, denn er sei in Angola und das könne dauern. Ich soll morgen noch mal kommen. Na gut, dieses Argument scheint neu.

Auf zum Hafen! Den Lkw muss ich vor dem Gelände stehen lassen und wir laufen zu der Ablegestelle. Plötzlich zittert der Boden unter uns, danach gibt es einen enormen Knall. Ich schaue nach Kinshasa hinüber, das in Sichtweite liegt, von uns nur durch den Kongo Fluss getrennt. Dort fliegen Raketen und ich höre weitere heftige Einschläge, kapiere aber noch nichts.
»Was ist denn da los, Remus?«, frage ich ganz unwissend und er erwidert knapp und ohne den Blick von der Silhouette der Stadt abzuwenden: »War.« Ich verstehe immer noch nicht. Remus schreit nochmals laut »war«, ohne dass es bei mir klickt. Schließlich bückt er sich und schreibt in großen Lettern in den Staub das Wort für Krieg: WAR!

Teilauszug aus einem deutschen Zeitungsbericht:
»Die beiden mächtigsten Politiker der Demokratischen Republik Kongo, Präsident Joseph Kabila und Exvizepräsident Jean-Pierre Bemba, haben mitten in der Hauptstadt Kinshasa die Entscheidungsschlacht gesucht. Die schwersten Kämpfe seit den Wahlen 2006 forderten zahlreiche Opfer und hinterließen eine Spur der Verwüstung.«
Hinterher habe ich mich gewundert, wie ruhig ich innerlich geworden bin, als mir die Bedeutung des Geschehens endlich klar wurde. Vielleicht war es nach all den Strapazen der vergangenen Wochen einfach ein Ereignis zu viel für meinen Verstand.

Der Lärm hat sich inzwischen zu einem Toben gesteigert, man hört in unablässiger Folge Granatfeuer und Maschinengewehrsalven. Remus hat es eilig, diesen Ort zu verlassen. Er erzählt, dass immer wieder Irrläufer auf dieser Seite des Flusses einschlagen. Beim Lkw angekommen, muss ich eine wegen des Krachs völlig ausgeflippte Vega beruhigen, was eine gute halbe Stunde in Anspruch nimmt. Kein Wunder, bei den schweren Einschlägen zittert der ganze Lkw. Muss denn gerade jetzt drüben in der D. R. Kongo der Krieg ausbrechen?

Ich fahre zum Camp zurück und bitte Remus, morgen wiederzukommen, weil ich erst einmal in Ruhe überlegen will, was nun weiter zu tun ist. Als die Dunkelheit hereinbricht, schlägt eine Granate keine fünfhundert Meter Luftlinie entfernt von mir auf.
Vega springt vor Schreck zu mir ins Bett. Okay, da es sie zu beruhigen scheint, darf sie heute Nacht ausnahmsweise hier bleiben.
Der Lärm der militanten Auseinandersetzung dauert die ganze Nacht an und nimmt in den Morgenstunden noch an Lautstärke zu. Ich muss zugeben, dass ich mich in einer ziemlich prekären Lage befinde. Die Landkarte zeigt als einzige Fluchtmöglichkeit nur eine Straße Richtung Norden an. Gestern Abend noch habe ich beschlossen, einen Rückzugsplan zu entwerfen, dazu brauche ich allerdings weitere Informationen.

Mein erster Weg heute führt mich daher zur Botschaft von Angola, ich trommele mir die Finger wund und beginne ein Hupkonzert, aber es öffnet sich keine Tür.
Von der Verkehrspolizei erfahre ich, dass das Ministère de la Culture, des Arts et du Tourisme für meine Anfragen zuständig sei. Nach einigem Suchen lande ich beim Directeur du Tourisme, Herrn A. Yembe-Kibamba. Er hört sich geduldig meine Geschichte an. Zusammen werfen wir dann einen Blick auf die Landkarte und stellen fest, dass der einzige Weg aus Brazzaville hinaus direkt nach Norden führt. Das hatte ich ja bereits angenommen. Allerdings weist mein Gesprächspartner darauf hin, dass die Straße nach etwa achtzig Kilometern seit zwei Monaten komplett blockiert sei. Er empfiehlt mir, dorthin zurückzufahren, wo ich hergekommen sei. Scherzbold!

Okay, er sieht ein, dass das auch keine Lösung sein kann, und rät mir, den Truck hier stehen zu lassen und nach Hause zu fliegen und – wenn sich die Lage normalisiert habe – zurückzukehren. Da sind ja tolle Aussichten! Zudem könne ich mein Visum für Angola für die nächste Zeit abhaken, da der Botschafter sicher nicht zum jetzigen Zeitpunkt wiederkäme. Leider kann er mir auch keinen Stellplatz empfehlen, wo ich weiter entfernt von Kriegslärm und Irrläufern bin. Er meint, dass der noch sicherste Ort bei der Kirche sei.

Zurück im Camp telefoniere ich über Satellitentelefon mit der deutschen Botschaft in Kinshasa, ich möchte mich über die Lage informieren und ein paar Fragen loswerden. Eine freundliche und gesprächsbereite Dame bittet mich, um Himmels willen nicht nach Kinshasa zu kommen, die Situation sei derzeit völlig unübersichtlich. Dann fügt sie an, dass mir die Botschaft bei meinem Vorhaben nicht behilflich sein könne und wie ich denn überhaupt nach Kinshasa gelangen wolle? Ich bleibe ihr die Antwort schuldig und erkundige mich nur noch bei ihr nach einem sicheren Ort für eine Übernachtung in Kinshasa. Auch da kann sie mir nicht weiterhelfen, das Hilton zumindest sei total ausgebucht! Über die Möglichkeiten, ein Visum für Angola zu bekommen, kann mir die Dame ebenso keine Auskunft geben.

Mittlerweile muss sich herumgesprochen haben, dass ein weißer Abenteurer (oder Idiot) hier in Brazzaville an der Kirche steht, anders kann ich mir die Prozession vorbeischlendernder Leute nicht erklären. Es vergeht keine Minute, in der nicht mindestens zwei Leute vor dem Lkw stehen bleiben und einfach glotzen. Erst den Truck bestaunen, dann Vega und mich, es bilden sich zwischenzeitlich richtige Warteschlangen. Jeder will einmal in die Kabine gucken, was mir nicht so recht gefällt. Aber es ist so heiß, dass ich die Tür nicht schließen will. Vega liegt draußen vor dem Truck und ich möchte sie lieber im Blick behalten, bevor sie von jemandem geärgert wird.

Reichlich desillusioniert studiere ich noch einmal die Landkarte, suche erneut intensiv nach einer Möglichkeit für einen kontrollierten Rückzug. Dabei stelle ich fest, dass ich, erst einmal in Kinshasa angekommen, überhaupt keine Chance mehr dazu haben werde. Richtung Norden verläuft nur der Fluss Kongo 4.374 Kilometer lang und im Osten des Landes lauert Laurent Nkunda mit seinen Rebellen, die verschiedenen Stämme schlachten sich in blutigen Fehden immer noch gegenseitig ab.
Der Weg nach Sambia ist durchzogen von unzähligen Flüssen, und ob es da Brücken oder Fähren gibt, die mich mit dem Truck übersetzen können, ist fraglich. Ob die Straßen dort befahrbar sind, weiß ich auch nicht – es sind zu viele unbekannte Variablen.

In diesem Augenblick fehlt mir ein Begleiter, mit dem ich die Schwierigkeiten besprechen und gemeinsam nach Lösungen suchen kann. Ich bin alleine und das drückt gewaltig auf die Stimmung. Ich merke, dass ich in einem

Zustand bin, in dem mich die Probleme zu überrollen drohen. Ohne Vega sähe es nicht viel anders aus, allerdings könnte ich ohne sie einfach nach Abuja in Nigeria fliegen und dort abwarten, bis sich die Lage wieder beruhigt hat. Ohne sie wäre ich aber höchstwahrscheinlich auch nicht bis nach Brazzaville gefahren, hätte die Probleme mit dem Visum anders gelöst. All diese Erkenntnisse helfen meiner schwer angeschlagenen Psyche wenig. Kurz überlege ich, zu Hause in Deutschland anzurufen, um meine Laune ein wenig zu heben, verwerfe diese Idee aber gleich wieder. Man würde sich nur unnötig Sorgen machen. Ich bin verzweifelt, richtig verzweifelt.

Ein weiterer Granateneinschlag in unmittelbarer Nähe lässt die Erde erzittern, Vega springt wie angestochen wieder in die Kabine und legt sich eng an mich. »Ich weiß, mein lieber Hund, zurzeit haben wir wenig Spaß«, flüstere ich ihr ins Ohr. Ich schließe die Tür, drehe den Schlüssel herum und lege mich neben Vega auf den Boden. Ein Bier in der Hand, lege ich Musik auf und versuche zu entspannen. »Jetzt bloß nicht in Selbstmitleid verfallen, du bist doch ein harter Hund und hast schon so einiges hinbekommen«, versuche ich mir gut zuzureden. Ich beschließe, je nach Kriegslage bei dem Plan zu bleiben nach Kinshasa überzusetzen, die Alternativen sind beschränkt.

Da ich den reparierten Reifen holen muss, fahre ich auch gleich in den Hafen. Leider finde ich niemanden, der englisch spricht, zudem ist der Fährverkehr eingestellt. Hier kann ich also nichts ausrichten.
In der Werkstatt bin ich angenehm von dem passablen Ergebnis überrascht. Da könnte sich so manche europäische Werkstatt noch etwas abschauen, was die Wiederaufbereitung betrifft. Allerdings brauche ich eine Stunde, um die in meinen Augen deutlich überhöhte Forderung von 50.000 auf 25.000 CFA-Franc herunterzuhandeln, und eine weitere Stunde, um den Reifen auf das Fahrerhaus zu wuchten.
In der Kneipe auf dem Camp finde ich schließlich jemanden, der die Fähre für mich checken kann. Ich schicke ihn gleich los zum Hafen. Der Mann kehrt mit der Auskunft zurück, dass ich mitfahren könne, sobald die Fähre wieder ablege. Allerdings habe ich für die Passage 150.000 CFA-Franc zu berappen. Na, wir werden sehen. Da der Kerl etwas Englisch kann, gehe ich mit ihm in die Kneipe und bitte ihn, im Fernsehen zu verfolgen, ob es Neuigkeiten »von drüben« gäbe. Erst später, gegen zehn Uhr abends, kommt er mit der Information zu mir, dass Jean-Pierre Bemba, Verlierer der aktuellen Präsidentschaftswahl und Auslöser der blutigen Auseinandersetzungen, morgen Abend ein Statement abgeben wolle. Ich verabrede mich mit dem Mann für morgen und gehe schlafen.

Um vier Uhr morgens flackern die Kämpfe wieder auf, sodass ich schon eine Stunde später mit Vega Gassi gehe. In der Früh gehe ich einkaufen. Ich habe gemerkt, dass ich mit all dem Stress um mich herum und in mir drin zu wenig esse und ich will doch fit bleiben. Schließlich schreibe ich eine angolanische

Einladung an mich selbst, einen täuschend echten Stempel zimmere ich mir selbst. Ein wichtiges Utensil, ein Stempel zum Selbermachen.

Leider treffe ich am Abend in der Kneipe meinen Freund von gestern nicht wieder und kann mir so zwar das Interview mit Bemba anhören, verstehe aber nichts. Einige Männer um mich herum erklären mir aber, dass ab morgen Waffenstillstand sein soll. Na gut, hoffen wir das Beste. Nachts merke ich mit einiger Erleichterung, dass zwar noch Schüsse fallen, aber zumindest das Granatfeuer aufgehört hat.

Da ich gestern beim Einkaufen zweimal in leicht angespannte Situationen gekommen bin, lasse ich heute den Truck stehen und fahre mit dem Taxi zum Hafen. Hier erhalte ich die Auskunft, dass morgen eine Fähre gehen solle. Denn ein Radiosender hat verkündet:
»... obwohl tote Soldaten auf den Straßen Kinshasas liegen, ist die Sonne über der Hauptstadt aufgegangen ...« Und so bereite ich mich auf die Überfahrt vor.
Ich laufe inzwischen recht lumpig durch die Gegend und möchte so nicht bei der deutschen Botschaft aufkreuzen. Also ist umfangreiche Körperpflege angesagt. Denn meine Entscheidung, nach Kinshasa überzusetzen, ist ultimativ gefallen, egal welche Einwände mir heute am Telefon entgegengebracht werden.
Der Tag ist ruhig, abgesehen vom Lärm einiger weniger Maschinengewehrsalven, der aus Kinshasa herüberdringt.

Am frühen Nachmittag rufe ich noch einmal in der Botschaft an, wieder ist die gleiche Dame am Apparat. Vielleicht hat sie meine Entschlusskraft überzeugt, zumindest erklärt sie sich zu einem Gespräch bereit, wenn ich in Kinshasa angekommen bin.
Dann bitte ich Remus telefonisch darum, morgen um acht Uhr da zu sein, um mir bei den Formalitäten im Hafen behilflich zu sein.
Um neun Uhr ist er immer noch nicht aufgetaucht und so fahre ich allein los.

Es geht schon an der Einfahrt los, wo sie mir 20.000 CFA-Franc abknöpfen wollen, damit ich überhaupt in das Gelände einfahren darf. Also lasse ich den Truck am Tor stehen und gehe zu Fuß. Ich muss schnellstmöglich jemanden finden, der englisch spricht, was sich aber sehr schwierig gestaltet. Weder bei der Polizei noch beim Zoll oder in den sonstigen Büros hier kann oder will man mir helfen. Am Schluss stehe ich im Hafen und weiß nicht weiter, ich fühle mich zum Heulen.
Nach einer kurzen Pause nehme ich noch einmal all meine Durchsetzungskraft zusammen, gehe zur Polizei und frage, wo der Chef ist. Die Jungs deuten auf eine Bürotür im Hintergrund. Ein dicker, mir gleich auf den ersten Blick unsympathischer Mann sitzt da behäbig hinter seinem Schreibtisch. Ich nehme den Stuhl davor in Beschlag und erkläre ihm mit wenigen Worten auf Franzö-

sisch, was ich brauche. Er schreit etwas und ein junger Mann kommt herein. »Der hilft dir«, sagt der Dicke. »Na also, geht doch«, denke ich.
Am Truck angekommen, empfiehlt er mir, die geforderte Summe für die Einfahrt zu zahlen, da könne er auch nichts machen. Zähneknirschend gebe ich nach und passiere das Tor.
Danach führt uns unser Weg zum Zoll. Das Carnet macht mir Sorgen, da ich ja schon einmal ausgereist war, aber ich habe Glück. Danach regeln wir die Ausreise. Es folgt wieder mal eine Prozedur, die undurchschaubar ist, selbst mit perfektem Französisch hätte man kaum eine Chance zu ergründen, welche Stempel und Zettel zur Ausreise nötig sind. Ein Büro nach dem anderen muss dafür aufgesucht werden. Dann müssen wir ein paar Kopien einreichen und zum Schluss der Stadtverwaltung hier im Hafen einen Besuch abstatten. »Gib mir mal 10.000 CFA-Franc«, fordert mein Begleiter und ich gebe ihm den Schein, der sofort in seiner Brusttasche verschwindet. Als bei der Stadtverwaltung niemand da ist, fingere ich den Schein wieder aus seinem Hemd heraus, was er natürlich moniert. »Wenn wir fertig sind, bekommst du ihn wieder. Erst muss ich den Kapitän der Fähre finden«, antworte ich.
Er geht mit mir zu einem Mann mit roter Baseballmütze – diese wird mir wegen ihrer Auffälligkeit im weiteren Verlauf der Ereignisse noch wichtige Dienste leisten. Auf meine Frage, ob ich auf die Fähre könne, erhalte ich die Standardantwort: »No problem.« Ich solle nachher einfach vorbeikommen. Der Polizist betrachtet seinen Job als erledigt und verlangt sein Geld. Ich sage ihm, dass er es bekäme, wenn ich auf der Fähre sei. Nein, das sei nicht möglich, denn er müsse nun zurück ins Büro, antwortet er. Dann soll er mir jemand anders zeigen. Ich verlange von ihm, dass er mir vorher noch einen anderen Helfer an die Hand gibt, was er auch tut. Dann gebe ich ihm die 10.000 CFA-Franc.
Mein neuer Begleiter weist mir eine Stelle zu, wo ich parken soll, und nun erst registriere ich eine elend lange Warteschlange. Und ich traue meinen Augen kaum, als ich ausschließlich behinderte Menschen entdecke, allesamt schwer bepackt. Die meisten sitzen im Rollstuhl, ich sehe aber auch Einarmige, Einbeinige mit Krücken, Blinde. Was ist denn hier los?
Mein Helfer erklärt mir, dass die Fähre für Behinderte kostenlos sei und sie sich so ihren Lebensunterhalt mit Transportdiensten verdienen. Als ich an der Schlange vorbeifahre, entfaltet sich eine ungeheure Geräuschkulisse. Alle schreien und schlagen mit Armen, Stöcken, Krücken gegen den Truck, sie sind offenbar ziemlich sauer. Warum kann ich erst mal nicht ergründen.

Ich bemühe mich, ungerührt zu bleiben und steige aus, um den Mann von der Fähre zu suchen. Ja, da entdecke ich die rote Mütze mitten im Getümmel! Ich boxe mich durch und erwische ihn am Ärmel, ich spüre die körperliche Bedrohung durch die Umstehenden. Einer hält mir das Ende seiner Krücke unter die Nase, was er sagt, verstehe ich nicht. Mein Helfer bemüht sich, mir die Leute vom Hals zu halten. Ich rede auf den Mann ein, dass ich unbedingt auf die erste Fähre müsse. Um dem Nachdruck zu verleihen, nehme ich seine Rechte und streiche mit den Fingern an seiner Innenhand entlang, er lacht und versteht.

Mein Begleiter erklärt mir, dass die Fähre nicht vor ein Uhr mittags ablege, wir also noch Zeit hätten. Ich frage, wo ich ein Ticket kaufen kann. Tickets gäbe es nicht, entgegnet er, ich solle einfach warten. Ich halte ihm 20.000 CFA-Franc vor die Nase.
»Die sind für dich, aber nur, wenn ich auf die erste Fähre komme.«

Er verschwindet im Getümmel und ich verziehe mich in den Truck. Es kommt Bewegung in die Masse und ich werde nervös, steige aus und suche den Helfer und den Mann mit der roten Mütze. Mein Begleiter taucht wieder auf und sagt, dass ich Rotmütze 60.000 CFA-Franc für die Fähre geben solle. Ich zähle in der Tasche mit den Fingern das Geld ab, hätte mit weit mehr gerechnet. Nach meinen Informationen soll die Überfahrt 150.000 CFA-Franc kosten, aber gut. Als ich bei dem Mann ankomme, teilt er mir mit, dass ich die nächste Fähre nehmen müsse. Ich zeige ihm verdeckt das Geld und antworte: »Diese oder keine.« Er nickt und streckt die Hand aus, das Geld wechselt seinen Besitzer. Ich hoffe nur, dass er hier auch wirklich etwas zu sagen hat ...

Ich muss unter allen Umständen diese Fähre nehmen, weil ich sonst mitten in der Nacht in Kinshasa ankomme und das könnte sehr kritisch werden. Mein Begleiter verlangt sein Geld, aber ich mache ihm klar, dass er das erst bekäme, wenn ich auf der Fähre sei.

Inzwischen verhalte ich mich glücklicherweise bei solchen Verhandlungen routiniert, hart zu bleiben will gelernt sein.
Ich starte, komme aber wegen der Menschenmassen kaum vorwärts, nutze jeden Millimeter Raum, um Stück für Stück Richtung Eingangstor zur Fähre zu kommen. Mein Helfer versucht, mir Platz zu machen, und fängt sich einige Hiebe ein. Als ich das Eingangstor erreiche, trifft mich fast der Schlag. Eine dicht gedrängte Menschentraube bewegt sich auf die Fähre zu, die bereits angelegt hat und gerade entladen wird. Gleichzeitig scheint sie auch bereits wieder beladen zu werden!

Nun versteh ich auch das aggressive Verhalten gegen mich. So eng gedrängt, wie die Leute auf der Fähre stehen, nehme ich wohl fünfzig Leuten den Platz weg. Durch das einseitig geöffnete Tor komme ich nicht durch, es ist zu schmal, also mache ich meinem Helfer Zeichen, das zweite Tor zu öffnen – da ist er plötzlich verschwunden.
Als ich ihn wieder sehe, hat er drei Aufseher dabei, die sofort anfangen, mit gefüllten Gummischläuchen und erschreckender Härte auf die Leute einzuprügeln, damit sie Platz machen, um das zweite Tor öffnen zu können. Ich fahre ein Stück hinein, muss aber gleich wieder stoppen. Ein Mann rechts von mir schreit mich an: »Du kommst nicht auf die Fähre!«

Ich verstecke mich hinter Sonnenbrille und Pokerface, ignoriere den Schreihals und lasse den Truck immer dann, wenn es möglich ist, ein Stück weiter nach vorne rollen. Ich versuche, die rote Mütze zu entdecken, die ich ziemlich weit vorne ausmachen kann. Wieder schreit mich der Typ von rechts an, ich brülle zurück: »Ich habe mit dem Chef gesprochen!« Er schreit: »Ich bin der Chef!«
Da tut sich gerade eine Lücke auf, es werden vier Meter lange Eisenstangen von Bord getragen und die Leute müssen rechts an mir vorbei. Ich gewinne auf einen Schlag fast fünf Meter und sehe den Typ rechts von mir nicht mehr. Umso besser – aus den Augen, aus dem Sinn.

Da klopft plötzlich jemand an die Tür: »Polizei. Pass und Carnet bitte!« Ich glaube es nicht und reagiere ärgerlich: »Hey, du hast keine Uniform an, was willst du also?«
Ich suche nach meinem Begleiter und Rotmütze, der sieht mich und winkt. Allerdings habe ich nicht mit dem Polizisten gerechnet, er springt vor den Lkw und hebt die Hände. Mist elender!
Ich kurbele das Fenster herunter, der Polizist gibt sich immer noch freundlich und wiederhol: »Deinen Pass bitte!«
Ich zeige ihm den Pass, er blättert und gibt ihn mir zurück: »Das Carnet bitte!« Er nimmt es und verschwindet. Ich brülle ihm hinterher, aber er reagiert nicht, ich fasse es nicht!

Mittlerweile ist vor mir wieder alles verstopft, die Fähre füllt sich. Ich schaue in die Richtung, in die der Kerl verschwunden ist. Wie aus dem Nichts taucht er plötzlich wieder vor mir auf, reicht mir das Carnet herein und lächelt: »Alles okay.« Mir fällt ein Stein vom Herzen.

Vor mir ist weiter alles verstopft, da taucht erneut mein Begleiter mit einem Aufseher im Schlepptau auf, der prügelt mir wieder den Weg frei. Ohne Gnade wird eine Gasse geschlagen. Wir sind hier nicht in Europa, in vielen Ländern Afrikas steht auf Demokratie Gefängnis, Menschenrechte sind ein Fremdwort. Ich holpere über Mehlsäcke, Steine, Eisenstangen, einfach über alles, was mir im Weg liegt und gelange so auf die Fähre. Ich habe es geschafft und bin völlig erledigt. Mein Helfer schaut zum Fenster rein und lächelt, ich gebe ihm das Geld und er verschwindet.

Eingekeilt zwischen den Menschen geht es über den Fluss hinüber ins Ungewisse. Aber mir bleibt nicht viel Zeit zum Grübeln, denn bevor wir in Kinshasa anlegen, wird das Schiff von zig kleinen Booten aus geentert. Unzählige Jungs springen behände auf die Fähre und klauen alles, was nicht angebunden ist. Ein unbeschreiblicher Tumult bricht los, die Aufseher prügeln sofort wild drauf los.

Als wir anlegen, muss ich warten, denn erst dürfen alle Passagiere von Bord. »Willkommen in der Demokratischen Republik Kongo« steht auf einem großen Plakat geschrieben. Ich bin skeptisch. Ein Polizist verlangt Pass und Carnet von mir, aber ich weigere mich. Wenn der Polizist mit meinen Unterlagen verschwindet, habe ich verloren. Da wird der Mann böse und ich gebe ihm zumindest den Pass – wie befürchtet, läuft er damit davon. Ich muss immer noch warten, denn die Fähre ist noch nicht leer. Als ich endlich an der Reihe bin, fahre ich den Steg hoch, passiere ein Tor und finde mich in einem abgegrenzten Bereich wieder. Ich steige aus.

Zunächst streiten sich zwei Beamte, wer mich abfertigen darf. Ich nehme an, die hitzige Diskussion dreht sich tatsächlich um die Gefälligkeit in Form von Barem, die sie mir am Ende abknöpfen wollen. Schließlich fragt mich der eine, was ich zu verzollen habe. Ich antworte: »Nichts.« Was alles im Auto drin sei, hakt er nach.
Ich zähle auf: Dusche, Toilette, Schlafraum, Küche. Er fragt noch einmal, ob das alles sei. »Ja sicher«, entgegne ich fest. Dann will er das Carnet sehen, ich aber verlange erst meinen Pass zurück. Er greift in die Hosentasche und zaubert meinen Pass hervor, bereits mit Einreisestempel versehen. Damit habe ich nicht gerechnet! Ich händige ihm das Carnet aus, er entschwindet.
Sofort kommen drei Kerle auf mich zu, fragen, ob ich Geld wechseln will. Da ich noch reichlich CFA-Franc übrig habe, ist mir sehr daran gelegen, in Kongo-Franc zu tauschen. Erst einmal muss ich aber verhandeln, da ich keine Ahnung vom Kurs habe und man an den Grenzen meist über den Tisch gezogen wird. Also setze ich ein wissendes Gesicht auf, schlage die ersten Angebote entsetzt ab und drehe mich ablehnend weg. Das Spielchen geht eine Weile hin und her, am Ende tausche ich die gesamten CFA-Franc, lasse den Großteil gleich im Truck verschwinden und stecke ein wenig Bares in den Geldbeutel.

Jetzt kommt der Beamte zurück und möchte wissen, warum ich keine Stempel für Marokko und Mauretanien im Carnet habe. Ich kann es kaum glauben: Der Typ kennt mein Carnet besser als ich, was soll das? Ich erkläre es ihm. Er fragt tatsächlich, warum einige afrikanische Länder zweimal im Carnet stehen, nun muss ich ihm anhand der Landkarte erklären, dass Gambia beispielsweise vom Senegal umschlossen wird. Was bedeutet, dass man einmal in den Senegal einreisen und dann auch wieder aus dem Senegal ausreisen muss, wenn man einen Aufenthalt in Gambia plant. Das genügt ihm an Ausführungen.
Ich verstaue die Dokumente an ihrem sicheren Platz im Lkw und denke gerade, dass ich es wohl geschafft habe. Weit gefehlt, denn nun stehen zwei weiß gekleidete Typen hinter mir. Sie stellen sich als Amtsärzte vor und wollen den Truck untersuchen und desinfizieren. Ich mokiere mich ziemlich über die beiden Gestalten, die sich daraufhin an den Polizisten wenden. Ich sperre die Ohren auf und bekomme mit, dass der Beamte ihnen vorschlägt, drei-

ßig US-Dollar zu verlangen. Ich muss mir schnell etwas einfallen lassen, denn wenn sie Vega entdecken, könnte es schwierig werden. Es folgt ein auf beiden Seiten professionell geführter, verhandlungssicherer Schlagabtausch, aus dem die beiden Beamten mit umgerechnet fünf US Dollar in Landeswährung hervorgehen.

Die Botschaft von Angola finde ich nach einigem Nachfragen recht schnell, aber sie ist bereits geschlossen. Also begebe ich mich zur deutschen Botschaft, die Lage hier scheint relativ entspannt, aber eben nur relativ – jemanden, der nicht damit rechnet, würden die gepanzerten Wagen und Jeeps mit aufgebauten Maschinengewehren und die von Sandhaufen geschützten Stellungen dann doch einigermaßen erschrecken.
Im Hochsicherheitstrakt der Botschaft angekommen, hinterlasse ich meine Personalien und frage nach der Dame, mit der ich telefoniert hatte. Sie empfängt mich und verneint gleich meine erste und wichtigste Frage an sie, nämlich ob ich in der Botschaft übernachten könne. Nein, das gehe leider nicht, aber mit dem Lkw davor stehen bleiben dürfe ich. Ich kann nur vermuten, warum mein Gesuch abgelehnt wird. Vielleicht stelle ich ein unkalkulierbares Risiko dar als allein reisender Deutscher hier in Kinshasa, das sich die Botschaft nicht aufbürden will, die ja schließlich auch kein Hotel ist. Leider fehlen mir diplomatische Grundkenntnisse, ob diese Entscheidung rechtlich angreifbar ist oder nicht. Ich bin allerdings der Ansicht, dass in einer absoluten Gefahrensituation, wie sie hier vorliegt, eine Botschaft Unterschlupf gewähren müsse. Wäre die Entscheidung etwa anders ausgefallen, wenn ich mich schon seit einiger Zeit in Kinshasa aufgehalten hätte und nicht erst vor wenigen Stunden in voller Kenntnis der Situation eingereist wäre? Ich weiß es nicht ...
Zumindest ärgere ich mich noch heute über die damalige ablehnende Haltung, vor allem weil ich später einige Engländer getroffen habe, die zur gleichen Zeit in Kinshasa gewesen waren und mehrere Tage in der englischen Botschaft Schutz gefunden hatten – Vollpension inklusive.
Wenigstens werden die Sicherheitskräfte informiert, dass ich vor der Botschaft einen Platz gefunden habe. Gegen Abend besucht mich eine Mitarbeiterin der Botschaft samt ihren Mann und fragen, ob ich etwas benötige. Als sie von meinen Plänen erfahren, notfalls nach Matadi zu fahren, um das nötige Angola-Visum zu bekommen, sind sie wenig begeistert und möchten morgen noch einmal mit mir reden.

Ich sitze in der Tür, trinke ein Bier und lasse die Füße baumeln – die Leiter habe ich aus Sicherheitsgründen ausgehängt –, als ein alter Mann vorbeikommt. Aus einer Laune heraus frage ich ihn, ob er einen Schluck möchte, und strecke ihm die Bierdose hin. Während er das Bier schlürft, unterhalten wir uns so gut wie möglich, kurz darauf geht er weiter. Wenig später, ich habe gerade eine neue Dose in der Hand, ist der Alte wieder da mit einem Amulett in der Hand. »Weißer Mann«, sagt er heiser, »das wird dich beschützen.« Gibt mir das Amulett und zieht wieder von dannen. Seit diesem Tag bin ich stolzer Träger eines Amuletts – ein bisschen Aberglaube schadet bestimmt nicht.

Die Nacht war ruhig, aber sehr heiß. Bereits um neun Uhr morgens bin ich bei der angolanischen Botschaft. Als geöffnet wird, strömen die vielen Menschen, die ebenfalls vor dem Gebäude gewartet haben, in einen großen Raum mit vier fensterartigen Schaltern. Einmal mehr verwünsche ich mein nur sehr karges Französisch.
Ich warte über eine Stunde, aber nur der Kassenschalter ist geöffnet, immer wieder gehen Leute dorthin. Der Schalter mit der Aufschrift »Visum« ist unbesetzt. Ich beginne eine Unterhaltung mit meinem Nachbarn und versuche zu erklären, was ich will. Er deutet auf einen Mann, der eben den Raum betritt. An ihn wende ich mich mit der Bitte um ein Visum, worauf er dem Kassierer die Anweisung gibt, sich um mich zu kümmern. Die Auskunft, die ich dann erhalte, ist nicht neu: Der Botschafter sei diese Woche nicht da, daher würden keine Visa ausgestellt. Ich wende meine gesamte Überredungskunst auf, aber das lässt den Kerl kalt.
Nach der Devise »Weiterfragen heißt weiterkommen« erkundige ich mich nach dem Namen des Mannes, der mich eben zu ihm an die Kasse verwiesen hat. Er hieße Senhor Olivaira, erfahre ich. Am Ende dieses unerquicklichen Gesprächs versuche ich noch ihn zu bewegen, in der Botschaft von Matadi, der letzten Möglichkeit, ein Visum für Angola zu erhalten, anzurufen. Auch damit blitze ich ab. Der Mann gibt vor, keine Telefonnummer von dort zu kennen.
Zielstrebig durchquere ich die Botschaft und frage mich zum Büro von Senhor Olivaira durch. Vor der Tür angekommen, klopfe ich an und trete ohne abzuwarten ein. Der Mann ist ziemlich perplex und geht zusammen mit mir zum Kassierer zurück. Sie unterhalten sich kurz, ohne dass ich etwas verstehe, und Olivaira geht wieder zur hinteren Tür hinaus. Der Kassierer teilt mir mit, dass Senhor Olivaira jetzt in Matadi anrufe, er habe die Nummer, und dass ich am Donnerstag dort mein Visum abholen solle. Es sei alles, wie immer, »no problem.«
Ich bleibe hartnäckig und schlage erneut den Weg zum Büro ein. Diesmal werde ich gestoppt, Senhor Olivaira sei nicht zu sprechen. Ich lasse mir seine Telefonnummer geben und fahre wieder zurück in die deutsche Botschaft.

Dort werde ich empfangen. Über das angebliche Telefonat mit Matadi, von dem ich ihm erzähle, kann er allerdings nur lachen. Er führt mich zum Kanzler, der wichtigsten Person in der Botschaft, ohne den überhaupt nichts geht. Der Kanzler, so wird er von den Botschaftsangehörigen bezeichnet, steuert und lenkt den gesamten Arbeitsablauf der jeweiligen Botschaft.

auf der Fähre

Ankunft in Kinshasa

Als ich von meinen Plänen erzähle, bekomme ich einen weiteren Dämpfer. Der Kanzler erklärt mir, dass noch nicht einmal er einen Termin beim Botschafter in Matadi bekommen habe und selbst als er versuchte, den Botschafter anzurufen, sei das Gespräch nicht mal durchgestellt worden. Er könne mir nur eine sogenannte note verbale (ein Empfehlungsschreiben) mitgeben, in dem er darum bittet, mir ein Touristenvisum auszustellen. »Besser als nichts«, denke ich.

Man bringt mir dann noch ein certificat de protection, was bedeutet, dass ich samt meiner Habe unter dem Schutz der deutschen Botschaft stehe. »Es hilft nicht viel«, gibt sie zu bedenken, aber auch das ist mehr als nichts. Sie warnt mich nochmals ausdrücklich vor der Rebellenhochburg Matadi, in der die Stimmung jederzeit umschlagen könne. Ich merke, dass sie sich Sorgen macht. Eine Kopie des Empfehlungsschreibens, adressiert an Senhor Olivaira, bringe ich noch in die angolanische Botschaft und verlasse dann Kinshasa Richtung Matadi.

Am späten Nachmittag führt mich meine Route an einem Hotel vorbei, wo ich mich nach den Zimmerpreisen erkundige, dann jedoch erkläre, dass ich eigentlich nur einen Parkplatz bräuchte, aber gerne zum Essen käme. Der Platz ist mies, die Leute unfreundlich, aber ich schätze die Situation als einigermaßen sicher ein. Vega ist ziemlich unruhig, weil sie in den letzten Tagen wenig draußen war und so kaum Auslauf hatte. Ihr Verhalten wiederum nervt mich, sodass ich sie einmal kräftig im Genick packe und durchschüttele. Am nächsten Tag schäme ich mich dafür.

Bereits um sechs Uhr am folgenden Morgen sind wir schon wieder unterwegs. Etwa achtzig Kilometer vor Matadi soll es eine katholische Mission geben, die ich mir als möglichen Ort des Rückzugs ausgesucht habe – sollte etwas schiefgehen. Ich werde dort willkommen geheißen und finde einen sicheren Stellplatz.

Die ganze Nacht über hat es stark geregnet und die Straße ist glitschig. Es genügt, vom Gas zu gehen, um den Truck quer auf die Straße zu stellen. Daraufhin fahre ich noch langsamer. Wenig später wird meine hinlänglich bekannte Aversion gegen Kontrollen und das Erweisen von Gefälligkeiten in barer Münze erneut auf die Probe gestellt. Dieses Mal werde ich jedoch eines Besseren belehrt.

Vor Matadi steht ein Mann in Zivilkleidung am Straßenrand, fuchtelt wild Stoppzeichen in die Luft. Ich halte an. Der Mann tritt ans Seitenfenster heran und fordert mich auf, samt Pass und allen Unterlagen mitzukommen, sein Chef wolle mich sehen. So folge ich ihm zu einem Unterstand. Sein Chef und ich verstehen uns auf Anhieb, wir haben sofort eine Antenne zueinander. Er will weder Pass noch sonst ein Dokument sehen, sondern fragt mich nach meinem Problem. »Mein Problem?«, antworte ich. »Wie kommst du darauf?«

Na ja, lacht er, freiwillig käme doch wohl niemand hierher. Da erzähle ich ihm meine lange Geschichte mit dem Visum für Angola, was er mit einem »No problem, my friend« quittiert. Der angolanische Botschafter sei sein Freund. »Ich bringe dich zu ihm.«

Gesagt, getan. Ich folge dem Jeep, der voll besetzt ist mit reichlich finster dreinblickenden Männern. Hinten auf der Pritsche ist ein Maschinengewehr in Stellung gebracht.
An der Residenz, so heißen die Privathäuser der Botschafter, bleiben wir stehen. Der Chef steigt aus und bedeutet mir, dass ich warten solle. Schon fünf Minuten später kommt er zurück mit der Nachricht, dass ich morgen mein Visum abholen könne. »Finde dich bitte morgen früh um neun Uhr in der Botschaft ein wegen der Anträge und einem Interview. Mittags um zwölf Uhr kommt dann der Botschafter für die Unterschrift«, gibt er mir genaue Anweisungen. Ich bin völlig überrascht von so viel Hilfsbereitschaft und Professionalität, unzählige Gedanken und ungestellte Fragen schwirren mir durch den Kopf. Als ich mich erkundige, wo ich am besten übernachten könne, kommt wie selbstverständlich die Antwort: »Na, bei uns natürlich.«
So kann ich in der Nähe des Unterstandes stehen, gut bewacht und sicher. Allerdings nur so lange, wie es in der Stadt ruhig bleibt. Aber das fällt mir erst mitten in der Nacht ein.

Am nächsten Tag gibt mir der Chef einen Kerl mit, der mir den Weg zur Botschaft zeigen soll. Wenn ich das Visum habe, solle ich wieder zurückkommen. Keine Ahnung weshalb, aber erst einmal geht es mir um das Visum für Angola, das jetzt endlich nach so langer Zeit in greifbare Nähe gerückt ist.

In der angolanischen Botschaft herrscht emsiges Treiben in lockerer Atmosphäre und ich fülle mit hilfreicher Unterstützung die Anträge aus. Während ich vor der Botschaft warte, schicke ich einen der Sicherheitskräfte der Botschaft los, um Bier und Lebensmittel einzukaufen, fülle aus dem Wasserschlauch der Botschaft Wasser in meine Tanks auf, unterhalte mich ein wenig mit dem Botschaftspersonal und werde dann zum Interview gebeten. Ich atme einmal tief durch, hoffentlich geht da jetzt nichts mehr schief ...
Man empfängt mich in einem Raum, in dessen Mitte ein barocker Tisch steht, der von schweren alten Sesseln umstanden ist. Ich sinke so tief in das Polster ein, dass mein Kinn fast auf der Tischkante aufliegt. Eine junge, groß gewachsene Angolanerin betritt den Raum, setzt sich mir gegenüber und beginnt in Englisch mit ihren Fragen. Sie will wissen, was ich arbeite, wo ich arbeite, die Anschrift meines Arbeitgebers, die Namen meiner Geschwister, ihre Geburtsdaten, die Vornamen meiner Eltern, den Geburtsnamen meiner Mutter. Himmel, nimmt das denn kein Ende mehr ... Ich beantworte bereitwillig alles und warte gespannt auf die Frage nach der Einladung für Angola, aber sie kommt nicht. Dafür soll ich ihr noch den Grund meines Aufenthaltes nennen. »Ich bin Tourist.« Ob ich das belegen könne? Ich lege ihr das Schrei-

ben der deutschen Botschaft vor, sie studiert es aufmerksam, nickt dann kurz und steht auf. Es sei alles in Ordnung, ich solle bitte noch einen Moment warten. Ich bin sicher, die ganze Botschaft erzittert von den Steinen, die mir in diesem Moment vom Herzen fallen.

Um ein Uhr mittags habe ich meinen Pass mit einem Transitvisum für fünf Tage Aufenthalt in der Hand! Ich fahre zu meinem Helfer zurück und danke ihm überschwänglich für seinen Einsatz. Der nimmt es ganz locker, lacht und sagt: »No problem, my friend.« Er verlangt weder Geschenke noch Geld, sondern drückt mich kameradschaftlich an sich, dass mir die Tränen in die Augen schießen, und sagt zum Abschied, dass er mir noch ein paar Leute mitgäbe, damit ich keine Probleme an der Grenze bekäme.

Der Jeep leitet mich zur nahen Grenze. Über die Abfertigung hier habe ich viele Schauergeschichten gehört und gelesen, angefangen bei neunzehn Stunden Aufenthalt über das komplette Ausräumen des Autos und so weiter. Alles Quatsch, betrifft mich nicht! In nur einer Stunde habe ich beide Grenzen hinter mir. Stets zwei Männer mit Kalaschnikows an der Seite, treten alle an den Schaltern zurück und ich werde sofort und ohne weitere Fragen abgefertigt. Das gleiche, schnelle Prozedere findet auch an der angolanischen Grenze statt, der Arm dieser Leute reicht wohl ziemlich weit. Als alles erledigt ist, frage ich noch, wo ich Geld wechseln kann. Dazu muss ich mit meinen Beschützern noch einmal über die Grenze zurück in die Demokratische Republik Kongo, wo ich in einem Geschäft die Kongo-Francs in die angolanische Währung, den Kwanza, umtausche. Auch meine Begleiter verlangen keine Entlohnung, obwohl ich deutlich frage, ob sie etwas brauchen. Sie schütteln nur den Kopf, geben mir eine Menge Küsse zum Abschied und winken hinter mir her, als ich endlich, endlich nach Angola hineinfahre. Ich habe es geschafft!

Ich habe keine Ahnung, wer und was meine Beschützer trieb, warum mir der Chef so geholfen hat – ob Militär oder Rebellen oder was auch immer (da ohne Uniform, eher das letztere), aber ich habe den Teufel getan und danach gefragt.

TRANSIT
Gras wächst nicht schneller, wenn man daran zieht
afrikanisches Sprichwort

Nach einer Stunde auf ganz guter Piste suche ich mir einen Stellplatz an der Straße. Vega muss heute einmal richtig Gassi gehen und ich laufe mit ihr die Straße entlang. Abseits zu spazieren ist lebensgefährlich, denn in Angola lauern fast überall Minen.

Zur Feier des Tages gibt es ein selbst zubereitetes, leckeres Essen mit Steaks, Kartoffeln und eine Flasche Rotwein.

Die Strecke wird schlechter, ist aber beherrschbar. Ich grinse in mich hinein, als ich an einen Artikel in einem Reisebericht denken muss, in dem es hieß, dass diese Piste den Fahrzeugen alles abfordere und in der Regenzeit wohl unbefahrbar sein dürfte ...
Ich suche wieder eine katholische Mission für die Nacht auf und überlege – immer ein unverbesserlicher Optimist – morgen bis kurz vor Luanda zu fahren.

Ich schaffe gerade so achtzig Kilometer in zehn Stunden. Im Reiseführer steht, die Piste sei »ruminär«, was immer das bedeuten mag. Ich übersetze es mit »grottenschlecht«, denn ich bewege mich auf einer ehemaligen Asphaltstraße mit riesigen, sich schier endlos aneinanderreihenden Schlaglöchern. Ich komme nur im Schneckentempo im ersten Gang voran.

In der katholischen Mission, bei der ich für heute meinen Nachtstopp einlege, werde ich – endlich einmal! – zum Essen eingeladen. Darauf hatte ich schon mehrmals vergeblich gehofft. In meiner Fantasie gibt es dort Wurst, Speck, Käse und andere Leckereien. Bohnen, Reis und ein paar gebackene Bananen sind jedoch die Realität. Ich lasse dem polnischen Pfarrer meine letzte Flasche Wein als Dank da.
Der Priester erzählt mir über das Leben und die Leute hier und wie schwer er sich an die meisten Dinge gewöhne. Es entsetzt ihn, dass die Menschen hier in der Früh in die Kirche gehen und am Abend alte oder kranke Angehörige umbringen. Gestern etwa wurde ein Säugling, der mit einem Wasserkopf zur Welt kam, getötet. Er sei jetzt seit eineinhalb Jahren hier, ziemlich auf dem Boden der Tatsachen angekommen und zutiefst frustriert. Erst nach drei Jahren könne er drei Monate Urlaub nehmen. Das größte Problem sei die schlechte Wasserversorgung, alle wären daher auf das verunreinigte Flusswasser angewiesen. Als er eines Tages dem Gouverneur einen Besuch abstattete

und ihm eine Plastikflasche mit dem trüben, stinkenden Wasser hinhielt, antwortete dieser, dass das Wasser doch in Ordnung sei, und nahm einen Schluck aus der Flasche.

Hauptstrasse in Angola

Angola ist für mich ein reines Transitland, das ich sobald wie möglich hinter mir lassen möchte. Aufgrund der Gefahr durch die Minen verspüre ich auch keine Lust auf ein spezielles Besichtigungsprogramm. Außerdem habe ich das Gefühl, dass ich nach den Erlebnissen im Kongo dringend Ruhe und keine weitere Aufregung brauche. In weiteren zehn Stunden schaffe ich die nächsten 170 Kilometer.

Heute steht Luanda auf dem Plan, dort muss ich das Visum verlängern lassen. Etwa zwanzig Kilometer vor Luanda lasse ich, nicht ganz uneigennützig, einen Anhalter zusteigen und frage ihn, wohin er will. Dann bitte ich ihn, dass er mir vorher das Büro zeigt, in dem ich mein Visum verlängern kann. Ja, das kenne er, »no problem«. Vorsichtshalber frage ich noch einmal nach, um Missverständnissen vorzubeugen: »No problem«, er kenne das Büro. Na gut.

Auf allen möglichen Schleichwegen führt er mich durch die Außenbezirke Luandas. Allenthalben sickern ungefilterte Abwässer aus den Häusern und bilden große, grünschwarze Teiche auf der Straße. Ich fahre durch Straßen, in denen die metertiefen Schlaglöcher mit widerlich stinkendem Dreck auf-

gefüllt sind. Ich muss verflixt aufpassen, bei meinen Ausweichmanövern niemanden umzufahren. Die Menschen hier leben im Dreck, schlafen auf den Straßen. Wie Eiter steht unbeweglicher Schlamm in den Furchen, die sich in das Labyrinth grauer Behausungen hinein- und wieder hinauswinden. Luandas spezielles Aroma ist zweifellos der Gestank von Scheiße.
Ich werfe einen Seitenblick auf meinen Begleiter. Nein, er wird nicht versuchen, mich ins Nirgendwo zu lotsen, wo ich in aller Ruhe ausgenommen werden kann ... Trotzdem bin ich auf der Hut.

Wir kommen im Zentrum von Luanda an. Nun ist es zwar eng, aber auch angenehm sauber und man könnte glatt denken, man befände sich in Lissabons Altstadt. Mein Beifahrer findet, wie vermutet, das Büro nicht und wir fahren zweimal im Kreis, bis ich ihn bitte, vor einem Polizeigebäude auszusteigen und zu fragen. Er kommt mit einem Polizisten wieder, der mir den Weg zeigen will. Mein Anhalter verabschiedet sich.
Bevor wir das Büro betreten, erkläre ich dem Polizisten, dass ich nur eine Verlängerung des Visums brauche, er versteht. Als Mann der Staatsmacht drängt er sich an allen Schaltern vor, ein klarer Vorteil für mich. Allerdings beginnt dann ein bürokratischer Eiertanz, den ich zwar inzwischen glaube routiniert zu beherrschen, der mich aber einmal mehr in seiner ignoranten Umständlichkeit aus der Fassung bringt. Nach einigem Hin- und Hergerenne zwischen der Bank, wo ich Gebühren zu zahlen habe, und dem Schalter für Visa-Angelegenheiten erkläre ich, dass ich eine Verlängerung meines Visums für dreißig Tage benötige. Es folgt ein halbstündiges Geplänkel, das ich nicht im vollen Umfang verstehe und am Schluss muss ich laut werden, sehr laut. Das ist natürlich das Dümmste überhaupt, aber meine Nerven liegen wohl noch blank. Es wird mucksmäuschenstill im Raum. »Ich will mit jemand sprechen, der Englisch kann«, rufe ich schließlich zornig. Niemand reagiert, meine Wut steigert sich. Da tritt ein Mann hinter dem Tresen vor, fragt auf Englisch, was mein Problem sei. Er bittet mich, einen Moment zu warten, er habe einen guten Freund am Hafen, den er anrufen könne. Der Freund meint, dass es kein Problem wäre, wenn das Visum auslaufe. Bei der Ausreise koste das pro überzogenem Tag nur fünf US-Dollar. Das genügt mir aber nicht als Auskunft, denn in meinem Reiseführer steht, dass die Angolaner Visa-Angelegenheiten sehr ernst nehmen und pro Tag unter Umständen 1.000 US-Dollar verlangen.
Also frage ich noch einmal wegen einer Verlängerung nach. Der Mann verschwindet und kommt dann mit der Auskunft zurück, dass keine Verlängerung möglich sei. Ich lasse mir sein Handy geben und rufe in der deutschen Botschaft an. Dort sagt man mir, dass Verlängerungen immer wieder einmal einfach nicht ausgeführt würden und dass es tatsächlich fünf US-Dollar pro Tag koste, wenn die Aufenthaltsgenehmigung überzogen sei.
Na gut, dann möchte ich jetzt meinen Pass wieder haben. Wenigstens den erhalte ich anstandslos zurück. Mit dem Pass in der Hand verlasse ich ziemlich wütend das Büro. Der Mann, der mir zuvor mit der Auskunft seines Freun-

des weitergeholfen hat, begleitet mich. Er hilft mir, meine Einkäufe zu tätigen. Diesel ist hier sehr günstig, Lebensmittel hingegen sind extrem teuer. Für 100 US-Dollar kaufe ich das Nötigste ein, tanke einmal voll und lasse mich von meinem Begleiter aus Luanda hinausdirigieren. Da dies einige Zeit in Anspruch nimmt, weil die Straßen verstopft sind, erfahre ich einiges über Land und Leute. Die vielen Asiaten in Angola etwa seien nicht nur Fachkräfte chinesischer Firmen, die die Infrastruktur nach den Verwüstungen des Bürgerkriegs wiederherstellen, sondern zu einem großen Teil chinesische Strafgefangene, die sich verpflichtet haben, zwei Jahre nur für Kost und Logis hier zu arbeiten. Danach seien sie frei. Diese Geschichte, die immer wieder als Gerücht auftaucht, wird mir später in zwei anderen Ländern bestätigt.

In den siebziger Jahren war Luanda fast moderner als Lissabon und eine der schönsten Städte Afrikas überhaupt. In Hanglage an der Bucht gab es schicke Apartmenthäuser und die Boulevards schmückten bronzene Statuen aus Portugal. Es gab Straßencafés, Clubs und Restaurants sowie einen Jachtklub, der internationale Regatten veranstaltete. In Angola konnte man Geld verdienen - viel Geld. Das Land exportierte Baumwolle, Diamanten, Tabak, Zucker, Reis, und Fisch, und es war der drittgrößte Kaffeeproduzent der Welt. Und dann war da noch das Öl.

Dann kam das Schlachten – einerseits durch das Öl, andererseits durch die Diamanten finanziert, wurde alles zugrunde gerichtet. Unterstützt, um es nicht zu vergessen, wahlweise vom Westen oder vom Osten Europas und wie könnte es anders sein, wenn es etwas zu holen gibt, von Amerika. Etwa acht Prozent des von den Vereinigten Staaten importierten Öls kommt aus Angola. Das ist mehr als aus Kuwait. Die Bohrinseln im Ozean an der Küste vor Cabinda werden von Chevron betrieben. Mein Begleiter nennt die Enklave, die eines der reichsten Ölvorkommen der Welt birgt, »Republik Chevron«.

Luandas Geldadel, meist Kaufleute, sowie einige hundert ausländische Bürger verschanzen sich vor dem allgegenwärtigen Elend hinter hohen Mauern. Sie verschönern sich das Leben durch Satellitenfernsehen, gepanzerte Limousinen mit Chauffeur und eigene Stromgeneratoren. Südlich der Stadt, auf der Halbinsel Mussulo, stehen an einer Lagune Wochenend-Strandhäuser mit Privatmolen und Anlegeplätzen für Motorjachten.

Während der letzten Regenzeit sind viele Brücken in der Stadt weggespült worden, was nun den chaotischen Verkehr verursacht. Die Verbrechensrate ist sprunghaft angestiegen, auch hier bedingt durch enorme Zuwanderungen. In dem vom Bürgerkrieg zerrütteten Land herrschen immer noch desolate Verhältnisse. Kein Gedanke wird an das »Gras« verschwendet.

Am Ende will mein Begleiter das angebotene Geld nicht annehmen, ich gebe ihm aber ein paar Geschenke für seine Kinder mit. Er strahlt über das ganze Gesicht. Als wir ein Taxi stoppen, zahle ich zumindest für seine Rückfahrt.

Ich fahre bis in die Dunkelheit hinein weiter. Ich will den Großraum Luanda so weit wie möglich hinter mir lassen und campe nahe der Straße.

Mehr als vierhundert Kilometer südlich von Luanda liegt Benguela, die nächste größere Stadt. Anfang des 17. Jahrhunderts von den Portugiesen gegründet, wirkt die Stadt auf mich fast europäisch. Einen längeren Aufenthalt versage ich mir, denn ich möchte Angola so bald wie möglich den Rücken kehren.

Die nächsten Tage quäle ich Truck, Hund und mich über deftige Buckel- und Schlagloch-Pisten. Um voranzukommen, fahre ich mittlerweile auch nachts. Da ich nur zwölf bis fünfzehn Kilometer pro Stunde zurücklege und das Verkehrsaufkommen äußerst gering ist, gehe ich damit kein Risiko ein. Durch das unablässige Hin- und Herrutschen auf dem Sitz habe ich mir tatsächlich den Hintern wund gescheuert, was recht schmerzhaft ist.

An der Grenze gehe ich erst einmal in Habachtstellung und beobachte die Abläufe am Kontrollposten. Ich habe ein ungutes Gefühl wegen des abgelaufenen Visums. Einer der Schlepper dort fällt mir positiv auf, ich winke ihn herbei und erkläre, um was es in meinem Fall geht. Ich händige ihm meinen Pass aus und wir gehen ein paar Schritte weiter zum Büro der Immigration, in dem eine sichtlich gelangweilte Frau vor sich hin stiert. Der Schlepper beginnt einen kleinen Flirt mit ihr, während er meinen Pass aufschlägt und ihre Hand samt Stempel führt und ihn auf das Dokument drückt. Galant küsst er sie auf die Wange und wir gehen. Voller Respekt zahle ich ihm für die fünf Minuten Arbeit fünf US-Dollar. Dafür organisiert er gleich noch den nötigen Stempel für das Carnet und ich bin draußen aus Angola.

Die Einreisemodalitäten für Namibia nehmen nur zehn Minuten in Anspruch, welch ein Glück. Ebenfalls angenehm ist es zu wissen, dass in den folgenden Ländern Visa auch direkt an der Grenze ausgestellt werden. Allerdings wird ab hier auf der falschen Seite gefahren, Linksverkehr. Ich male mir mit Lippenstift einen großen Pfeil nach links auf die Windschutzscheibe, nur zur Sicherheit!

KÖRPER UND SEELE
Seelenbalsam, Feuer und Wildnis

In der nächsten Stadt kaufe ich einen bottle store fast leer, da meine alkoholischen Getränke restlos aufgebraucht sind. In einer Metzgerei gibt es endlich wieder Fleisch, das zerlegt ist und nicht mit einer Machete in Stücke gehauen. Auch wird es in richtiges Papier eingewickelt und nicht in eine alte Zeitung. Der Einkauf artet zu einer Orgie aus, das Fett lacht mich hier geradezu an. Kein Wunder, denn von meinen stolzen 83 Kilogramm Startgewicht sind nur noch 64 Kilogramm übrig geblieben.

Afrika hat bereits seinen Tribut gefordert.

Namibia, Erholung und Ruhe

An einem schönen, ruhigen Platz mitten im Busch, den ich noch von einem vorangegangenen Aufenthalt in Namibia kenne, gönne ich mir einen ausgiebigen Stopp und tue das, wovon ich die letzten Wochen geträumt habe. Ich zünde ein großes Feuer an, esse mich satt, trinke entspannt mein Bier und höre Musik. Das beruhigt die Nerven und ich beginne während der folgenden Tage, in denen ich lange Spaziergänge mit Vega unternehme, das bisherige Geschehen zu verarbeiten – ein wichtiger Prozess auf einer Reise, bei der man eine lange Zeit nirgends zu Hause, in seiner gewohnten Umgebung, ist. Fast vier Tage brauche ich, um mein seelisches Gleichgewicht wiederzufinden – vier Tage ohne einer Menschenseele zu begegnen, ohne mich ans Steuer zu setzen, ohne Pläne zu machen.

Dann geht es weiter zum »Ort des Dampfes«, wie die Herero sagen – nach Windhoek, in die Hauptstadt Namibias. Ich will in ein Internetcafé, dann einkaufen gehen und einige Wartungsarbeiten am Lkw erledigen lassen. Nach Reifen muss ich schauen und ein Besuch beim Tierarzt ist ebenfalls eingeplant, um ein Permit für Vega zu bekommen. Ab hier wird alles strenger gehandhabt mit Dokumenten und ihrer Gültigkeit, und ich kann im Notfall nicht mehr alles mit ein paar Geldscheinen zur rechten Zeit aus der Welt schaffen.

Der Tierarzt, nett und professionell, gibt mir entscheidende Tipps für das Permit. Ich bekomme ohne Probleme und zusätzliche Kosten das Zertifikat des State Veterinary, gültig für Namibia, Botswana, Südafrika, Malawi, Swasiland und Simbabwe. Zumindest steht es so auf dem Schein.

Die Geschichte Deutsch-Südwestafrikas, wie die deutsche Kolonie auf dem Gebiet des heutigen Namibias von 1884 bis 1915 bezeichnet wurde, ist noch vielfach spürbar. Auch begegnet man hier vielen hellhäutigen Menschen mit blonden Haaren.
Bei der Bestellung einiger Ersatzteile für den Truck stellt sich heraus, dass der Besitzer Verwandtschaft in meinem Heimatdorf hat, kaum zu glauben!
Bei Mercedes Benz bestelle ich Synthetiköl für den geplanten Wechsel der Achs- und Getriebeöle und lasse mir noch die Adresse eines guten Zahnarztes geben.
Die Reifenhändler wollen pro Reifen über 1.000 US-Dollar, das ist selbst bei schwachem Dollarkurs eindeutig zu viel.

Der Besuch beim Zahnarzt verläuft wider Erwarten ganz okay. Obgleich ich nur den Zahnstein entfernen lassen will, um meine Zähne in Schuss zu halten, schlottern mir die Knie. Eine große, kräftig gebaute Frau empfängt mich und stellt sich kurz als Ärztin vor. Auf dem Stuhl gestehe ich ihr, dass ich keine Schmerzen ertragen kann. Sie lächelt nur und bettet meinen Kopf zwischen ihre beeindruckenden Brüste. Kurz darauf ist sie mit der Behandlung fertig. Ich habe nichts gespürt!

Fast einen ganzen Tag mühe ich mich damit ab, den Palm Organizer wieder in Gang zu bringen. Wohl aufgrund fehlender Stromzufuhr sind alle Daten gelöscht worden. Jetzt stehe ich da und habe keine Telefonnummern mehr, keine Passwörter, keine Zugangsdaten, nichts. Es ist zum Haare raufen, blöde

Elektronik. Hätte ich mir nur alles aufgeschrieben, na ja, hinterher ist man immer schlauer. Ein Anruf bei meiner Bank gibt mir zumindest die Möglichkeit, wieder Überweisungen zu tätigen.

Inzwischen nervt es mich etwas, dass ich hier wie in Europa in spezielle Geschäfte muss, um meine Einkäufe zu erledigen. Früher gab es einfach alles direkt an der Straße zu kaufen, wie in anderen afrikanischen Ländern auch. Hier ist alles so gesittet.

Gemütlich fahre ich weiter in Richtung Swakopmund, ein herrliches Seebad am südlichen Atlantik. Auf einem Gebirgspass lege ich einen Zwischenstopp ein und verbringe eine herrliche Nacht unter funkelndem Sternenhimmel.
In Swakopmund angekommen, mache ich mich auf, um Schuhe zu kaufen. Es sollen Schuhe aus Kuduleder werden, da mache ich keine Kompromisse. Vor zehn Jahren hatte ich mir hier ein Paar gekauft und trage sie immer noch. Sie sind unverwüstlich, aber inzwischen doch ziemlich abgelaufen. Ich bin überrascht, als die Shopinhaberin mir vorschlägt, das alte Exemplar gegen ein neues einzutauschen. Meine alten Galoschen würden einen schönen Platz in ihrem Laden bekommen. Aber an den Schuhen hängen einfach zu viele Erinnerungen, außerdem habe ich ihnen schon einen festen Platz zu Hause zugedacht.
An der Palmwag Lodge lege ich einen Halt ein, denn hier gibt es die Möglichkeit, im Konzessionsgebiet der Lodge mit dem eigenen Auto umherzufahren – was ansonsten generell untersagt ist. Ein grünes Landschaftsjuwel tut sich hier auf, mein Blick schweift über die Makalanipalmen, die der Lodge den Namen gaben, über sanfte Hügel und Ried. Manchmal führt die Strecke über recht steinigen und unübersichtlichen Grund. Hin und wieder kann ich große Herden von Zebras und Antilopen beobachten. Von dem Löwenrudel, das sich hier aufhalten soll, sehe ich jedoch nichts. Die Karte, die man mir mitgegeben hat, stimmt allerdings von vorne bis hinten nicht. Ich nehme an, damit wollen sie es den Selbstfahrern schwer machen und sie dazu bringen, sich den geführten Touren anzuschließen. Dennoch fahre ich sehr früh am folgenden Morgen noch einmal in das Gebiet hinein, es ist einfach wunderschön hier und ich möchte die Landschaft noch einmal zu einer anderen Tageszeit betrachten.

Namibia hat überall schön gelegene Campingplätze und so fahre ich manchmal nur ein bis zwei Stunden, um wieder auf einem netten Platz den Tag zu verbringen.
Leider verpasse ich die Elefanten immer um ein paar Tage und so versuche ich, in das ebenfalls unter der Regie der Palmwag Lodge stehende Konzessionsgebiet des Hoanib River zu gelangen. Die richtige Einfahrt ist schwierig zu finden, aber mit etwas Glück erwische ich den Abzweig.
Auch hier empfängt mich eine wunderbare Landschaft, gesäumt von hohen Bergen geht es in ein Tal hinein. Teilweise fahre ich im Flussbett des Hoanib

oder offroad zwischen den Bäumen, überall treffe ich auf Elefantenkot. Ein Kontrollhäuschen taucht auf, ab hier muss man bezahlen. Von einem großen Plan des Gebietes, der an einer Wand hängt, mache ich ein Foto, so kann ich später auf dem PC die Karte studieren.

Dann fragt mich der Wachposten, ob ich helfen könne, ein Touristen-Jeep sei im Flussbett eingesackt. Ein jämmerliches Bild tut sich da auf, der Jeep steckt ziemlich tief im Schlamm. Ein Farbiger gräbt mit den Händen, während ein junger Weißer daneben versucht, mit einem dünnen Ast zu helfen. Das Schauspiel wird von den havarierten Touristen betrachtet, die zum Schutz vor der Sonne Regenschirme aufgespannt haben. Ich frage, ob sie Schaufel oder Seil dabei haben? Nein, leider Fehlanzeige. Da muss ich wohl ran, obwohl ich wenig Lust dazu habe – Seile raus, Schaufeln ebenso und feste graben in der Gluthitze! Als ich denke, dass wir soweit sind, hänge ich den Jeep an den Truck und versuche, ihn aus dem Sumpf zu ziehen. Aber ich stehe zu weit weg – komme aber auch nicht näher heran. Also lasse ich den Wagenheber ansetzen und die hintere Achse hochheben. Dann legen wir alles, was wir an festen Materialien finden, unter die Reifen. Jetzt gelingt es mir, den Jeep herauszuziehen. Der Guide ist heilfroh und der junge Italiener, er ist der Reiseleiter, lädt mich zum Dank für meine Hilfe auf etwas zu trinken ein. Dass sie als Italiener kein Bier dabei haben, lasse ich ja noch eben so durchgehen, aber dass sie auch keinen Rotwein im Gepäck haben, das macht sie in meinen Augen zu keinen echten Angehörigen ihrer Nationalität. Dann eben nur eine Cola, besten Dank.

Die Durchfahrt durch das Flussbett scheint anspruchsvoll, ist aber wohl zu bewältigen. Da ich mich jedoch an meine Erlebnisse aus dem Kongo noch sehr lebhaft erinnere, verzichte ich für heute auf die Passage. Zudem verlangt der Wärter für das »wilde« Übernachten im Konzessionsgebiet einen stolzen Preis.

So bleibe ich direkt am Wärterhäuschen stehen. Der Wärter meint, dass die Elefanten am Abend hier vorbeikommen werden, das wäre ein echtes Highlight. Ich koche für uns beide und lade ihn dann zum Essen ein. Bei einem Bier erzählt mir der Mann ein paar Geschichten. Zudem warnt er mich, dass auch mein Lkw vor Elefanten nicht sicher sei und rät mir, niemals mit den Elefanten zu spielen. Na gut, eigentlich war ich da anderer Meinung, an meinen acht Tonnen hätten die schon was zu knabbern, aber er muss es ja wissen.

Leider ziehen dann die Elefanten heute Abend weiter unten durch das Tal und kommen nicht hier vorbei. Nachts höre ich einen Löwen brüllen, schaurig schön. Die Tür, die ich wegen der Hitze offengelassen habe, mache ich jetzt lieber zu. In der Früh gibt es Kaffee und Frühstück, worüber sich der Wärter besonders freut. Er muss seinen Dienst immer zwei Wochen in Folge schieben und so war mein Kurzbesuch eine willkommene Abwechslung. Zum Abschied gibt er mir einen guten Tipp, wo ich Elefanten und Nashörner sehen könne. Der Hinweis wird sich als Glücksfall erweisen.

MAN SPRICHT DEUTSCH
An diesem Ort habe ich geweint, warum soll ich hierher zurückgehen?
Himba

Erst einmal fahre ich in Richtung Epupa-Fälle, die am Kunene-Fluss liegen, der die Grenze zwischen Namibia und Angola bildet. Ich möchte gerne einige Himba besuchen, ein mit den Herero verwandter Volksstamm. Heute noch als Nomaden im Kaokoveld und auf der angolanischen Seite des Kunene lebend, liegt eine lange Geschichte der Unterdrückung und Verfolgung hinter den Himba. Zuletzt brachen Dürrekatastrophen über ihr Gebiet herein, die einen Großteil des Viehbestandes vernichteten. In den kriegerischen Konflikten zwischen der Südwestafrikanischen Volksorganisation, kurz SWAPO, und Südafrika glich ihr Weideland einem militärischen Aufmarschgebiet. Heute soll der Stamm nach dem Willen der namibischen Regierung sesshaft werden. Die Pläne, den Kunene mit einem Staudamm zu versehen, sind nach Protesten offiziell eingestellt worden. Jedoch herrscht vor Ort die Meinung, es sei nur eine Frage der Zeit ...

Der zunehmende Tourismus im Kaokoveld ist der traditionellen Abgeschiedenheit des Volkes abträglich. So stehen mitunter Himba-Frauen am Straßenrand, die anbieten, gegen ein Entgelt ihr Dorf zu besuchen. Da ich aber selbst einen Besuch plane, steht es mir nicht an, den moralischen Zeigefinger zu heben ...

Die Strecke zu den Epupa-Fällen ist mittlerweile gut befahrbar. Als ich an meinem Ziel ankomme, treffe ich dort zufällig auf Uwe. Er ist Deutscher und seit ein paar Jahren mit einer Himba-Frau verheiratet. Er lebt zusammen mit ihr ein Stück entfernt von den Wasserfällen und lädt mich ein, bei ihm einige Tage zu verbringen.
Aber erst bleibe ich hier an der Lodge stehen, ein angenehmer Ort zum Campen mitten im Glutofen Namibias. Die Epupa-Fälle, in der Herero-Sprache bedeutet das »fallendes Wasser«, sind eine Reihe von Stromschnellen, wobei die Wasserkante auf einer Strecke von 1,5 Kilometern um etwa 60 Meter abfällt und eine Reihe von Kanälen und Felsbecken formt. Gegen Abend bieten sich vom gegenüberliegenden Berg aus faszinierende Blicke auf die Wasserfälle.

Als ich ein paar Tage später bei Uwe ankomme, bin ich schon überrascht, denn er lebt wirklich wie ein richtiger Himba in einem Kral zusammen mit seiner Frau Maria und den drei Kindern aus erster Ehe. Geheiratet haben sie damals ganz traditionell nach alter Himbasitte. Wasser holen sie vom etwa drei Kilometer entfernten Brunnen, Strom gibt es sowieso nicht, gelebt wird im Freien und geschlafen in der Rundhütte. Bei meinem Besuch erzählt er viel von seinen Erlebnissen, dem Volk und der Kultur der Himba:

Auffällig an den Himba-Frauen sind die Kleidungsstücke. Maria hat einen regelrechten »Kleiderschrank« in der Hütte. Aus Leder und mit Fell verziert hat jeder Lendenschurz seinen individuellen Einsatzbereich. Dazu gibt es noch einen Umhang aus Leder. Die Haarfrisuren werden je nach Alter verschieden getragen. Maria trägt als verheiratete Frau die überschulterlangen Haare zu Flechten gedreht, die mit Ocker eingerieben sind. Das Ganze wird von einer Haube aus Leder abgerundet. Der reiche Schmuck, den sie tragen, dient nicht nur zur Zierde, sondern zeigt auch die Stellung der Frau an. Herrlich sind die mit einer roten Paste eingeriebenen Körper der Frauen, die so glatt und glänzend sein sollen wie das Fell eines Kalbes.
Die traditionelle Hütte wird aus einem Holzgestell errichtet und mit Kuhdung und Lehm verputzt. In der Mitte der Behausung wird eine Feuerstelle angelegt, der Rauch zieht durch die Tür ab. Geschlafen wird auf einer Lederhaut am Boden.
Die Frauen durchleben mehrere altersbedingte Stufen. Ab der dritten Stufe, so etwa ab dem 14. Lebensjahr, waschen sie sich nie mehr! Zur Pflege des Intimbereiches etwa räuchern sie sich aus. Dazu wird auf einem Stein eine Kräutermischung erhitzt, über die sich die Frau eingehüllt für ein paar Sekunden hockt. Anschließend wird ein Korb über die Kräuter gestellt und darin werden die Kleider ebenfalls geräuchert. Ihren fast nackten Körper reiben die Frauen mehrmals täglich mit einer fetthaltigen roten Paste ein. Entgegen der allgemeinen Meinung dient die Paste weder als Moskitoabwehr noch als Sonnenschutz. Das Einreiben dient einzig dazu, dem Schönheitsideal nahe zu kommen. Früher bestand die Paste aus Ziegenbutter, heute wird meist Vaseline verwendet. Für den roten Grundstoff werden eisenhaltige Steinchen ganz fein zerrieben. Da hier auch immer scharfe Partikel übrig bleiben, dient die Prozedur auch gleichzeitig der Haarentfernung. Der auffallende Schmuck, wie Arm-, Fuß- und Halsreifen, wird niemals abgelegt, was übrigens auch gar nicht möglich wäre, da er sehr eng am Körper anliegt. Reparaturen müssen direkt am Körper erledigt werden.

Die Männer werden verheiratet, wenn sie um die dreißig Jahre alt sind. Bis dahin dienen sie ihren Vätern als billige Arbeitskräfte. Für die Ehefrau wird ein Brautgeld fällig, ebenso müssen die Männer für die Feierlichkeiten der Hochzeit aufkommen. Meist haben die Männer mehrere Frauen, da ein Frauenüberschuss besteht. Allerdings nur so viele, wie sich der Mann leisten kann, denn er muss einen standesgemäßen Unterhalt für die Frau sicherstellen. Die Kinder besuchen keine Schule, da die Krals meist nur von einer Familie bewohnt werden und weit verstreut liegen.
Die Kindersterblichkeit liegt bei sechzig bis siebzig Prozent, zu neunzig Prozent bedingt durch Lungenerkrankungen, Tuberkulose und Asthma. Für Uwe

ist das darauf zurückzuführen, dass die Babys beim häufigen Ausräuchern des Intimbereichs auf dem Rücken der Mutter gebunden bleiben und damit stets Qualm und Dämpfe ungefiltert abbekommen.
Als Toilettenpapier werden runde Steine benutzt, die Toilette wird an stets wechselnden Stellen erledigt.

Die Himba sind ein sehr friedliches Volk, weshalb sie bereits mehrmals vertrieben wurden. Es gibt verschiedene Clans mit jeweils einem Chef. Der Reichtum der Himba ist die Kuh, gegessen werden nur die Ziegen und die Schafe. Wenn es Fleisch gibt, dann verputzt Maria auch schon einmal drei Kilogramm am Stück. Ansonsten wird ein Brei aus Mais und Dickmilch gegessen.
Laut Uwe gibt es in der Stammesgemeinschaft weder Kindesmissbrauch noch Vergewaltigungen. Wenn die Frau nein sagt, wird dies akzeptiert. Jedoch besitzen die Frauen einen sogenannten »Möchte-gerne«-Gürtel, mit dem sie ihre Lust signalisieren. Der Mann sollte dann auch tunlichst darauf eingehen, sonst wird vermutet, dass er schon woanders aktiv gewesen sei. Das könnte nachteilig für ihn ausgehen. Wenn ein Mann wiederum seine Frau mit einem anderen erwischt, darf er den Nebenbuhler töten.

Die Himba pflegen keinen besonderen Totenkult, sie sagen: »An diesem Ort habe ich geweint, warum soll ich hierher zurückgehen?« Ihre Toten legen sie in die Erde und richten einen Steinhügel darüber auf. Dann schlachten sie die heiligen Kühe des Toten und spießen deren Köpfe am Grab auf. Heilig wird eine Kuh, wenn sie bei verschiedenen Ritualen, am heiligen Feuer vorbeiläuft. Das Fleisch der Tiere wird nicht gegessen – inzwischen aber leider immer öfter für ein paar Kästen Bier an die Herero verkauft.
Nach dem Glauben der Himba kommen sie selbst aus dem Feuer.
Leider werden nach wie vor alle Tiere, ob zum Essen oder wie oben beschrieben für den Totenkult, durch Ersticken getötet.

Während meiner Zeit bei den Himba saß ich meist unter einem Baum und konnte in aller Ruhe beobachten, wie sie ihren Tag gestalten. Vega hat überhaupt nicht gestört, im Gegenteil, denn das Volk hat selbst kleinere Hunde als Wächter. In der Umgebung leben Leoparden, auch Hyäne und Karakal (auch als Rotkatze bezeichnet) sind hier heimisch. Um etwas Geld zu verdienen, arbeitet Uwe immer wieder einmal in der Werkstatt eines Deutschen in Kamanjab, trotzdem muss er täglich ums Überleben kämpfen. Maria würde auch gerne einmal nach Deutschland. Ihren Schmuck würde sie dazu aber niemals ablegen, ebenso wenig wie sie Schuhe anziehen würde – ob eine Deutschlandreise dann so eine gute Idee wäre, wage ich zu bezweifeln.

Nach ein paar Tagen mache ich mich wieder auf den Weg, natürlich nicht ohne Maria ein paar Sachen aus dem Shop an den Epupa-Fällen zu schenken und Uwe etwas Geld für seine Gastfreundschaft dazulassen. Im Vergleich zu den Preisen der geführten Touren zu den Himba ist die Summe nicht der Rede wert.

Epupa Fälle

Himbafrau

bei Uwe

Uwes Tochter

Auf meiner Fahrt tiefer ins Kaokoveld hinein komme ich noch zweimal an recht ursprünglichen Himba-Kralen vorbei, an denen ich einen Stopp mache. Mit dem erworbenen Wissen von Uwe bewege ich mich ungezwungen und verhaltenskonform. Allerdings vermeide ich es, Fotos zu machen. Bei Uwe hatte ich die ausdrückliche Erlaubnis dazu und Maria hat mich immer wieder aufgefordert zu fotografieren.

Mit Hilfe einer in Windhoek gekauften Detailkarte vom Kaokoveld möchte ich den berühmt-berüchtigten Van Zyl´s Pass mit seinen bis zu vierzig Prozent Steigungen umfahren. Touren in eine der letzten noch ursprünglichen Landschaften dieser Erde, ins Marienfluss-Tal im West-Kaokoveld sollten im Grunde mit mindestens zwei Fahrzeugen unternommen werden. Aber ich verspüre den Drang, weiter alleine unterwegs zu sein. Mit meinen bisherigen Erlebnissen erscheint mir die Gefahr, mit einem Problem im Umkreis von mehreren Hundert Kilometern alleine zu sein, nicht so schlimm.

So nehme ich Richtung Marienfluss, dem nordwestlichsten Zipfel Namibias, eine eingezeichnete Umfahrung. Die Piste ist am Anfang noch recht passabel. Jedoch verliert sich der Weg langsam, aber sicher im Nichts, bis ich einfach nur noch durchs Gelände fahre. Nichts deutet darauf hin, dass hier vor mir schon einmal jemand gefahren ist. So mache ich erst einmal Rast, und da ich beim Studieren der Karten und des GPS zwei Bier trinke, bleibe ich gleich die Nacht über stehen.
Am Abend schüre ich ein großes Feuer. Ich kredenze Vega und mir große saftige Steaks mit Feuerkartoffeln, Knoblauchbutter und Rotwein, dazu hören wir Steinbäcker, Timischl, und Schiffkowitz, kurz S.T.S. genannt,. Ja, es geht uns richtig gut hier!

Am Morgen schlafe ich noch – auch bei einer Ein-Mann-Feier kann es schon einmal recht spät werden –, als ich ein Auto höre. Das gibt's doch gar nicht, denke ich noch, aber es holpert tatsächlich ein Jeep mit einer Handvoll Leuten auf der Ladefläche vorbei. Also muss ich doch auf dem richtigen Weg sein.
Keine drei Stunden später stehe ich vor einer fast unbezwingbaren Stelle. Die Piste fällt über ein paar Steinbrocken fast einen Meter nach unten ab. Hinunterzukommen wäre möglich, aber wie dann notfalls wieder hoch, wenn weiter vorne etwas Unfahrbares kommt? Mitten in meinen Überlegungen höre ich plötzlich ein Zischen und denke erst an eine Schlange, bevor ich merke, dass es der hintere rechte Reifen ist. So ein Mist aber auch! Ich stehe so ungünstig auf dem Reifen, dass aus einem kleinen Schlitz am Profil Luft herausgedrückt wird. Nachdem ich das Auto etwas versetze, ist es wieder ruhig. Der Vorfall beeinflusst aber meine Entscheidung zurückzufahren. Das war auch gut so, denn schon kurz darauf höre ich bei jeder Radumdrehung ein deutliches »Pfff.« Ich halte an, messe den Druck, pumpe nach und prüfe nach dreißig Minuten erneut den Druck. Es fehlt ein Atü. Zurück an dem Platz, wo

ich heute Morgen losgefahren bin, wechsle ich das Rad und lege eine weitere Übernachtung ein.

Ich fahre nach Opuwo, lasse den Reifen flicken und nehme eine andere Strecke zum Marienfluss. Die macht zwar einen großen Bogen, aber egal.

Opuwo ist die Hauptstadt der Region Kunene und das Tor zum Kaokoveld im Nordwesten Namibias. Ein wenig schöner Ort, der mich trotzdem fasziniert. Diese Kleinstadt ist ein Schmelztiegel der Kulturen. In den Straßen trifft man nicht nur die weißen Farmer, sondern auch die in ihre traditionellen, bauschigen und bunten Röcke gekleideten schwarzen Herero-Frauen mit ihren speziellen Kopftüchern, die den Hörnern der Rinder nachempfunden sind. Den größten Gegensatz dazu bilden die halb nackten Himba-Frauen, die ebenso traditionell Leder und Fellschürze tragen. Da treffen tatsächlich Welten aufeinander, wenn eine solche Himba-Frau im modernen Supermarkt einkauft! Genauso ungewöhnlich ist es für mich, als ich in einer Bar zusammen mit Menschen all dieser Volksgruppen Fernsehen schaue. Nicht verschweigen kann man jedoch auch die Tatsache der am Straßenrand sitzenden Frauen und Männer mit Bierflaschen oder Hochprozentigem in der Hand.

Diesmal fahre ich ohne Probleme die geplante Strecke durch einsame steinige Landschaften.
Das Marienfluss-Tal nimmt mich auf und erfreut das Auge mit neuen Farbkontrasten: rote Erde, grün-gelbes Gras, dunkelgrüne große Akazien und rötlich braune Berge. Hier hat die Landschaft eher Steppencharakter, und ich sehe häufig Springböcke, Strauße und Oryxantilopen. Ich befinde mich mitten in einem afrikanischen Traum, fühle mich wie in einem kleinen Paradies.

Auf der Weiterfahrt gelange ich Tage später bis zur berühmten Kreuzung »Red Drum". Ein rotes Fass kennzeichnet den Platz. Jeder, der vorbeikommt, verewigt sich hier. Spaßvögel haben alte Telefongeräte angebracht und man kann seine »message to nowhere" absetzen, denn im Umkreis von 600 Kilometern gibt es hier keine Elektrizität.
Eine eher steinige und wüstenhafte Landschaft erwartet mich im Hartmannstal. Man spürt die Nähe der ariden Skelettküste. Auch dieses Tal wird begrenzt von Gebirgszügen und ist im Norden, zum Kunene hin, durch Dünen abgeriegelt.
Ich begegne auf meiner Fahrt keiner Menschenseele, fühle mich äußerst wohl in der einsamen Natur und bin von jedem wilden Camp begeisterter als vom vorherigen. Ich zögere, denn hier könnte ich es leicht einige Wochen aushalten. Schließlich aber siegt mein inniger Wunsch, endlich den Wüstenelefanten zu begegnen.

MEIN AFRIKA
Nicht in der Stadt, erst in der Wildnis lernt man den Mann kennen
afrikanisches Sprichwort

Auf dem Weg Richtung Purros verliere ich irgendwann die Orientierung. Da kommen mir die beiden Touristenfahrzeuge gerade recht, ich steige aus und bringe sie durch Winken zum Anhalten. Nach einem nur kurzen Blick auf das GPS können sie mir sagen, wo ich bin – warum habe ich das eigentlich nicht selbst hinbekommen? Auf jeden Fall befinde ich mich weiter zurück, als ich dachte.

Bei für mich weiterhin schwieriger Orientierung fahre ich auf der immer schlimmer werdenden Buckelpiste gen Süden. Ich finde den richtigen Abzweig in das mir empfohlene Flussbett. Die Abfahrt ist sehr steil, und ob ich da je wieder hinaufkomme, ist fraglich, aber ich will da hin und das »Wieder rauf« kommt erst später!

Nun folgen die schönsten Tage in Namibia mit traumhaften Stellplätzen in freier Wildbahn. Die »Jagd« nach den big five, Elefant, Büffel, Löwe, Leopard und Nashorn, habe ich bereits hinter mir. Ich habe sie bei früheren Aufenthalten in der Etosha-Pfanne und im Okavango-Delta beobachten können, wo ich als Tourist in exklusiven Camps unterwegs war – einschließlich privatem Guide und Frühstück am Bett. Heute ist mir ein schöner Platz in freier Natur mit nur einer Antilope lieber, als ein Rudel Löwen mit zig anderen Touristen in einem Nationalpark teilen zu müssen.

Der erste Elefantenbulle, dem ich begegne, ist aggressiv und ich bleibe auf Distanz. Die beiden Elefantendamen, auf die ich kurz darauf stoße, sind da schon viel sanfter. Nachdem der Motor ausgestellt ist, kommt die eine Kuh ganz nahe an den Lkw heran, frisst in aller Ruhe von dem danebenstehenden Baum und erlaubt mir auch, auszusteigen und mit dem Selbstauslöser einige Fotos von uns beiden zu machen. Fast eine Stunde treibt sie sich um den Truck herum, immer friedlich und entspannt.

Nach diesem schönen Erlebnis suche ich einen günstigen Platz für die Nacht, um weitere Tiere beobachten zu können. Direkt neben einem Baum mit vielen Elefantenspuren bleibe ich stehen.

Da es auch nachts recht heiß ist, öffne ich alle Fenster und steige mit dem Nachtsichtgerät auf das Kabinendach. Nach Mitternacht verziehe ich mich ins Bett, werde aber kurz darauf von einem leisen Kläffen Vegas geweckt. Ein Blick aus dem Fenster zeigt mir vier Elefanten in unmittelbarerer Nähe – Vater und Mutter mit zwei Kindern. Der Bulle wirkt nervös, der Lkw ist ihm wohl nicht geheuer und Vegas Bellen gibt ihm jetzt wohl den Rest.

Jedenfalls klappt er die Ohren auf, röhrt, dass die Erde zittert, und stampft dann auf uns zu. Vega bellt wieder und ich springe hastig aus dem Bett, packe sie am Genick: »Pst, sei leise!«
Hm, jetzt muss der arme Hund umdenken, habe ich ihm doch beigebracht anzuschlagen, wenn sich draußen etwas rührt. Noch einmal knurrt sie.
Da fällt mein Blick durch das Fenster der hinteren Tür und mir bleibt fast das Herz stehen. Der Bulle steht keinen Meter entfernt vor der Tür und schaut zum Fenster herein. Ich sehe nur einen Teil seines massigen Kopfes und in seinem Auge glaube ich die Frage zu erkennen: »Was macht ihr denn hier?« Mich kann er nicht sehen, so klein bin ich auf Vegas Bett geworden. Winzig klein, von einem Meter zweiundachtzig auf vielleicht 20 Zentimeter geschrumpft! Donnerwetter, können Respekt und intensive Neugier eng miteinander verwoben sein!
Vega hat ihn wohl auch bemerkt, denn sie macht keinen Muckser mehr. Der Bulle röhrt nochmals laut und zieht dann mit seiner Familie weiter. An Schlaf ist nun nicht mehr zu denken, der Adrenalinspiegel muss sich erst wieder normalisieren.

In der Früh beim Gassigehen mit Vega sind wir beide sehr aufmerksam, immer darauf bedacht, einen Fluchtweg im Auge zu behalten. So bemühe ich mich, stets in der Nähe von Felsen zu laufen, um notfalls nach oben ausweichen zu können. Allerdings hilft diese Regel nur bei unbeabsichtigtem Kontakt mit Elefanten, sie gilt nicht für Raubwild. Mir ist schon bewusst, dass es recht unwahrscheinlich ist, hier auf einen Löwen zu stoßen, aber es ist auch unwahrscheinlich, einen Sechser im Lotto zu haben – und so manch einen trifft es trotzdem!

Immer wieder treffen wir in Felsausbuchtungen Wild an. Zum Teil ist es so überrascht von unserer Gegenwart, dass es meist regungslos verharrt, bis wir vorüber sind. Einmal aber stürmt eine Oryxantilope keine zwei Meter von uns entfernt vorbei, völlig erschrocken. So eine Oryx ist aus der Nähe ein beeindruckendes Kaliber, ganz zu schweigen von ihren spitzen, imposanten Hörnern. So bleiben unsere täglichen Spaziergänge recht aufregend, jeder für sich ist immer wieder ein tolles Erlebnis.

Aus dem Fahrzeug heraus ist etwa eine Begegnung mit Antilopen nach einem längeren Aufenthalt im Busch nichts Besonderes mehr, zu Fuß jedoch ändert sich die Sichtweise grundlegend, denn die Größe der Tiere und ihre Masse sind ziemlich beeindruckend. Ein aggressives Warzenschwein kann so zu einer ernsthaften Bedrohung werden. Ohne Waffe steht man im Busch nicht länger oben in der Nahrungskette, sondern ganz weit unten. Das sollte jedem, der diese Herausforderung wagt, bewusst sein.

Einmal müssen wir zwei Elefanten weiträumig umrunden und auch zu den Giraffen halten wir einen respektablen Abstand. Ich fahre den Flusslauf, der teilweise noch Wasser hat, was aber kein Problem darstellt, hinauf und hinunter und kreuz und quer auf der Suche nach Nashörnern. Wir treffen dabei immer wieder auf die uns bekannten Elefanten. Nach ein paar Tagen kennen wir uns und die Tiere bleiben recht gelassen, nur den einzelnen Bullen vom ersten Tag umfahre ich weiter großräumig.

Ich habe vor, mit dem Truck bis zum Meer zu gelangen. Dieser Küstenabschnitt, die sogenannte Skeleton Coast oder Skelettküste, ist normalerweise nur zusammen mit den Besitzern von Konzessionen zu befahren und alle möglichen, offiziellen Wege dorthin sind gesperrt. Ich aber bin ja im Flussbett unterwegs. Als die Strecke schwieriger wird, versuche ich, die letzten Kilometer zu Fuß zurückzulegen. Nach einer halben Stunde breche ich jedoch ab, es wird zu unübersichtlich und eng. Das Risiko, auf Wild zu treffen und das nur in sehr geringer Distanz, ist groß und es ist einfach zu gefährlich.

Das trübt aber meine Freude in keiner Weise. Je nach Laune suche ich mir schöne Plätze zur Tierbeobachtung oder für ein prasselndes Lagerfeuer aus und die Tage vergehen wie im Flug.

Erhöht auf einem Plateau stehend, kann ich in der Ferne ein Nashorn ausmachen. Den Versuch, ihm näher zu kommen, muss ich jedoch aufgeben, eine steile Rinne liegt dazwischen. Am nächsten Tag versuche ich dann, aus einer anderen Richtung die Stelle offroad zu erreichen und schaffe es auch mit einigen Schwierigkeiten. Ich bleibe eine Nacht dort stehen, kann aber das Nashorn nicht mehr finden, seine Spuren verlaufen sich in der Ferne.

Am letzten Abend möchte ich noch einmal Feuer machen und habe den Truck schon um zwei Uhr mittags an einem schönen Platz abgestellt, als nach ein paar Minuten eine Giraffe vorbeikommt und uns beäugt. Vega blinzelt interessiert zurück. Während sie sich bei Elefanten inzwischen ruhig verhält, scheint die Giraffe sie jetzt anzuziehen. Sie macht einen Schritt auf die Giraffe zu, die bleibt ruhig. Vega rutscht ihr noch enger auf die Pelle und ich rufe sie sicherheitshalber zurück, obwohl mich schon sehr interessiert hätte, was da nun weiter passiert wäre.

Die letzte Nacht in meinem namibischen Paradies stimmt mich traurig, aber meine Lebensmittel sind seit gestern aufgebraucht und vor mir liegt noch eine ganze Ecke Afrika. Eines ist mir durch die wunderbare Zeit in Namibia aber klar geworden: All der Ärger und die Mühen vorher haben sich allein für diese Wochen gelohnt, hier habe ich mein Afrika gefunden, meinen Traum erfüllt!

Um die steile Auffahrt zu umgehen, fahre ich an einer anderen Stelle aus dem Flussbett heraus und offroad in die angestrebte Richtung. Noch einmal habe ich richtig Glück, denn ein Nashorn steht ganz nahe unter einem Baum. Nachdem der Motor abgestellt ist, beruhigt sich das Tier und ich kann einige Bilder machen. Ich wage es sogar, den Lkw zu verlassen. Leider habe ich den Wind nicht berücksichtigt, das Nashorn bekommt Witterung und macht ein paar schnelle Schritte auf mich zu – ich hechte keine Sekunde zu früh in den Truck zurück. Nachmittags erreiche ich ein Dorf, wo ich mich nach dem richtigen Weg erkundigen will. Ich bekomme eine sehr bildhafte Streckenbeschreibung: »Folge der Hauptpiste, dann siehst du rechts eine Giraffe stehen, nach der Giraffe siehst du zwei Büsche, direkt nach den Büschen fahre nach rechts auf die Piste!« Ich finde den Abzweig auf Anhieb und campiere noch einmal im Busch.

Namibia, meine Freundin

kurz vor der Attacke

ARBEIT
Vom Bauchgefühl und viel Geduld

In Kamanjab suche ich die Falkenberg-Garage, wo Uwe gelegentlich für deren deutschen Besitzer arbeitet. Ich möchte ein störendes Geräusch am Lkw klären und einige Schweißarbeiten an der gebrochenen Lagerung durchführen lassen. Die Reparatur aus dem Kongo hält zwar noch, aber ich tendiere zu einer Generalüberholung, einfach um auf der sicheren Seite zu sein.
Das Geräusch rühre, so die Diagnose, von einem defekten Ausrücklager her, wofür Getriebe und Kupplung ausgebaut werden müssten. Während Petrus, der südafrikanische Schweißer, seine Arbeit an der Lagerung ordentlich erledigt und Verstärkungen anbringt, die nach seiner Auskunft bis Deutschland halten sollten, klappt es mit der Schadensbehebung des Geräusches nicht richtig – nach der Reparatur ist es unverändert zu vernehmen.
Als ich die Rechnung bekomme, bin ich erst recht platt, die Höhe ist einfach unverschämt. Wenn man den armseligen Stundenlohn der Arbeiter bedenkt, wirft das schon ein schlechtes Licht auf die Werkstatt im Allgemeinen und auf den deutschen Besitzer im Besonderen. Außerdem ärgere ich mich, vorher nicht nach den Preisen gefragt zu haben. Dann entscheide ich, meinen Unmut fortzuwischen – manchmal gewinnt man und manchmal verliert man, so ist das Leben.

Dass mir Kamanjab dennoch in angenehmer Erinnerung bleibt, liegt einerseits an Petrus, der mich zu sich nach Hause zum Essen einlädt. Seine Frau kocht vorzüglich, während mich Petrus mit Geschichten aus seinem Leben versorgt. Darunter jene, dass er nicht mehr nach Südafrika zurückkehren wolle, wo er sieben Kugeln abbekommen habe, als man ihm seinen BMW rauben wollte. Vielmehr habe er vor, hier ein Restaurant samt Camp aufbauen.

Andererseits liegen meine positiven Erinnerungen an Kamanjab an Tanja, die 1981 aus dem Ruhrgebiet nach Namibia auswanderte, und an Rolf, dessen deutsche Vorfahren bereits 1907 hierher kamen. Die beiden führen das Camp, in dem ich einen Stellplatz gefunden habe. Während mir Rolf einige Geschichten aus Namibia erzählt, kocht Tanja leckeres Essen oder wir grillen Boerwors, zu Spiralen geformte, würzige Bratwürste unterschiedlicher Länge und Inhalts.
Im Gedächtnis geblieben ist mir natürlich auch Pam. So habe ich den großen Python genannt, den ich genau auf dem Baum entdeckte, unter dem ich mein Camp aufgeschlagen hatte. Von meinen Touren durch Südamerika weiß ich, das Würgeschlangen ein sehr geringes Aggressivitätspotenzial haben und so

kann ich das schöne Tier in aller Ruhe beobachten. Die Schlange bleibt drei Tage in unmittelbarer Umgebung und muss sich täglich mein Gerede anhören ...
Die Abende in Kamanjab vergehen schnell und ich fahre ungern weiter, aber das noch immer unklare, mich beunruhigende Geräusch am Lkw veranlasst mich, zügig Richtung Windhoek aufzubrechen.

Die nächsten Wochen verbringe ich in Windhoek, lasse Vega alle noch fehlenden Impfungen verabreichen und am Lkw das Synthetiköl in sämtlichen Getrieben und Achsen wechseln. Auf das Geräusch angesprochen, meint der Werkstattmeister, das sei nur der Turbo, kein Grund zur Beunruhigung.
Mit dem Satz Reifen habe ich in Windhoek leider kein Glück, sie sind viel zu teuer. Meine Recherche ergibt, dass es in Johannesburg am einfachsten ist, Reifen zu bekommen. Mein Versuch, in der südafrikanischen Botschaft Informationen über die notwendigen Unterlagen für eine Einreise mit Hund zu erhalten, scheitert kläglich. Niemand fühlt sich zuständig, ich solle nach Pretoria fahren. Dass ich dazu ja erst mal in Südafrika einreisen muss, interessiert hier niemanden. Für das Paket, das ich nach Hause schicken möchte, verlangen die Kollegen bei der Post eine Unsumme. Also packe ich direkt vor aller Augen das Paket wieder aus und stelle es auf die Waage, fülle um, bis sie exakt 9,93 Kilogramm anzeigt, und zahle umgerechnet erträgliche 36 Euro für den Versand – aber ohne Garantie, dass das Paket jemals ankommt.
Da die neuen Reifen nun an die oberste Stelle meiner Prioritätenliste gerückt sind, beschließe ich, nach Johannesburg zu fahren. Ich werde eine Route quer durch Botswana nehmen, da mir jeder davon abgeraten hat, in Südafrika wild zu campen.
Bei der Ausreise aus Namibia hätte ich gerne die Mehrwertsteuer meiner hier erstandenen Waren zurück. Das Mädchen am Zoll macht mir äußerst bildhaft vor, für welche Dinge ich die Mehrwertsteuer zurückbekomme und für welche nicht. Nämlich für alles, was ich ausführe, mit Ausnahme der Sachen, die ich im Magen habe oder die bereits weiterverwertet ist! Ob dieser deutlichen Erläuterung fange ich herzhaft an zu lachen. Gemeinsam füllen wir die nötigen Unterlagen aus. Die Einreise nach Botswana geht sehr zügig, auch Vegas Permit wird anstandslos abgestempelt. Bereits in Namibia war es innerhalb der letzten Tage ziemlich kalt geworden und auch hier ist es morgens so ungemütlich, dass ich mich zwingen muss, das warme Bett zu verlassen. Es ist Juni und der ist hier nun mal ein Wintermonat.

Da ich Geld tauschen muss, fahre ich in die nächste größere Stadt, Ghanzi. Ob die Gesetzmäßigkeiten Afrikas oder Murphy's Law im Spiel waren, weiß ich nicht: Jedenfalls spuckt der Bankomat just in dem Moment kein Geld mehr aus, als ich nach einer halben Stunde geduldigen Wartens endlich an der Reihe bin.
Nach vierzig weiteren zähen Warteminuten in der Bank füllt die Frau am Schalter erst einmal sechs (!) Formulare aus. Langsam werde ich sauer. Nun

will sie meine Telefonnummer und ich beginne zu »deutscheln«, mein Ausdruck für eine europäische Verhaltensweise. Denn ich frage sie, warum sie meine Telefonnummer will. »Damit ich mit dir in Kontakt treten kann.« Ich will nur 2.000 Pula und da gibt es nichts zu reden hinterher ...
Meine Dummheit kostet mich weitere dreißig Minuten, denn ich beginne zu erklären, dass der Bankautomat draußen auch keine Telefonnummer von mir verlangt ... Nach diesem Erlebnis streiche ich für heute den Plan, noch eine Haftpflichtversicherung abzuschließen.

Pula heißt übersetzt »Regen« – ein interessanter Name für eine Währung. Ohne wesentliche Ereignisse geht es weiter Richtung Südafrika.

Der Grenzübertritt nach Südafrika ist in fünfzehn Minuten erledigt, Vegas Existenz verschweige ich besser. In Johannesburg benötige ich einen ganzen Tag, um einen Campingplatz zu finden. Mein Reiseführer von Südafrika in einer immerhin aktuellen Ausgabe von 2006 entpuppt sich als ziemlich unbrauchbar, die Informationen zu Stellplätzen und Übernachtungsmöglichkeiten sind längst überholt.
Dank einer hilfsbereiten Südafrikanerin, die alles stehen und liegen lässt, um mit mir per Internet nach einem Stellplatz zu suchen, komme ich gerade noch rechtzeitig vor Sonnenuntergang in einem Camp an. In einer Stadt wie Johannesburg sollte man nach Möglichkeit keinerlei Risiko eingehen, dazu gehört in jedem Fall, bei Dunkelheit nicht mehr im Freien herumzustreifen. Die Suche nach neuen Reifen gestaltet sich ziemlich aufwendig, aber ich finde jemanden, der sie mir zu einem sehr günstigen Preis beschaffen könnte. Allerdings müsste ich gut vier Wochen Wartezeit einkalkulieren. Ich willige ein.

Bei meinen Spaziergängen mit Vega durch einzelne als einigermaßen sicher geltende Bezirke der Stadt komme ich immer wieder an herrschaftlichen Palästen vorbei, die sich als Privathäuser gut betuchter Weißer entpuppen. Sie sind allesamt martialisch mit elektrischen Zäunen abgesichert, obendrauf Stacheldraht und Sicherheitskräfte stehen vor den Türen. Es fällt nicht schwer, die speziellen südafrikanischen Probleme zu verstehen, wenn man die reichen Villenviertel sieht und davor die dunkelhäutigen Bettler. Auffallend sind aber auch die vielen weißen Menschen, die an den Ampeln betteln. Auch auf dem Campingplatz, wo ich untergekommen bin, wohnen viele Weiße in Wohnwagen, Zelten oder ganz einfachen, gemieteten Holzhäusern. Da die Leute auf dem Camp sehr freundlich, hilfsbereit und offen sind, ergeben sich viele Gespräche über die Schwierigkeiten im Land. Vor allem die Kriminalität macht den Leuten schwer zu schaffen. So bekomme ich in den zehn Tagen, die ich dort verbringe, mit, wie eine Anwohnerin bei einem Raubüberfall fast erschlagen und eine andere ermordet wurde – weil einer ihr Handy haben wollte. Mir selbst ist glücklicherweise nichts zugestoßen, aber ich habe mich die ganze Zeit unwohl gefühlt und war ständig in Habachtstellung.

Meine Versuche, eine Haftpflichtversicherung abzuschließen – die sogenannte COMESA Yello Card, die auch für einige Länder gilt, die ich noch bereisen werde – scheitern. Der Besitzer des Campingplatzes versucht ein paar Mal, bei einer Versicherung nähere Informationen zu erhalten. Hier Auszüge aus diversen Telefonaten:
»Hallo! Ja, hier ist ein Tourist aus Deutschland, der gerne eine COMESA Haftpflichtversicherung abschließen möchte.«
»Woher er stammt? Er kommt aus Deutschland, einem Teil von Europa.«
»Ja, ich buchstabiere ...«
Dann ein neuer Versuch mit der gleichen Fragestellung:
»Er braucht eine Yello Card, COMESA Haftpflichtversicherung.«
»Ja, das kennen Sie?«
»Nein, nein, nicht Yellow fever, Yello Card ...!«
Wir geben es schließlich auf. Am Ende bekomme ich den Tipp, es beim Südafrikanischen Automobilclub zu versuchen.

Auf dem Weg aus Johannisburg hinaus frage ich dort nach. Der zuständige Mitarbeiter beim Automobilclub komme erst gegen vier Uhr nachmittags wieder ins Büro, erhalte ich die Auskunft. Das wird zu spät, um noch aus Johannesburg herauszukommen, glücklicherweise gibt man mir die Auskunft, dass sich in der Nähe ein Hotel mit einem Stellplatz im Hof befände. Der Mitarbeiter kommt natürlich später als angekündigt, aber wenigstens kennt er die Yello Card und erklärt mir, dass ich sie nur in Harare, Sambia oder weiter nördlich in Kenia ausgestellt bekomme.
Das Hotel ist wegen Renovierung geschlossen, welch ein Pech. Unschlüssig, was ich jetzt tun soll, fahre ich in der Gegend herum und stoße auf einen Minigolfplatz, wo ich die Möglichkeit habe, über Nacht stehen zu bleiben. Allerdings schließt der Platz bereits um sieben Uhr abends und ich stehe alleine hier mitten in Johannesburg. Wider Erwarten verläuft die Nacht aber ruhig. Zügig verlasse ich am folgenden Tag Südafrika, die Aus- und dann die Einreise an der Grenze zu Botswana dauern nur ein paar Minuten. Ich bin erleichtert.

DAS LETZTE GROSSE ABENTEUER
Abtauchen in eine andere Welt

In Gaborone, der Hauptstadt Botswanas, verbringe ich einige Tage und genieße die Freiheit, ohne Bedenken über die Märkte zu lustwandeln, auf denen weit und breit kein Weißer zu sehen ist. In Südafrika wäre das undenkbar gewesen.

Da meine Abenteuerlust wieder durchbricht, beschließe ich, die Kalahari von Süd nach Nord zu durchqueren. In Reiseführen liest sich diese Unternehmung so: »Die Piste durch die Kalahari nach Norden hat Expeditionscharakter. Diese stellenweise extrem tiefsandige Verbindung führt durch sehr einsame Regionen. Sie sollte im Konvoi von mindestens zwei Fahrzeugen befahren werden.« ... »Man kann eine Kalahari-Durchquerung als das letzte große Abenteuer im südlichen Afrika bezeichnen und man genießt das Privileg, einen Sonnenuntergang im Umkreis von über hundert Kilometern mit keinem anderen Menschen teilen zu müssen.«

Da die Kalahari jedoch ein Nationalpark ist, brauche ich ein Permit und fahre daher zur zuständigen Stelle. Dort erfahre ich, dass Fahrzeuge über 3,5 Tonnen mit 1.000 Pula täglich berechnet werden, für mich ein indiskutabler Preis. Nun habe ich den 7,5 Tonnen-Lkw in Afrika bereits auf 4,990 Tonnen abgelastet, aber als ich die optimierten Aufkleber mit 3,490 Tonnen anbringe, denke selbst ich, dass das schon sehr optimistisch ist. Zur Sicherheit fertige ich mir noch passende Papiere an und fahre am Khutse Game Reserve vor das Tor.

Das Khutse Game Reserve liegt unmittelbar am Central Kalahari Game Reserve, so muss ich erst durch das Khutse, bevor ich die Kalahari durchqueren kann. Ich spiele ein riskantes Spiel. Vega liegt versteckt hinten im Lkw und ich denke: »Wenn die den Hund entdecken und dann noch das tatsächliche Lkw-Gewicht, dann erklären sie dich für übergeschnappt und sperren dich ein.« Aber wie so manches Mal im Leben habe ich richtig Glück, alles geht gut.

Das Central Kalahari Game Reserve ist größer als Dänemark und ich treffe während der ersten vier Tage keinen einzigen Menschen. Es ist wie das Abtauchen in eine andere Welt. Die riesige Landfläche, die den Horizont verschluckt, diese völlige Ruhe, gepaart mit der Weite der Einsamkeit schaffen eine faszinierende Stimmung. Der blau bis rosarot schimmernde Himmel geht jeden Abend über in eine wundervolle, sternenklare Nacht. Manchmal sitze ich bis in die frühen Morgenstunden mit Vega am Feuer und bin einfach glücklich.

Die Piste ist weichsandig, aber ohne Mühe zu befahren. Jedoch zwingt mich die vorhandene enge Fahrspur, eigene Spuren zu ziehen, was den Spritverbrauch in astronomische Höhen treibt.

In der ersten Nacht zieht gegen elf Uhr ein Gewitter auf, ich nehme teil an einem Naturschauspiel, das mit den grellen, über den dunklen Nachthimmel zuckenden Blitzen seinesgleichen sucht. Leider ergießt sich der einsetzende starke Regen dann auch in die Fenster des Aufbaus hinein – mit einer Taschenlampe bewaffnet und nass bis auf die Haut bringe ich noch nachts ein Provisorium an.

Je weiter ich in den Norden der Wüste komme, umso öfter zeigen sich Tiere. Wegen Vega muss ich hier allerdings wieder verstärkt aufpassen. Zudem darf ich hier nur auf den ausgewiesenen und im Voraus reservierten Campingplätzen stehen und kann mir nicht selbst einigermaßen übersichtliche Stellen zum Campen aussuchen. Auch der Dieselverbrauch gibt mir jetzt zu denken, es könnte knapp werden mit den Reserven. Aber all das kann mir die Stimmung nicht vermiesen, auch ein wohlbekanntes »Pfff« lässt mich erst einmal kalt. Ein Ast hat sich in den Reifen gebohrt, ich werde das Loch selbst flicken können. Plötzlich aber höre ich Motorengeräusch. Ich springe gerade noch in den Aufbau und verstecke Vega, als ich auch schon ein Gruppe Ranger mit vier Autos nahen sehe. Toll, ausgerechnet jetzt! Ich kann nicht weg, die Ranger bleiben natürlich erst einmal stehen und fragen, was los ist. Jetzt ein Bellen von Vega und ich bin geliefert! Als würde sie es ahnen, bleibt sie absolut ruhig und nach etwa dreißig Minuten fahren die Ranger weiter. Wieder einmal Glück gehabt!
Den Reifen habe ich schnell geflickt. Auf der Suche nach meinem nächsten Übernachtungsplatz muss ich einen steilen, sandigen Hügel hoch, sehe aber bald ein, dass das nicht zu schaffen ist.
Unten im Tal mache ich einen schönen Platz aus, sogar mit einem Wasserloch. Eben noch freue ich mich über meine Entdeckung, da bemerke ich die Zelte rechts. Zu spät, man hat mich schon gesehen. Es ist ein Rangercamp. Ich stelle den Lkw weit genug entfernt ab und frage, ob ich irgendwo hier unten schlafen könne, da ich den oberen Platz nicht mit dem Lkw erreiche. Nach einigem Hin und Her wird es mir genehmigt. So finde ich einen herrlichen Stellplatz. Am Campingtisch sitzend komme ich vor lauter »Tiere gucken« kaum zum Essen. Kalahari pur!

Reparatur

Kalahari

Da die Piste nicht deutlich besser wird und der Diesel bedenklich zur Neige geht, muss ich auf einige geplante Abstecher verzichten und den direkten Weg zum Ausgang nehmen. Außerhalb des Nationalparks mache ich erst einmal Rast und gehe ausgiebig Gassi mit Vega – wieder einmal hat der brave Hund nicht »gemotzt« und alles ertragen. In Rakops, dem ersten Dorf hinter dem Park, gibt es leider keinen Diesel und so muss ich bis Maun fahren. Auf halber Strecke überholt mich ein Reisebus, die Leute drinnen winken und gestikulieren wie wild zu mir herüber. Ich bleibe stehen und sehe, dass die hintere rechte Box, außen am Lkw angebracht, offen und leer ist! Verflixt, das gesamte Hundefutter ist weg einschließlich anderer Kleinigkeiten und der hintere rechte Reifen ist platt!

Zum Zurückfahren reicht der Sprit nicht mehr und außerdem muss ich erst den Reifen wechseln. Das dauert. Mit den letzten Tropfen Diesel rolle ich in Maun ein.

Die nächsten Tage verbringe ich mit Wartungsarbeiten rund um den Truck – fülle die Gasflaschen auf, flicke den Reifen, schmiere den Lkw ab, erledige einige kleinere Reparaturen und reinige gründlich. Während dieser monotonen Arbeiten reift eine Idee in mir heran. Dazu suche ich wenig später das Department of Wildlife auf. Auf meiner Detailkarte habe ich entdeckt, dass ich theoretisch auch um das Okavango-Delta herumfahren könnte – einschränkend ist allein ein kleiner Vermerk in der Karte, dass dies nicht für selbstfahrende Touristen gelte.

Das gesamte Gebiet nördlich des Okavango-Deltas ist Konzessionsland. Es ist in Parzellen aufgeteilt und die jeweiligen Inhaber dürfen dort jagen oder Touristen-Touren anbieten. Da es sich hier um sehr exklusive Angebote handelt, vor allem im Preis, haben es die Konzessionsinhaber nicht gerne, wenn da einer wie ich auftaucht.

Das könnte ein Problem werden. Allerdings könnte ich so den Nationalpark umgehen, müsste eventuell nur am Ende ein ganz kurzes Stück durch den Chobe Nationalpark. Das will ich jetzt auf dem Department klären. Für meinen Plan brauche ich aber bestimmt eine einleuchtende Begründung. »Einfach so« bekommt hier niemand eine Sondergenehmigung …

Ich lasse es erst einmal darauf ankommen.

FÜNF-STERNE-TAGE
Ich möchte nicht um dich weinen, vergiss das nicht, Rosemary

Im Department treffe ich auf eine nette junge Frau namens Rosemary, der ich mein Anliegen vortrage. Sie zaudert und versucht, mir mein Vorhaben mit allerlei Begründungen auszureden: dass das Gebiet nicht sicher sei, da dort viele wilde Tiere lebten, und dass ausgerechnet der Teil, den ich mir ausgesucht hätte, gerade stark überflutet sei, was ein Passieren unmöglich mache. Ich lasse nicht locker und zeige ihr von Weitem den Lkw. Wie fast immer wirkt er auch jetzt Wunder. Mein Reisegefährt wirkt, als könne es nichts und niemand aufhalten. Sie willigt ein und trägt die Route mit einem Marker ein. Als ich mir für alle Fälle noch ihren Namen notiere, verabschiedet sie mich mit den rührenden Worten: »Ich möchte nicht um dich weinen, vergiss das nicht.«

Derart motiviert fahre ich am nächsten Tag los. Der Okavango-Fluss ist mit rund 1.600 Kilometern Länge der drittgrößte Fluss im südlichen Afrika. Seine Besonderheit: Er findet keinen Weg zum Meer sondern ergießt sich quasi in die sandige Kalahari.
Dabei entsteht das größte Binnendelta der Welt, das Okavango-Delta – ein Naturwunder, so groß wie Schleswig Holstein. Und schon zwei Tage später habe ich ein derartiges Glück, dass ich es kaum glauben kann. Auf der Suche nach einem Übernachtungsplatz wende ich mich gen Osten Richtung Delta, als ich auf einen Posten vor einem Absperrzaun treffe. Ja, wird mir erklärt, das sei ein Veterinärzaun, ja, sie hätten den Schlüssel zum Tor. Wenn ich wollte, könnte ich auch hinein – wird mir mit ausgestreckter Hand bedeutet. Zwei Bier, zwei Dosen Cola und ein Päckchen Zigaretten wechseln den Besitzer und ich werde durchgelassen!

Veterinärzäune sollen das Übergreifen von Maul- und Klauenseuche sowie Rinderpest verhindern. Auch sollen Wildtiere und Nutztiere damit getrennt werden. Sie unterbrechen aber vor allem die Wanderwege großer Wildtierherden, vor allem von Gnus, Zebras und Antilopen. So verendeten 1983 in der Nähe des Xau-Sees mehr als 50.000 Gnus entlang eines Zaunes, weil sie das von extremer Trockenheit heimgesuchte Gebiet nicht verlassen konnten.

Die Piste ist derart tiefsandig, dass ich nur im ersten Gang und mit Vollgas vorankomme. Die vielversprechenden Elefantenspuren im Blick, quäle ich den Lkw Stück für Stück vorwärts. Nach einer Stunde ist das Schlimmste geschafft, die erste Wasserdurchfahrt kommt und danach fahre ich nur noch offroad auf gutem Untergrund. Zwischendurch passiere ich immer wieder Wasserfurten, was durchaus normal ist in einem Delta. Zwei Tage raste ich an einem kleinen See und widme mich der Beobachtung der Tiere am Wasser.

Woanders mögen Vögel den Tag besingen, hier im Okavang- Delta ist die Begeisterung über das Morgengrauen ohrenbetäubend. Vor allem, weil sich die übrige Tierwelt in das Konzert einmischt: Flusspferde prusten, Paviane toben kreischend durch das Geäst der Mopanebäume, Warzenschweine kommen zum Wasser und quieken dabei aufgeregt, und in eine undurchdringliche Staubwolke gehüllt galoppiert eine Zebraherde heran. Wie Finger tasten sich die ersten Sonnenstrahlen durch die Landschaft, verwandeln das Wasser der Seen in blaue Spiegel, verlieren sich im struppigen Gesträuch der Dornbuschsavanne und erhellen das dichte Unterholz alter Teak- und Ebenholzwälder.

Ich liege bei offener Tür mit einer Tasse Kaffee im Bett, als vier große Elefanten wie aus dem Nichts neben mir auftauchen. Atemlos vor Begeisterung halte ich die Luft an ... Unbezahlbar!

Leider wird meine Stimmung getrübt durch Vegas Verdauungsprobleme, sie hat wohl wieder irgendetwas Verkehrtes ausgegraben und gefressen. Also muss ich mindestens dreimal nachts mit ihr in den stockdunklen Busch und jedes Mal kehre ich bis in die Zehenspitzen angespannt wieder zurück.

Deshalb

Bei meinen täglichen Ausfahrten stoße ich auf eine stattliche Anzahl an Büffeln. Welch imposante Geschöpfe, welch eigenwilliger Duft, den sie verströmen.
Vegas Durchfall wird leider nicht besser, inzwischen ist sogar ihr Kot blutig und ich mache mir ernsthafte Sorgen. Nach einer Dosis Elektrolyte gegen die Austrocknung und einem Fastentag gebe ich ihr nur noch Reis mit Buttermilch zu fressen. Dennoch muss ich weiterhin mehrmals die Nacht mit ihr hinaus.

Nach ein paar herrlichen Tagen verlasse ich das Schutzgebiet und wende mich nun in Richtung Caprivizipfel in Namibia, der oft fälschlich mit Caprivi-Streifen übersetzt wird. Dazu muss ich zunächst mit der Fähre den Okavango überqueren, um auf der anderen Seite wieder in das Delta hineinzufahren.
An einer Schule, in der drogenabhängigen Kindern und Jugendlichen geholfen wird, bleibe ich über Nacht stehen. Hier gibt es eine Bäckerei und eine Schweißerei, in der die Jugendlichen praktische Verrichtungen des täglichen Lebens erlernen. Es wird ihnen auch beigebracht, wie Häuser gebaut werden. Als großen Nachteil empfinde ich, dass die Kinder mit achtzehn Jahren die Schule verlassen müssen und sich niemand um ihren weiteren Lebensweg kümmert. Einer der Jungs kommt am Abend zu mir an den Lkw, er hat frisches Brot dabei und Kaffee, und klagt mir sein Leid. Im kommenden Monat müsse er gehen, weil er kein Geld hat, um die Schule für die nächsten zwei Jahre zu bezahlen, ebenso wenig habe er eine Aussicht auf einen Job. Er sagt, dass er Angst vor der Zukunft habe. Sein Traum wäre es, Tour Guide für Touristen zu werden.

Als ich Dave, den Leiter der Einrichtung, am nächsten Tag auf die Problematik anspreche, erklärt er, dass sie nur die Mittel und Möglichkeiten hätten, den Kindern einen kleinen Grundstock für ihr Leben mitzugeben, den Rest müssten sie selbst schaffen. Lange denke ich über seine Worte nach, schwanke zwischen Verständnis und ein wenig Zorn, weil es aus meiner Sicht hier an Engagement und Motivation fehlt. Schließlich geht es doch nur um fünfzig Kinder! Aber vielleicht machen jahrelange Erfahrungen mit regelmäßigen Rückschlägen auch einfach müde?
Die Orientierung wird jetzt immer schwieriger, denn die Piste steht teilweise unter Wasser und ich muss immer wieder in das angrenzende Gelände ausweichen. Da es sich meist um dichten Busch handelt, sind aufwendige Manöver nötig.
In einem Dorf versuche ich nach dem Weg zu fragen, sofort umringen mehrere Leute den Lkw. Meine Landkarte erweckt großes Interesse und es folgt eine hitzige Diskussion, wo überhaupt wir uns auf der Karte befänden – keine große Hilfe also.
Ein entgegenkommender Militär-Lkw wird ungewollt zu meinem Wegweiser, denn ich kann seine Spur gut zurückverfolgen, was mir den weiteren Streckenverlauf ungemein erleichtert. Ich möchte nicht von der geplanten

Wo sind wir überhaupt?

Route Richtung Linyanti abweichen, denn nur dafür habe ich Rosemarys Erlaubnis.

Bei unserem abendlichen Spaziergang stoße ich auf einen weiteren Militär-Lkw, der komplett abgesoffen mitten in einem Wasserloch steckt. Ich werde also noch mehr auf die Wasserlöcher achtgeben müssen, die als solche schwierig zu erkennen sind.
In der Früh fahren zwei Militär-Lkws vorbei, einer davon ein Bergewagen. Bis ich bei dem havarierten Lkw bin, haben die Soldaten den Lkw bereits am Haken. Beim Versuch, ihn zu bergen, hebt sich aber die gesamte Vorderachse des Bergewagens, die Jungs haben keine Chance. Entsprechend unfreundlich verhalten sie sich auch mir gegenüber. Erst nach ein paar netten Worten erlauben sie mir, einige eindrucksvolle Bilder von der Bergungsstelle zu machen und informieren mich über den weiteren Weg.

Quer durch den Busch unterwegs, muss ich schon einmal einen Baum fällen, um voranzukommen. Das ist immer noch praktikabler, als den Truck im Gelände umständlich zu wenden, vor allem weil ich beim Aussteigen immer wieder merke, wie nass der Boden hier ist. Mit Glück und GPS finde ich den richtigen Abzweig und kann nun weiter dem tiefsandigen und schmalen Weg folgen.

Vorsicht ist geboten

Gegen Abend erreiche ich ein kleines Wasserloch, die Spuren deuten auf einen beliebten Elefantentreffpunkt hin. Es ist nur sehr wenig Platz um das Wasserloch herum, maximal zehn Meter entfernt kann ich stehen bleiben. Das ist schon riskant nahe und ich bin hin- und hergerissen, ob ich hier bleiben soll. Die Entscheidung wird mir abgenommen, als mein Blick zufällig auf den hinteren Kotflügel fällt, der tief eingedrückt ist. Das muss wohl irgendwo im Busch passiert sein. Also stelle ich den Lkw einigermaßen sichtgeschützt ab, um gleich mit der Reparatur zu beginnen.
Wie befürchtet, taucht schon kurz darauf und nur ein paar Meter entfernt ein Elefantenbulle auf. Ich zwinge mich, ruhig zu bleiben und verziehe mich unter den Lkw. Wieder einmal bin ich überrascht, wie leise sich so ein Riesentier im Busch bewegen kann. Ohne einen Laut kam der Bulle bis wenige Meter an mich heran.
Er ist nervös, ich bin es auch, aber nach einer kleinen Runde um den Lkw herum geht er erst einmal trinken.
Kaum mit der Reparatur fertig, laufe ich mit Vega um das Wasserloch herum, damit sie noch ihr Geschäft erledigen kann und verziehe mich dann in den Aufbau. Keine halbe Stunde später strömen aus allen Richtungen die Elefanten zum Wasserloch, der Lkw stört sie glücklicherweise nicht. Einige Tiere laufen so nah vorbei, dass ich sie durch das Fenster berühren könnte. Ich kann gut sehen, wie sich einige gegenseitig begrüßen, und es ist eine Freude, den vielen Elefantenjungen beim Trinken und Planschen zuzusehen.

Es ist bereits dunkel, als zwei Löwen zum Saufen kommen. Ich bete, dass Vega diese Nacht durchhält. Als mir schon die Augen zufallen, ist immer noch »Party« am Wasserloch.

Was die Bezeichnung »Jagdgebiet« bedeutet, davon werde ich am folgenden Morgen unfreiwilliger Zeuge. Kurz vor Abfahrt sitze ich bereits wartend hinter dem Lenkrad, um einen Elefantenbullen noch in Ruhe fertigtrinken zu lassen, als plötzlich ein Motorengeräusch die Stille durchbricht.

Der Bulle horcht sofort auf, trompetet einmal laut, wendet und stampft hastig in völliger Panik und ohne Rücksicht auf Verluste in den Busch hinein – ich vermute, aus Angst, zum Opfer eines Jägers zu werden. Kurz darauf kommt nur ein Landrover vorbei, der einen anderen Jeep im Schlepptau hat.

Wenn es Fünf-Sterne-Tage gibt, dann ist der heutige wieder einer. Erst geben sich König samt Königin die Ehre, die beiden Löwen liegen satt und zufrieden mit vollgefressenen Bäuchen mitten auf dem Weg und lassen sich durch mich nicht stören. An einer Lagune umringen Hunderte von Büffeln den Lkw, und als ich dann direkt bis hinunter ans Wasser fahre, bin ich überwältigt. Unzählige Nilpferde, mehr als dreißig Elefanten, drei Giraffen und die Büffelherde geben sich hier ein Stelldichein. Das Gassigehen mit Vega gerät hier ein wenig zum Glücksspiel, ich versuche, mich soweit wie möglich von den Tieren fernzuhalten.

Während meiner Zeit an der Lagune sitze ich meist auf dem Dach des Trucks und genieße meine vollkommene Glückseligkeit.

Eines frühen Abends gegen sechs Uhr kommt ein Jeep angefahren mit einer Gruppe Touristen hinten auf der Ladefläche. Der Guide steigt aus und erklärt mir, dass ich hier nicht stehen dürfe, es sei Konzessionsgebiet. »Ja, ja«, antworte ich ihm beschwichtigend mit dem breiten Grinsen, das ich vor lauter innerer Zufriedenheit seit einigen Tagen mit mir herumtrage.

Als ich wenig später damit beschäftigt bin, mir mein Abendessen zuzubereiten, hält plötzlich ein Jeep neben mir. Ein augenscheinlich wütender Mann springt heraus, ein zweiter bleibt sitzen. Ohne sich weiter vorzustellen, versucht mich der Typ in den nächsten Minuten zur Schnecke zu machen. Ich sei illegal hier, hätte keine Befugnis, hier mit dem Lkw herumzufahren und so weiter ... Ich bleibe erstaunlich ruhig, warte, bis er Dampf abgelassen hat. Ich soll ihm zum Hauptquartier der Konzessionsbesitzer folgen. Jetzt ahne ich Schlimmes. Immer wieder bin ich entlang des Weges auf große Schilder gestoßen, die bei unerlaubtem Betreten des Konzessionsgebietes mit einem saftigen Bußgeld drohen. Kurz und gut, ich komme einmal mehr glimpflich davon, muss hier vor Ort 100 Pula berappen und mich morgen im Hauptquartier abmelden. Da muss ich nicht mal meinen Joker »Rosemary« ziehen. Mit dem Hinweis, den Lkw nicht mehr zu verlassen, da hier seit ein paar Tagen Löwen unterwegs seien, werde ich verabschiedet. Am nächsten Morgen betrete ich das Hauptquartier und werde dort wider Erwarten sehr freundlich empfangen. Man erklärt mir den weiteren Weg und gibt mir sogar noch eine Detailkarte des Selinda Reserve mit.

Es geht weiter durch eine traumhafte Landschaft, immer wieder kreuzen Tiere den Weg und an einem schönen Platz am Fluss mache ich Mittag. Wieder kommt ein Touristenjeep und es gibt wieder Ärger. Es sei Konzessionsgebiet und ich dürfe die Transitroute nicht verlassen, sagt der Mann: »Hey, Junge, ich steh höchstens drei Meter weg von der Straße.« Egal, ich stehe offroad, und das ist verboten. Aber auch heute bin ich nicht aus der Ruhe zu bringen und sage zu weiterzufahren. Bei der Verabschiedung fragt mich der Guide noch: »Hast du wilde Hunde gesehen?« »Jaja«, sage ich, »drei Kilometer entfernt und einen hab ich im Auto.« Ich mache die Tür auf und der Guide schaut rein. An das Gesicht werde ich mich wohl immer erinnern und sicherlich immer laut dabei lachen. Gerne wäre ich noch ein paar Tage geblieben, aber weiterer Ärger wäre wohl abzusehen.

Ich fahre durch bis zum Chobe Nationalpark. Meine Route durch den Park beträgt zwar nur acht Kilometer, aber erst entdecke ich einen toten Elefanten im Busch, der mich eine Weile aufhält, und dann erreiche ich den Linyant-Campingplatz und beschließe, hier eine Nacht zu verbringen. Am Parktor frage ich einen Ranger erst einmal nach dem toten Elefanten. Ja, der sei im Jagdgebiet angeschossen worden und habe sich in den Park gerettet, wo er verendet sei. Mir ist die Problematik der Überpopulation von Elefanten durchaus bewusst, aber ich habe absolut kein Verständnis für Menschen, die sich daran ergötzen, ein Tier zu erschießen.

Der Ranger erteilt mir die Erlaubnis, die Nacht auf dem Campingplatz zu verbringen, sie hätten keine weitere Reservierung vorliegen. Allerdings beäugt er misstrauisch den Truck und will wegen des zulässigen Gesamtgewichts den Kfz-Schein sehen. Nun hat sich meine Arbeit doch noch gelohnt, der optimierte Schein wird mit einem kurzen Nicken akzeptiert und mit einem Lächeln fahre ich auf den Campingplatz.

Der Platz ist superschön, ein Elefant stellt sich vor die hintere Tür und hält mir seinen Rüssel bis auf ein paar Zentimeter vor mein Gesicht. Das ist selbst mir zu nah und ich verzieh mich.
Ich liebe es, am frühen Morgen die Tür hinten zu öffnen und mit einer Tasse Kaffee in der Hand dazusitzen. Ein paar Hippos liegen friedlich direkt vor mir im Wasser, der Nebel zieht über den Fluss hoch und verbreitet eine Stimmung, die niemand beschreiben kann. Jedes Wort hierfür wäre eine Beleidigung.
Durch das Chobe Forest Reserve komme ich nach Kasane, direkt am Grenzdreieck zu Simbabwe und Sambia.
Auf dem Campingplatz laufen jede Menge Warzenschweine herum. Vega ist neugierig, aber vorsichtig. Unter Einhaltung einer gesunden Distanz finden

sie ein Auskommen miteinander. Allerdings schießt meine Hündin deutlich über das Ziel hinaus, als sie eine Zebramanguste erwischt und halb tot beißt. Ich kann zwar noch Vegas Maul aufreißen, wobei die Manguste herausfällt, aber sie hat so tiefe Bisswunden, dass ich sie durch einen Schnitt mit der Machete erlösen muss. Ich bin unendlich wütend und traurig, auf den Hund genauso wie auf mich. Das Schlimme ist auch, dass ich in den nächsten zwei Wochen täglich an den Vorfall erinnert werde, denn die arme Manguste hat in ihrer Todesangst alle Drüsen geöffnet, sodass Vega gewaltig nach dem Tier stinkt.

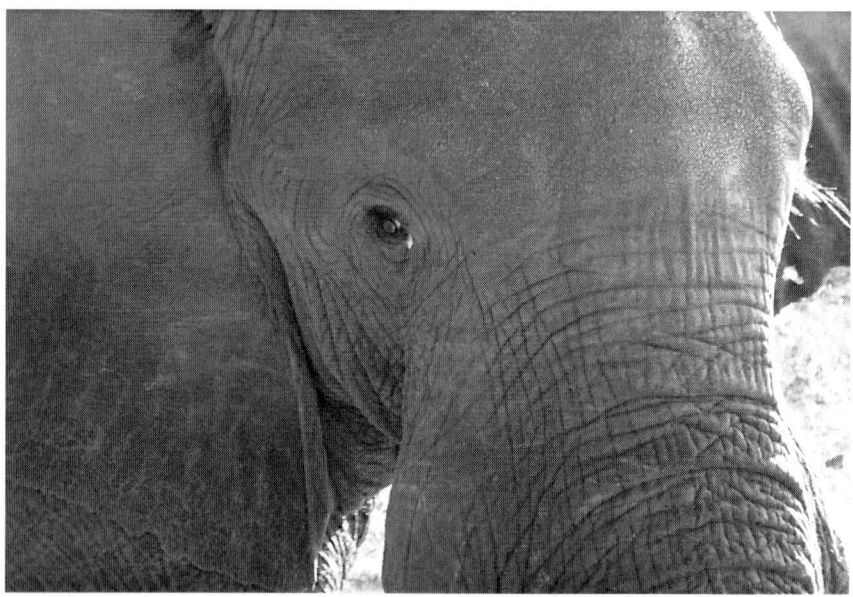

ABSEITS DER GEPLANTEN STRECKE
Nur wenn man nichts mehr hat, ist man wirklich frei
Bill Taylor

Simbabwe hatte ich zwar ursprünglich nicht auf dem Radar, aber in Swakopmund traf ich zwei weiße Simbabwer, die mir glaubhaft versicherten, dass es zurzeit dort relativ ruhig sei. Es gäbe zwar keinen Sprit zu kaufen und die Versorgungslage für die Bevölkerung sei katastrophal, aber das schreckt mich nicht ab.
Ein Routenplan ist schnell entworfen. Erst möchte ich den Victoriafällen einen Besuch abstatten und danach weiter ins Landesinnere fahren. Die Einreise verläuft glatt, Vega bekommt einen Stempel auf ihr Permit und so rolle ich gut gelaunt in Simbabwe ein.

Victoria Fall, so heißt der Ort, ist ziemlich touristisch angehaucht, zudem laufen auf dem Campingplatz drei riesige Hunde herum, sodass ich mir wegen Vega Sorgen mache. Das erweist sich jedoch schon zwei Stunden später als völlig unnötig. Deutlich dominiert sie die beiden jungen Rüden, was sich in munterem Bespringen äußert, nur um den alten Rüden macht sie einen großen Bogen. Gut ist, dass ich Vega den ganzen Tag hier frei laufen lassen kann, denn der Platz wird ausschließlich von jungen Overlandern bevölkert, die nichts gegen Hunde haben. Das Grundstück ist zudem eingezäunt. Daher bleibe ich länger als eigentlich geplant.

Der offizielle Tauschkurs für einen US-Dollar beträgt 360 Simbabwe-Dollar. Auf dem Schwarzmarkt hier bekomme ich für einen US-Dollar jedoch satte 120.000 Simbabwe-Dollar. Also tausche ich nur zwanzig US-Dollar, zu kaufen gibt es hier sowieso so gut wie nichts.
In einem Versicherungsbüro feilsche ich zwei Tage lang um die COMESA Yello Card- Haftpflichtversicherung. In den meisten Ländern sei sie zurzeit nicht gültig, lautet die einschlägige Auskunft. Überprüfen kann ich das natürlich nicht. Am Ende jedoch drückt die Angestellte den Gültigkeitsstempel für alle Länder, die ich noch bereisen möchte, auf den Versicherungsschein. Natürlich habe ich damit keinen wirklichen Versicherungsschutz, aber der Stempel wird an den Grenzen und bei der Polizei helfen. Auch weist sie auf meinem Formular die Versicherung mit einem Jahr Gültigkeit aus, obgleich tatsächlich nur eine maximale Dauer von sechs Monaten möglich ist. Wer sollte sich da noch über meine gefälschten Fahrzeugpapiere aufregen! Von den anfangs geforderten 256 US-Dollar zahle ich am Schluss 130 und das ist auch genug.

Die Victoriafälle selbst sind ganz beeindruckend, aufgrund vieler Erzählungen habe ich sie mir aber wesentlich imposanter vorgestellt, mit mehr Flair, einfach etwas mehr Livingstone.

Victoriafälle

Auf dem Rückweg laufe ich einer Frau in die Arme. Dr. Mucengo ist eine dunkelhäutige Spiritistin, die mir etwas über mich erzählen will – ohne Entgelt, versteht sich –, ich hätte »gute Schwingungen«. Da ich gut gelaunt bin, lasse ich mich darauf ein und erfahre Folgendes über mich: Mein Kopf sei so voll, dass ich Kontakt zu meinen Ahnen aufnehmen müsse, um meinen Weg zu finden. Sonst würde ich immer in der Welt umherreisen, ohne mein Ziel zu finden. Ich solle mich vor Sonnenaufgang mit dem Wasser des Sambesi waschen und das Pulver, das sie mir sogleich in die Hand drückt, verstreuen. Ich könne viel, fährt sie fort, verhalte mich aber auch zickig, weil ich in Gedanken schon immer viel weiter sei und dann ungehalten reagiere, wenn mir meine Umwelt nicht gleich folgen könne. Sie betont nochmals, dass es in meinem Kopf zugehe wie in einem Computer und dass sie meine Zukunft in Afrika sähe. Aha! An das zuletzt Geäußerte glaube ich zwar nicht, aber mit ihrer übrigen Einschätzung ist sie mir schon recht nahe gekommen. Ich bin beeindruckt. Noch mehr, als sie mir zum Abschied wirklich nur einen Kuss auf die Stirn drückt und mir kurz über die Wange streicht.

Am Tag meiner Abreise gehe ich in der Früh lange mit Vega spazieren, muss dabei Elefanten und Pavianen großzügig ausweichen, denn die laufen hier mitten durch die Stadt. Auf dem Weg zum Chizarira Nationalpark ist absolut kein Verkehr, klar, wenn hier weder Benzin noch Diesel zu bekommen sind. Absolut freundliche Menschen treffe ich an, die sich ganz ohne die sonst allerorten übliche Bettelei einfach nur freuen. Diesem Phänomen bin ich jetzt schon lange nicht mehr begegnet und so bleibe ich gerne stehen und kaufe einem Mann am Straßenrand zwei geschnitzte Geparden ab, das Stück für umgerechnet 65 Eurocent. Als ich frage, ob er Hunger habe, nickt er heftig. Ich bitte ihn ganz spontan, seine Familie zu holen, und wir essen gemeinsam die Reste meiner Mahlzeiten vom Vortag auf der Straße. Auf meine Frage, ob es denn schmecke, erhalte ich ein zufriedenes »Delicious!« zur Antwort. Da ich wusste, dass hier große Not herrscht, habe ich vorher reichlich eingekauft und verteile immer wieder gerne Lebensmittel. Auch esse ich nie alleine, immer finden sich Menschen, die Hunger haben. Sie kommen aber nur, wenn ich sie ausdrücklich einlade.

Zumindest entlang des Lake Kariba kann ich Simbabwe ohne Einschränkungen empfehlen. In keinem meiner Buschcamps war ich von mulmigen Gefühlen geplagt oder hatte unangenehmen Besuch.
Um in den Chizarira Park zu gelangen, muss man allerdings gute Nerven haben. Eine grauenhafte Piste führt in die Berge hinein. Am ersten Ranger-Posten, den ich erreiche, freuen sich die Ranger mich zu sehen, der letzte Besucher war vor drei Wochen hier! Am Hauptquartier im Park werde ich ebenfalls sehr freundlich empfangen und anhand der Karte erklärt man mir, wo es möglich ist zu campen. Dafür muss ich allerdings erneut schwieriges Gelände überwinden. Das Camp stellt sich als ein in den Hang gebauter und überdachter Unterstand heraus, der einen schönen Blick auf den unten vorbeifließenden Fluss freigibt. Es liegt ausreichend Holz zum Feuermachen da und so haben Vega und ich einmal mehr einen Traumplatz aufgetan, der noch am selben Abend mit Hyänengeheul und Löwengebrüll garniert wird.

Ich bleibe schließlich einen Tag länger als geplant und fahre kreuz und quer durch den Park. Es sind keine weiteren Besucher da und die Ranger können wegen Dieselmangels keine Kontrollfahrten machen.

Warum ich mir als Ziel ausgerechnet Bumi Hills ausgesucht habe, weiß ich zwar im Nachhinein nicht mehr, aber ich lande damit einen Volltreffer. An einem Seitenarm des Lake Kariba entdecke ich eine Bucht, an der schon um die Mittagszeit etwa sechs Gruppen Elefanten umherlaufen. Gerade bin ich draußen mit Vega unterwegs, als ein Ranger auf mich zukommt. »Mist!«, denke ich gerade noch, aber es ist schon zu spät. Hier könne ich nicht stehen bleiben, sagt er nur, das sei Nationalpark. Vega beachtet er gar nicht. Ich zeige ihm auf der Karte, dass hier kein Nationalpark eingezeichnet ist. Ja, aber der wäre in Planung … Es folgt eine längere Diskussion und am Ende murmelt er kurz etwas in sein Handfunkgerät. Kurz darauf kommt ein junger Weißer angefahren, der sich mit »Mister Nick« vorstellt. Er führt die Lodge am Hügel oben, nachdem sie über sieben Jahre geschlossen war, und lädt mich ein, kostenlos oben an der Lodge einen Stellplatz zu beziehen. Ich mache ihm klar, dass ich den Platz hier bevorzuge und nach einem kurzen Gespräch mit dem Ranger darf ich bleiben.

Mister Nick fragt mich noch, ob ich den »Elefantenmenschen« kennenlernen wolle. »Gerne«, antworte ich. Zwei Stunden später lerne ich Bill Taylor kennen. Auf seinen Isuzu hat er hinten ein paar Gäste von der Lodge aufgeladen und fragt mich, ob ich mit auf die Tierpirsch wolle. So lande ich bei den anderen hinten auf dem Pick-up. Ich bemerke gleich, dass die Elefanten Bills Auto kennen. Völlig entspannt, ohne das Fressen auch nur eine Sekunde zu unterbrechen, lassen sie Bill bis auf zwei Meter heranfahren.
Der »Elefantenflüsterer« hat jedem Tier einen Namen gegeben, und so streckt jetzt Calypso seinen Rüssel zu Bill hinüber. Der hält seine Hand heraus und berührt fast den Rüssel. Nie bin ich jemals so nahe mit einem Fahrzeug an wilde Elefanten herangefahren, ohne dass sie sich stören ließen.

Am nächsten Tag kommt Bill um sechs Uhr morgens mit hausgemachtem Gebäck, Früchten, Nüssen und Tee vorbei. Wir müssen nicht viel reden, wir verstehen uns auch so. In knappen Worten erzählt er mir, dass er vor zehn Jahren alles verloren habe, besser gesagt, die Regierung habe ihm alles abgenommen. Ein hiesiger Einwohner, dem er einmal geholfen hatte, habe ihm daraufhin sein Haus zur Verfügung gestellt. Seitdem lebe er hier und gebe auf die Tiere acht. Drei wesentliche Sätze bestimmen Bills Leben. Der erste lautet: »Nur, wenn man nichts mehr hat, ist man wirklich frei«, der zweite: »Wenn man einmal Menschen umgebracht hat, macht Tiere töten keinen Spaß mehr.« Der dritte Satz ist: »Ich hatte den Tod schon so oft vor Augen, dass jeder neue Tag ein Geschenk ist.« In den folgenden Tagen erfahre ich stets ein wenig mehr aus Bills Vergangenheit. Als weißer Simbabwer war er im Rhodesien-Krieg als sogenannter Sniper eingesetzt, früher war er einmal Jäger, sein ursprünglicher Beruf ist aber Zahnarzt. Nach einem bewegten Leben hat er hier endlich Ruhe und sein Glück gefunden.

Heute muss ich mich um ein schabendes Geräusch an der vorderen Reifentrommel des Lkw kümmern. Irgendwo im Nirgendwo könnte sich das zu einem echten Problem auswachsen. Erst bocke ich den Lkw auf und drehe ein wenig am Vorderrad, ohne etwas festzustellen. Leider kann ich nichts entdecken, also heißt es Reifen und Bremstrommel abmontieren. Ich finde dann eine gebrochene Zugfeder am Bremsklotz. Die Reparatur – wohlgemerkt inmitten von Elefanten! – gelingt mir unter Zuhilfenahme einiger unkonventioneller Werkzeuge, ich bin stolz auf meine Leistung.

Am Nachmittag besuchen mich Bill und seine Frau Merry und wir unternehmen wieder eine Fahrt, um Tiere zu beobachten. Später werden wir von Mister Nick zu einem Buschdinner eingeladen. Mitten im Gelände sind Tische aufgebaut und es gibt ein leckeres Abendessen bei wunderbarem Sonnenuntergang. Um uns herum Büffel, Elefanten, Antilopen und zwei bewaffnete Rancher, die aufpassen. Das wäre aus seiner Sicht nicht nötig, meint Bill, aber die Rancher sind sichtlich stolz auf ihren Job.

Arbeit, aber, unter Elefanten gerne

Der Einladung von Merry und Bill folgend fahre ich am nächsten Tag zu ihrem Haus. Hier erfahre ich noch mehr über Bills Arbeit. Er zeigt mir Hunderte von Drahtschlingen, die er allein während der letzten Monate von allen möglichen und unmöglichen Stellen entfernt hat. Es sind dicke und dünne, längere und kürzere Exemplare unter den mörderischen Schlingen, je nachdem, was der Fallensteller jagen wollte. Bill erklärt, dass er schon einmal ein Auge zudrücke, wenn es für den Wilderer ums Überleben ginge, aber leider seien die meisten illegalen Jäger professionell unterwegs, um das Fleisch anschließend an Metzgereien zu verkaufen. Als ich ihn frage, was er denn tue, wenn er einen erwische, lächelt er nur breit! Das Haus, in dem Bill und seine Frau wohnen, liegt direkt am Lake Kariba und macht einen sehr gepflegten und liebevoll eingerichteten Eindruck. Die Toilette befindet sich mitten in einem ummauerten, dicht mit Palmen und anderen Pflanzen bewachsenen Garten – wahrhaft das schönste Örtchen, auf das ich mich jemals zurückgezogen habe.

Da ich über ein akzeptables Sortiment an Werkzeugen verfüge, reparieren wir einige Dinge im und um das Haus herum. Typisch deutsch in der Ausführung, erhalte ich dabei von Bill den ironischen Seitenhieb, ich solle nicht alles so genau nehmen, am Ende gewöhne sich seine Frau noch an den deutschen Perfektionismus ... Ich werde aber fürstlich entschädigt für meinen Einsatz, denn zum Dessert gibt es nach dem Abendessen Sahnetörtchen, ich bin begeistert!

Bill Taylor

Bill und Merry unterhalten mich mit spannenden Tiergeschichten und ich halte ungläubig inne, als Bill sagt, dass er die Tsetsefliege geradezu liebe. Tsetsefliegen seien für Wildtiere absolut ungefährlich, nur Nutztiere würden von den Stichen krank. Gebiete mit vielen Tsetsefliegen seien damit nicht für eine Besiedelung geeignet und somit die beste Rückzugsmöglichkeit für Wildtiere. So habe ich das noch nie betrachtet ... Den Abend beschließen wir mit einer Runde Würfeln und ich – ganz in meinem Element – vergesse alle guten Sitten und gewinne jede Partie.

Tags darauf zeigt mir Bill einen Elefanten, der mit dem Rüssel in eine Drahtschlinge der Fallensteller gekommen ist. Der Rüssel hängt nur noch an einem kleinen Stück Haut und ist mit zwei Geschwüren bedeckt. Bill erklärt, dass er das Tier demnächst darten, also mit einem Pfeil betäuben werde, um zu sehen, ob er ihm irgendwie helfen könne. Wie ich kann auch Bill kein Tier leiden sehen. Auch den Büffel, der von nur einem Löwen erlegt wurde, zeigt er mir. Das allerdings konnte das Raubtier nur schaffen, weil der Büffel durch eine hinterhältige Drahtschlinge um den Kopf, die ihm die Augen eingedrückt hatte, blind geworden war.

Aber auch heute gibt es wieder viel zu Lachen, denn Bill steckt in einen Termitenhügel eine Plastikschlange und in deren Maul eine Tomate. Die diebischen Paviane lieben Tomaten und hassen Schlangen. Fast eine Stunde kugeln wir uns über den Ideenreichtum der Affen. Dabei erfahre ich noch, dass es auch viel Spaß macht, ein Hühnchen unter einem Touristenzelt zu vergraben. Mit allerhöchster Wahrscheinlichkeit wird sich eine Hyäne unter das Zelt graben, um an den Leckerbissen zu kommen.

Hyänenbau, drei der sechs Jungen

Der Abschied fällt mir nach einer solchen Gastfreundschaft sehr schwer. Und ich bin stolz, dass Bill mir eins seiner beiden Bücher schenkt, mit einer ganz lieben Widmung.

Auf dem Weg zurück Richtung Süden muss ich wieder einmal einen platten Reifen wechseln, langsam wird es lästig. Ich brauche endlich neue Schlappen.
Weiterhin herrscht so gut wie kein Verkehr. In Bulawayo spüre ich deutlich die abweisende Haltung der Bevölkerung und mache mich in meinem Reiseführer schlau. Dort lese ich, dass ich mich im Matabele-Land befinde und dass die Matabele den jetzigen Präsidenten Mugabe sehr lange bekämpft haben. Obwohl die Matabele die Ersten waren, die die Weißen aus dem Land haben wollten. Um der Regierung zu schaden, wurden auch einige Touristen getötet. Ich stelle fest, dass ich hier so ziemlich der einzige Weiße bin. Ein kleiner Junge kommt zu mir an den Truck und bettelt, kalt wie ein Stein lasse ich ihn stehen. »Gott schütze dich«, ruft er mir nach. Sofort überkommt mich ein schlechtes Gefühl, das waren die richtigen Worte. Um zwei US Dollar nicht wirklich ärmer, fahre ich weiter.

An der Grenze bekomme ich seit Langem einmal wieder Probleme, irgendein Stempel fehlt und ich muss noch mal zum ersten Posten zurück. Ich beschwere mich wohl etwas zu nachdrücklich, denn nachdem mein Auto inspiziert wurde, soll ich als Zusatzschikane mit dem Lkw auch noch auf die Waage. Ich willige zum Schein ein, fahre dann aber einfach weiter und habe Glück damit. Niemand verfolgt mich, als ich über die Grenze nach Botswana fahre.

nur mit Vega möglich, auf Pirsch

Schönling

SEHENSWERTES
Zu ihrer Sicherheit raten wir nochmals ab, Besichtigungstouren zu Fuß zu unternehmen
aus dem Reiseführer

Über Botswana fahre ich wieder nach Johannesburg, um endlich die bestellten Reifen abzuholen. Ich stelle mich auf den Campingplatz, den ich schon vom letzten Mal kenne. Ich mag diese Stadt einfach nicht, und bestünde nicht die Notwendigkeit, wäre ich am liebsten im Busch geblieben.
An der Grenze zu Südafrika hatte es dieses Mal größere Schwierigkeiten wegen Vega gegeben, man verweigerte mir schlicht die Einreise. Erst als ich mit dem Veterinäramts-Chef der zickigen Schnepfe am Schalter telefoniert hatte und mir plötzlich »einfiel«, dass ich den Hund ja in Namibia erworben hatte, bekam ich die Einreisegenehmigung.

Die Reifen sind noch nicht da. Das passt mir gar nicht, hilft aber nicht weiter. Also verbringe ich die nächsten zwei Wochen in Sun City am Blyde River und fahre zum Kruger National Park. Obwohl ich keine Lust habe, mir sozusagen einen Löwen mit fünfzehn anderen Fahrzeugen zu teilen, und zusätzlich große Reisebusse im Park umherfahren, muss ich feststellen, dass der Nationalpark einer der schönsten ist, die ich bisher gesehen habe. Da ich Vega nicht nach draußen lassen kann, bin ich nur knapp fünf Stunden im Park, habe aber neben Nashörnern, Leoparden, Rappen und Elenantilopen auch ein Löwenrudel beim Jagen beobachten können. Der Park ist durchaus zu empfehlen.
Die von den Südafrikanern so gepriesene Landschaft am Blyde River besteht hauptsächlich aus Monokulturen. In Reih und Glied wachsen die Bäume vor sich hin, bis sie reif zum Abholzen sind. Ich bemühe mich, kann aber nichts entdecken, was hier schön sein soll. Allerdings glaube ich, dass für einen Südafrikaner jeder Ort, an dem er nicht unmittelbar um sein Leben bangen muss, wundervoll ist!

In Hazyview kann ich mich nicht auf dem Campingplatz einquartieren, weil dessen Besitzer am Tag zuvor Opfer eines bewaffneten Überfalls geworden sind und keine Nerven haben, einen Gast aufzunehmen.

Zurück in Johannesburg sind die Reifen immer noch nicht da! Schicksalsergeben fahre ich in die Werkstatt eines Kupplungsspezialisten, denn die Kupplung macht seit einiger Zeit ungewohnte Geräusche. Nachdem sie ausgebaut ist, werde ich darauf hingewiesen, dass der Kollege Lars in Kamanjab die Kupplung falsch eingebaut hat. Ich rufe also umgehend in Namibia an und bitte Lars, mit der Werkstatt in Johannesburg Kontakt aufzunehmen. Darauf erhalte ich die unkooperative Antwort: »Wenn was ist, dann komm her, alles andere interessiert mich nicht.« Ärgerlich lasse ich die Angelegenheit nicht auf sich beruhen und schreibe eine zornige E-Mail. Zwei Tage später erhalte ich die Nachricht, dass man mir 150 Euro zum Ausgleich für die Ein- und Ausbaukosten anweisen werde. Es geht doch!

Die Reifen, die nun endlich da sind, machen aber keinen guten Eindruck. Nachdem ich erst falsche Informationen zum richtigen Reifendruck erhalten habe, bleiben die Fahreigenschaften selbst nach Reduzierung des Drucks unbefriedigend. Der Lkw schwimmt mehr, als dass er fährt. In weiser Voraussicht habe ich erst einmal nur zwei Reifen aufziehen lassen. Ich beschließe, nach Brits zu einem Bekannten zu fahren, den ich kurz zuvor kennengelernt habe. Er hat eine Suzuki-Niederlassung und wird mir sicherlich noch zwei Reifen besorgen können.

Südafrika, nicht mein Land

In Brits kann ich bei Claude und Sonja im Gästehaus übernachten und verbringe ein paar angenehme Tage. Claude versorgt mich tatsächlich mit zwei weiteren Reifen zu einem akzeptablen Preis. Beim Abendessen erfahre ich, dass Claude seine Zukunft nicht in Südafrika sieht. Er überlegt seit langem, nach Australien auszuwandern. Die Kriminalität wird sich seiner Meinung nach noch weiter verstärken. Auch sieht er Tendenzen, dass hier ein zweites Simbabwe entsteht.

Mein nächstes Ziel heißt Swasiland. Am südafrikanischen Zoll kämpfe ich wieder einmal um die Rückerstattung der Mehrwertsteuer, aber für 2.500 Rand kann man schon ein bisschen Engagement zeigen, finde ich. Nach ausgiebigem Hin und Her, dem Rennen von einem zum nächsten Schalter und dem Ausfüllen unzähliger wichtiger und weniger wichtiger Formulare erhalte ich schließlich die Auskunft, dass mir das Geld, umgerechnet in Euro, an meine Heimatadresse in Deutschland gesendet werde. Der Scheck war bei meiner Ankunft in Deutschland übrigens tatsächlich eingegangen.

Die Einreise nach Swasiland ist kein Problem. Die Grenzbeamten werfen einen Blick in den Lkw und verlangen das Permit für Vega. Dass es schon lange abgelaufen ist, merkt keiner.
Swasiland zählt zu den sichersten Ländern im südlichen Afrika und mir fällt schnell die offene Freundlichkeit der Menschen auf. Ich bleibe einige Tage und besuche einen Naturpark, in dem Vega und ich ein wenig umherstreifen. Die Nächte sind jedoch ziemlich kalt, nahe dem Gefrierpunkt, und mich zieht es in die Wärme und ans Meer.

HEIMWEH
Baden, die letzten wilden Tage und Viehdiebe

Alle haben mir von den herrlichen Stränden in Mosambik erzählt und so stehe ich nun an der Landesgrenze. Leider habe ich auch von Straßengebühren gelesen, die nach Berichten anderer Reisender zwischen 75 und 350 US-Dollar für einen Lkw betragen. Nachdem ich die Formalitäten für Visum und Carnet hinter mich gebracht habe, werde ich angehalten, eine Versicherung abzuschließen. Ich verweise auf meine Yello Card, die dem Kerl absolut unbekannt ist, wie er mir mehrmals versichert. Er verlangt dreißig US-Dollar für eine anständige Versicherung, ich lehne dankend ab. Dann verlangt er zumindest eine kleine Gefälligkeit, aber auch die erhält er nicht von mir.

Kurz vor der Ausfahrt soll ich die Straßengebühr entrichten, der Typ verlangt 150 US-Dollar. Nachdem ich seine Verhandlungsbereitschaft getestet und ihn auf 125 US-Dollar heruntergehandelt habe, verlange ich erst einmal, seinen Chef zu sprechen. Als dieser dann nach einer halben Stunde eintrifft, rede ich mir den Mund fransig. Ob die Begriffe Deutschland, niedriges Lkw-Gewicht oder meine bescheidenen Portugiesisch-Kenntnisse ausschlaggebend waren, weiß ich nicht, jedenfalls darf ich am Ende ohne die Entrichtung irgendeiner Gebühr weiterfahren.

Nachdem Mosambik 1975 die Unabhängigkeit von Portugal erhielt, fiel das Land ein Jahr später in einen 16-jährigen Bürgerkrieg. Das wirtschaftlich zerstörte Land mit fast einer Million Tote und noch mehr Vertriebenen versuchten die UN-Friedenstruppen zu stabilisieren. Heute prägen vor allem in den südlichen Landesteilen die weißen Südafrikaner das Land. Ob Hotel, Campingplatz oder Lodge – alles ist in ihren Händen. So verwundert es nicht, dass in touristischen Gebieten alles in südafrikanischer Währung berechnet wird.
Da mich die Hauptstadt Maputo nicht anzieht, fahre ich einen Bogen drum herum. In Bilene mache ich an einem Campingplatz an einer Meerlagune Halt. Sofort bin ich von mehreren Jungs umringt, die mir Feuerholz, Fisch und Brot verkaufen wollen. Typisch für Gegenden, in denen sich viele Touristen aufhalten, sind sie so aufdringlich, dass ich sie abwimmeln muss.

Nach zwei sonnigen Tagen wird das Wetter schlecht und ich fahre in den Transfrontier Park, der quasi die Verlängerung des Kruger National Parks in Südafrika ist. Es gibt aktuell Überlegungen, die beiden Parks zusammen mit dem Ghonarezou Park in Simbabwe zu einem riesigen Nationalparkgebiet zusammenzulegen.

Meine Karte verspricht die Möglichkeit, entlang des Limpopo-Flusses auf Wild zu stoßen. Ich werde nicht enttäuscht, muss aber zuvor den Limpopo überqueren – ein heikles Unterfangen. Eine sorgfältige Erkundung lässt mich die Passage durch das Wasser wagen. Auf der anderen Seite angekommen, werde ich mit der Beobachtung einer Löwengruppe belohnt, der ich bei ihrer morgendlichen Mahlzeit, dem Ausweiden eines Büffels, zusehen darf. Endlich entdecke ich auch einige Exemplare der schon so lange vergeblich gesuchten wilden Hunde, da gerät das auftauchende Nashorn fast schon zur unbedeutenden Zugabe.

Als es über Nacht anfängt zu regnen, kehre ich durch die gleiche Furt sofort wieder an das gegenüberliegende Ufer zurück, bevor der Fluss wegen des Wasseranstiegs unpassierbar wird.

Auf der Suche nach den schönen Stränden Mozambiques fahre ich die Küste entlang weiter gen Norden. Von den herrlichen, sandigen Küstenstreifen in Ghana und Kamerun verwöhnt, entdecke ich aber leider keine Stelle, die meinen Ansprüchen genügt. Nirgends kann ich direkt ans Meer fahren.

Von Polizeikontrollen bleibe ich weitestgehend verschont. Dort, wo einzelne Posten versuchen, sich mir in den Weg zu stellen, lasse ich meine ganze Erfahrung der hinter mir liegenden, mindestens dreihundert Kontrollen spielen. In den Städten und Dörfern gehe ich wieder auf Märkte, bekomme für ein bis zwei Euro sehr gutes Essen und lasse mich einfach ein wenig treiben.

Mein Geburtstag steht an und da werde ich immer etwas melancholisch, so auch dieses Mal. Trotz eines Kilos frischer Gambas hebt sich meine Stimmung nicht merklich. Vielleicht hat mich nach fast einem Jahr der Reiseblues erwischt, denn ich ertappe mich dabei, wie ich sehnsüchtig die Flugzeuge am Himmel beobachte. Wäre ich alleine unterwegs, würde ich jetzt vielleicht sogar auf einen Abstecher nach Hause fliegen ...

Die trüben Gedanken verflüchtigen sich erst wieder, als ich in der Nähe von Inhambane für sagenhaft verhandelte achtzig Rand pro Tag ein ganzes Haus am Meer mieten kann. Das ist nur geringfügig mehr, als ich hier für einen Stellplatz auf einem Campingplatz zahlen müsste. Das Haus besitzt zwei Bäder, drei Schlafzimmer, eine voll ausgestattete Küche mit schöner Terrasse und Meerblick – welch ein Luxus!

Vega und ich verbringen eine entspannte und geruhsame Zeit hier. Als ereignisreichstes Erlebnis darf Vegas dreister Hühnerdiebstahl gelten. Aber auch dabei handelte es sich nur um ein tiefgefrorenes Exemplar, das ich zum Auftauen auf die Spüle gelegt hatte und mir als genussvolles Abendessen zubereiten wollte. Wilhelm Busch lässt grüßen ...

Mosambik, unterhalb das gemietete Haus

Ohne erwähnenswerte Zwischenfälle fahre ich entlang der Küste weiter, mache noch einige Stopps am Meer und biege dann Richtung Malawi ab. Um die Straßengebühr zu umgehen, werde ich an einem wenig frequentierten Grenzübergang einreisen. Aber zuerst steht mir noch ein Abenteuer der besonderen Art bevor, die Überquerung der Dona Ana Bridge, der längsten Eisenbahnbrücke Afrikas. Züge fahren hier nicht mehr, was wohl auch der Grund für den desolaten Zustand der Brücke ist. Große Eisenplatten liegen mitten auf der »Fahrbahn«. Wäre ich nicht hinübergekommen, gäbe es dieses Buch nicht – die Konstruktion knackt und ächzt allerdings wirklich bedenklich, als ich die acht Tonnen Gewicht hinüberbewege.

Weil der Diesel hier günstiger ist, tanke ich noch einmal beide Tanks voll bis zum Rand. Als ich dabei gelangweilt in die Runde blicke, sehe ich einen jungen Mann, der gerade den Benzinstutzen in den Tank hält und sich in aller Seelenruhe eine Zigarette anzündet. Als die Asche auf den feuchten Boden fällt, stellen sich meine Nackenhaare auf. Schlimmes Afrika, kein Unglück belehrt sie, selbst der größte Schmerz zwingt sie nicht zu Konsequenzen und einen Gedanken an die Zukunft verschwenden sie sowieso nicht.

Die erste Nacht in Malawi verbringe ich abseits der Hauptstraße. Gegen elf Uhr nachts höre ich draußen Stimmen, öffne das Badfenster und fahre er-

schrocken zurück. Etwa zwanzig Männer umstellen den Truck, Waffen blitzen mir ins Auge, lange Stangen sowie Pfeil und Bogen kann ich in der Dunkelheit ausmachen.
Ich werde aufgefordert herauszukommen, was ich tunlichst bleiben lasse. Auch auf den Hinweis hin, dass sie nur mit mir reden wollen, verbarrikadiere ich mich nur noch fester in meinem Fahrzeug. »Reden können wir auch so«, antworte ich.
Schließlich tritt ein Mann vor, der sich als Polizist ausgibt. »Ausweis oder Uniform!«, fordere ich ihn knapp auf. Ein anderer zeigt mir seine Jacke, auf der fett »Polizei« aufgedruckt ist. Na gut. Sie erklären mir, dass ich hier nicht stehen bleiben könne, sondern mit zur Polizeistation kommen solle. Dort könne ich schlafen. Ich erkenne, dass mir in dieser Situation keine andere Wahl bleibt. Ich werfe den Lkw an und zuckle langsam und immer mit einer gehörigen Portion Sicherheitsabstand hinter dem Polizeiauto her. Meine Sorgen stellen sich als unbegründet heraus. Im Revier sind alle sehr freundlich, man nimmt meine Daten auf und erklärt, dass Bauern die Polizei gerufen hätten aus Angst, ich würde ihre Kühe stehlen und sie in den Lkw verladen!

Früh um sechs Uhr werde ich durch ein Klopfen an der Autotür geweckt. Im Büro muss ich mich auf einen Stuhl setzen und ein den Auszeichnungen an seiner Uniform nach wohl ranghöherer Beamter hält mir in schulmeisterlichem Ton einen denkwürdigen Vortrag. Ich erfahre, dass Malawi ein sehr freundliches Land sei und alle um meine Sicherheit besorgt seien, dass ich hier immer herzlich willkommen sei und jederzeit in jedem beliebigen Polizeirevier übernachten könne. Wunderbar! Ich bedanke mich artig und verlasse nach einer gegenseitig ausgesucht freundlichen Verabschiedung mein Nachtquartier.

Am Zomba Plateau kann ich an einer Forellenfarm sehr schön campen. Frische, kühle Bergwälder, die an einen Dschungel erinnern, umgeben mich. Bei den Spaziergängen entlang dem Fluss kommen wir an schönen Wasserfällen vorbei und Vega hat viel Spaß. Etwas unachtsam verlaufe ich mich jedoch einmal und stolpere mehr als drei Stunden umher, bis ich wieder am Camp bin. Vega war hier keine Hilfe, ich denke, das war Absicht von ihr. Zwei Tage später treffen in einem Unimog Österreicher ein, mit denen ich mich recht gut verstehe. Wir helfen uns gegenseitig bei einigen Reparaturen und ich erhalte nützliche Informationen, denn die beiden sind über die Ostroute ins südliche Afrika gereist.

Auf meiner weiteren Strecke muss ich einige Zwangsstopps einlegen, denn mein Magen hat das Kilo Erdbeeren und Himbeeren nicht so gut vertragen, die ich mir gestern am Straßenstand gekauft hatte. Aber man muss sich vorstellen: Da stehen am Straßenrand Verkäufer mit Körben voller Waldbeeren, wer kann da schon widerstehen?

Als nett, aber auch sehr touristisch hake ich mit Monkey Bay am Malawisee mein nächstes Ziel ab. Am Cape Maclear gelegen und von Livingstone entdeckt, wählten Missionare die geschützte Bucht als ersten Standort der Livingstonia Mission. Doch die Bucht hat einen Nachteil: Die Malaria raffte in kürzester Zeit fünf von ihnen dahin.

Ein paar Tage später bin ich in Senga Bay, wo dem großen Reiseabenteurer, nämlich mir, ein unverzeihlicher Anfängerfehler passiert: Neben dem Livingstonia Hotel liegt ein schöner Campingplatz, an dem ich mich zur Belustigung Dutzender Zuschauer am Strand festfahre. Und das nur, weil ich den ausgesuchten Stellplatz ganz lässig von vorne über den Strand anfahren will, wie peinlich. Am aufgeschütteten Strand arbeite ich in der glühenden Hitze geschlagene drei Stunden, bis ich wieder festen Grund unter den Rädern habe. Am nächsten Tag habe ich solche Nackenschmerzen von der Anstrengung, dass ich den ganzen Tag im Bett bleibe und alle zehn Minuten wegen der Schmerzen in eine andere Position wechsle. Auch nach zwei Tagen bin ich körperlich noch ziemlich angeschlagen.

Lilongwe entpuppt sich ein paar Tage später als wenig afrikanisch, man merkt deutlich die architektonisch »geplante« Hauptstadt. Der Versuch, meine leere Gasflasche zu füllen, kostet mich zwei Stunden. So lange muss ich auf den Manager einreden, dass nicht das Gewicht ausschlaggebend ist für die Festigkeit. Ich habe Aluflaschen, um Gewicht zu sparen, und die sind im Vergleich zu den normalen Stahlflaschen federleicht. Der Spaß kostet dann dreißig Euro für 10,5 Kilogramm Gas! Auch in der Mercedes-Werkstatt ernte ich skeptische Blicke. Wie kann ich nur fragen, was dieses metallisch schabende Geräusch verursacht! Ich soll wiederkommen, wenn etwas kaputt ist! Als ich dann noch zu fragen wage, ob es eventuell an der Kardanwelle liegt, da ich vor Kurzem zwei Schmiernippel daran erneuern ließ, wirft der Werkstattmeister einen Blick drunter und schüttelt den Kopf. Die ist doch noch dran! Oh Afrika!
Da er leicht zu erreichen ist, fahre ich in den Kasungu Nationalpark und lerne einen netten Manager aus Südafrika kennen. Er leitet die Lodge, an der ich einen schönen Platz direkt am Wasser finde, wo sich gewaltige Nilpferde aufhalten. Bei einer abendlichen Pirschfahrt in schwierigem Gelände treffe ich auf vier Elefanten, die so überrascht sind, dass der Bulle sofort einen Angriff startet. Für mich ist das sehr ungünstig, da ich gerade nicht rückwärtsfahren kann. Drei Meter vor der direkten Feindberührung bleibt der Bulle stehen, stellt die Ohren ab, hebt den Kopf ein paar Mal in den Nacken, trompetet, dass mir das Blut in den Adern gefriert, und stampft mehrmals mit einem Vorderfuß in den Staub. »Attacke« heißt das.
Aber ich habe keine Wahl. Wenn er wirklich wollte, hätte ich längst Bekanntschaft mit seinen Stoßzähnen gemacht, also bleibe ich einfach stehen. Nach einer Weile läuft er schließlich kopfschüttelnd direkt an mir vorbei, als wolle er sagen: ‚Hast Glück, habe heute meinen sozialen Tag.«

Beim Abendessen in der Lodge stellt man mir eine deutsche Tierärztin vor, die hier ihr Praktikum absolviert, und ich erfahre, dass die Besitzer der Lodge ehemalige Mitarbeiter der Deutschen Gesellschaft für technische Zusammenarbeit (GTZ) sind und aus Sachsen kommen. Da für den morgigen Tag eine größere Anzahl Gäste in der Lodge erwartet werden, beschließe ich, möglichst früh aufzubrechen.

Eine Weile überlege ich noch, ob ich wie geplant nach Sambia fahren oder doch den direkten Weg nach Hause anvisieren soll. Die Geräusche am Lkw sollten mich eigentlich von der letztgenannten Variante überzeugen.

Malawi

ALTE ERINNERUNGEN
Nur für Allradprofis

Aber auch meine Erinnerungen an eine Raftexpedition vor vielen Jahren auf dem Luangwa-Fluss sind noch äußerst lebhaft. Bilder unberührter Natur, Hunderter von Hippos im Fluss, badender Elefanten und wunderbarer Nächte im Zelt sind fest in meinem Kopf verankert. So gewinnt wieder einmal mein Bauchgefühl. Auf geht's nach Sambia!

Die Lkw-Gewichtskontrolle nahe der Grenze umgehe ich einmal mehr auf die freche Art, indem ich einfach unter der für ein entgegenkommendes Auto geöffneten Schranke hindurchbrettere. Aus- und Einreise verlaufen ansonsten unauffällig, allerdings kann mir niemand den Sinn der fünfzig US-Dollar für die Carbon tax in Sambia erklären.

Als ich am Luangwa-Fluss ankomme, muss ich mir die Frage stellen, wie blöd man eigentlich sein kann, denn zum zweiten Mal ist die Hundebox hinten offen und das ganze Hundefutter ist weg. In den Läden hier gibt es nicht einmal Reis oder Nudeln zu kaufen und so muss ich Vega Basmatireis mit einer Dose Sardinen kochen. Der Hund ist begeistert, ich bin sauer.

Am nächsten Morgen im Flat Dogs Camp sehe ich einen Affen vorbeirennen, der mit seinen Händen fest einen Kohlkopf umklammert. Zwei löffelschwingende Köche verfolgen ihn. Die Szene könnte aus einem schlechten Slapstickfilm stammen, aber ich lache mich trotzdem schief.

In der Küche organisiere ich später Reis und Nudeln für Vega und studiere anschließend lange Kartenmaterial und Reiseführer. Bald stoße ich auf ein Kapitel, das mich fesselt: »Abfahrt ins Luangwatal für Allradprofis, die berühmte Escarpment Road, allgemein nur 05 genannt. Nur mit Allrad und Geländeerfahrung im Konvoi fahren. Extrem schwierig von unten nach oben!« Na also, da habe ich doch noch etwas Passendes für mich gefunden und natürlich werde ich die berüchtigte Piste von unten nach oben fahren. Tatsächlich Sorge bereiten mir die beiden unausweichlichen Flussdurchquerungen, vor denen ausdrücklich gewarnt wird. Aber der Entschluss ist gefasst und am nächsten Tag stehe ich am Tor, um mein Permit zu kaufen. Vega liegt versteckt hinten im Lkw und ohne Probleme fahre ich in den Süd Luangwa Nationalpark. Dieser Park gehört zu den ursprünglichsten und unberührtesten Gebieten Afrikas und beeindruckt mit einer Fläche von 9.050 km², 420 Vogelarten und mehr als sechzig Säugetierarten. Erst einmal unternehme ich ein paar Pirschfahrten und biege dann auf die sandige Fahrspur in Richtung der 05 ein. Es geht wieder einmal eng zu, links und rechts dichter Miombowald und die Tsetsefliegen zwingen mich, alle Fenster zu schließen.

Wie erhofft, treffe ich bald niemanden mehr auf der einsamen Piste. Das sandige Trockenflussbett des Lubi stellt kein Hindernis dar, und danach stehe ich am Ufer des Mupamadzi-Flusses, der recht gemütlich in einem breiten Bett vor sich hin strömt. Trotz der zahlreichen Tsetsefliegen steige ich aus, um eine geeignete Furt zu suchen, denn damit sollte ich nicht nachlässig sein. Einige herumhängende Drahtseile zeigen an, dass hier schon ein paar Bergungsmanöver stattgefunden haben.
Eine gute Stunde suche ich, um endlich einen passablen Durchgang zu finden. Die Auffahrt auf der anderen Seite erscheint ein wenig schmal, mit dem Fernglas versuche ich, die Breite abzuschätzen. Es müsste eigentlich funktionieren. Mit voller Konzentration und massiver Kontrolle meines Gefährts gelingt die Passage und der Fluss spuckt uns heil am anderen Ufer wieder aus ...

Der Mutinondo-Fluss, den ich wenig später durchfahre, ist steinig und daher gut zu bewältigen. Nach der Durchquerung gehen Vega und ich baden und legen hier auch gleich unseren Übernachtungsstopp ein.

In aller Frühe schon sind wir gezwungen wieder aufzubrechen, denn die Tsetse überfallen uns regelrecht. Weiter geht es zur Auffahrt der Escarpment Road. Es wird höllisch steil, eng und sehr steinig, mehrmals muss ich aussteigen, um die Piste für den Lkw zu unterfüttern. Weiter geht es, immer steil bergauf, durch sehr enge Kurven und über zahllose Löcher hinweg. Schweißüberströmt vor Hitze und angestrengter Konzentration bin ich ein williges Opfer der Mücken. In solchem Gelände erweist sich die gute Lagerung der Kabine als unbezahlbar, den Reifenkontakt zum Boden zu verlieren wäre hier äußerst kritisch. Da sich das Fahrgestell des Lkws verwinden kann, behält das Fahrzeug immer Kontakt zur Piste. Erschöpft und zufrieden komme ich schließlich am obersten Ende der Piste an.

Ein paar Tage später stehe ich vor dem Parkeingang des Nord Luangwa Nationalparks, meinem eigentlichen Ziel. Da das Permit jeweils von sechs Uhr früh bis sechs Uhr abends gilt, will ich mir die Genehmigung für morgen auch gleich kaufen. Ich erfahre von den Rangern, dass viele Strecken für Individualtouristen gesperrt sind, was mir gegen den Strich geht. Nationalparks sollten für jedermann zugänglich sein. Nach längerer Verhandlung bekomme ich dann wenigstens eine Ermäßigung zugestanden und soll zum Übernachten einen Campingplatz im Park anfahren. Dies wiederum ist wegen Vega nicht möglich, was ich aber den Rangern schlecht sagen kann. Zuletzt fahre ich etwa drei Kilometer in die Richtung zurück, aus der ich gekommen bin, und stelle mich in den Busch.

Die leichte Flussquerung

Um 5 Uhr am nächsten Morgen bin ich schon am Gassigehen mit Vega – und laufe etwa zwanzig Rangern in die Arme, die eine Nachtübung im Busch gemacht haben. Dümmer konnte es gar nicht laufen, denn Vega haben sie natürlich gesehen. Ich versuche es zwar noch am Parkeingang, aber der Ranger weiß schon Bescheid: »No entry!«
Frustriert fahre ich Richtung Tansania. So gerne wäre ich an die Stellen gefahren, wo uns damals, als wir mit dem Raft unterwegs gewesen waren, das Krokodil solche Probleme gemacht hatte.

Angenehm warmes Wasser sprudelt um meinen nackten Körper, ich habe ein Glas exzellenten südafrikanischen Rotwein in der Hand, mein Frust verfliegt. Zufällig habe ich diesen idyllisch gelegenen Campingplatz mit heißen Quellen gefunden. So bleibe ich noch ein paar Tage in Sambia und studiere die Reiseführer der nächsten Länder.
Doch der Frust kommt wieder hoch, denn die Reiseführer geben darüber Auskunft, dass alle weiteren Tierparks ziemlich kostspielig sind. In Tansania und Kenia verlangen sie pro Tag zwischen 150 und 300 US-Dollar für den Lkw, dazu kommen die normalen Eintrittsgebühren. Gerne wäre ich in den Selous Nationalpark gefahren – auch dort war ich schon einmal mit dem Raft unterwegs – aber die Preise schrecken mich ab, zumal ich sowieso wegen Vega nur relativ kurze Zeit im Park bleiben könnte. Für sogenannte Exklusiv-

Camps, also Übernachtungen im Busch, werden zudem gesalzene Preise verlangt.
Aber was soll ich sagen – angenehm warmes Wasser, Rotwein ... und in Gedanken bin ich bei meinen so tollen Buschcamps und den vielen einmaligen Tiererlebnissen ...

Nach ein paar Tagen fahre ich zügig weiter nach Dar es Salaam. Die Grenzen passiere ich problemlos, nur an der tansanischen gebe ich vor, dass Dar es Salaam mein letztes Ziel sei, und muss dafür sechzig US-Dollar Straßengebühr bezahlen.
Die Landschaft ist schön, im Süden ziehen sich die steilen Hänge der Kipengere Range entlang, während im Norden die Landschaft in die Usangu Flats abfällt. Die Leute sind freundlich und ich esse die nächsten Tage immer direkt an den Ständen, die entlang der Straße stehen. Schlafplätze lassen sich leicht finden und ich bekomme auch wieder Hundefutter. Eigentlich wäre alles in bester Ordnung, wenn es da nicht die schlechten Nachrichten von zu Hause gäbe. Es gibt Probleme in der Familie meiner Schwester, von denen ich glaube, dass sie meine Anwesenheit erfordert hätten. Täglich kommt nun das Satellitentelefon zum Einsatz. Nach einigen Tagen begreife ich aber, dass ich hier nicht weiterhelfen kann, und beruhige mich wieder etwas.

In Dar es Salaam möchte ich die nötigen Visa für den Sudan und Ägypten beschaffen. Da ich gehört habe, dass das Sudan-Visum schwierig zu bekommen sein soll, stelle ich mich auf eine längere Wartezeit ein. Doch es kommt anders. Ein zuvorkommender Angestellter besorgt mir einen Zettel, auf dem alles steht, was ich brauche – unter anderem ein sogenanntes »support document« der deutschen Botschaft. Die deutsche Botschaft hat jedoch bereits geschlossen, die Öffnungszeiten sind nur morgens von acht bis zwölf Uhr. Meine bisherige Erfahrung hat mich gelehrt, dass mit bürokratischen Angelegenheiten auch einmal ganz schnell vier, fünf Tage ins Land gehen können. Deshalb versuche ich es nun bei der deutschen Botschaft auf die hartnäckig-penetrante Tour und bitte den Pförtner inständig, mir einen Botschaftsangehörigen zu nennen, Öffnungszeiten hin oder her. Der Mann kann meiner Nörgelei nicht lange standhalten und verbindet mich nach einer knappen Stunde Diskussion telefonisch von der Pforte an einen Mitarbeiter weiter. Der reagiert – zu Recht? – einigermaßen unwirsch auf mein Anliegen, was das erwünschte Dokument betrifft. Ich solle morgen pünktlich um acht Uhr da sein, dann werde er sehen, was er auf die Schnelle für mich machen könne ...

Am nächsten Tag ist es schon in aller Frühe drückend schwül, unangenehm feuchtwarm. In der deutschen Botschaft halte ich dann schon nach fünfzehn Minuten das Dokument in den Händen, das normalerweise einen Tag dauert! Ich bezahle die 35.000 Tansania-Schilling für das Dokument und verkneife mir jeglichen Kommentar zu dieser Preistreiberei – es sind immerhin knapp zwanzig Euro.

Zwei Tage später bin ich dann auch schon im Besitz des Visums für den Sudan. Auf die ägyptische Aufenthaltsgenehmigung muss ich dafür einen Tag länger warten als vereinbart und in der libyschen Botschaft erhalte ich die Auskunft, dass ich erst in einem geografisch direkt angrenzenden Land ein Transitvisum beantragen könne.

So kann ich bereits nach einer Woche von Dar es Salaam aus in die Usambara-Berge starten. Vasco da Gama war auf seinem Weg nach Indien der erste Europäer, der die Usambara-Berge sah. Über 1.500 Meter fallen die Berge zum Teil steil in die Massai-Steppe ab. Die höchsten Berge erreichen um die 2.300 Meter. Mit deutschen Mitteln wurde hier die erste Eisenbahn in ganz Ost-Afrika gebaut, die Usambara-Eisenbahn. Das Usambara-Veilchen, von einem deutschen Bezirkshauptmann entdeckt, sollte auch noch erwähnt werden.

Auf einer netten Ranch in den Bergen lasse ich mich für ein paar Tage nieder. Es gibt hausgemachten Käse, Marmelade und Graubrot, nur der Weg zur Farm ist eine echte Zumutung. Kein Wunder, dass der Besitzer die Farm aufgegeben hat. Die vormaligen Angestellten halten so gut wie möglich den Betrieb aufrecht, und der Sohn der Köchin begleitet mich als Guide bei meinen Wanderungen durch die Berge. Vom Irente Viewpoint und vom World Viewpoint hat man einen fantastischen Blick auf die tief liegende Massai-Steppe und in der Ferne kann man den Nabi-Inselberg erkennen. Immer wieder sehen wir auf unseren Wanderungen Bäche in Kaskaden ins Tal stürzen. Wir lassen uns zeigen, wie man hier Zuckerrohrschnaps brennt, und genießen wunderbare Sonnenuntergänge.

Mit reichlich erntefrischem Obst versorgt, fahre ich weiter Richtung Kenia.

Ohne Ärger kann ich mit dem gefälschten Permit für die Straßengebühr ausreisen – und muss trotz einer einstündigen Diskussion in Kenia wieder 48 US-Dollar Straßengebühr bezahlen. Und das für Straßen, die in einem miserablen Zustand sind. Vega schmuggle ich so durch die Kontrollen – dass sich dies als Fehler herausstellen wird, kann ich zu diesem Zeitpunkt noch nicht wissen.

Es ist bereits dunkel, als ich endlich den Campingplatz von Chris, einem Deutschen, mitten in Nairobi erreiche.

Auf der Suche nach der äthiopischen Botschaft am nächsten Vormittag passiert mir dann ein kleines Missgeschick mit fatalen Folgen: Eine mit einem gelben Streifen als Einbahnstraße markierte Fahrbahn erkenne ich nicht als solche und werde prompt von einem Polizisten gestoppt.

HAKUNA MATATA
Gefängnis und Handschellen

Für das, was nun folgt, suche ich noch heute nach Erklärungen. Vielleicht hat der Polizist einen besonders schlechten Tag erwischt, vielleicht habe ich es ein wenig überzogen, wer weiß das schon. Jedenfalls nutzt mir kein einziges Verhaltensmuster aus meinem reichen Repertoire gegenüber pflichtbewussten und regelkonformen Beamten – kein Bitten, kein Drohen, kein Schmeicheln ... Ich werde vielmehr aufgefordert, dem Polizisten unverzüglich aufs Revier zu folgen. Da ich um alles in der Welt vermeiden will, dass er neben mir auf dem Beifahrersitz Platz nimmt – denn dann würde Vega anschlagen – muss ich den Lkw stehen lassen und den Beamten mit dem Bus auf die Wache begleiten.

Einer, der dachte, über alle afrikanischen Tricks Bescheid zu wissen, bekommt heute seine Lektion. Es ist Zahltag und ich muss Buße tun für alle meine Räuberpistolen.

Ab hier wird es hart. Ich nehme auf einem Stuhl hinter einer Schranke in einem Büroraum Platz. Der Polizist trägt den Vorfall in ein Buch ein und will dann einfach ohne einen weiteren Kommentar verschwinden. »Hey«, rufe ich ihm hinterher, »du musst mir noch sagen, wie ich zu meinem Lkw zurückkomme.« Er lacht nur, dreht sich dazu nicht einmal nach mir um. Ein Mann, der anscheinend ebenfalls hier festgehalten wird, gibt mir den Tipp, zum first officer zu gehen. Das scheint bereits der Beamte von vorhin in die Wege geleitet zu haben. So sitze ich wenig später vor dem first officer, einer kleinen, drallen, dunkelhäutigen Frau.
Mit herzerweichendem Blick erzähle ich ihr eine etwas geschönte und mitleidheischende Variante der Vorgänge. Sie hört mir aufmerksam zu, dann telefoniert sie und spricht anschließend durch ihr Walkie-Talkie.
Ich schöpfe Hoffnung. Dann fordert sie mich auf, ihr zu folgen. Wir bleiben vor der Tür ihres Chefs stehen, sie klopft zögerlich an und wir treten ein.
Dem feisten Mann im Sessel erzähle ich die Geschichte noch einmal. Darauf wird der Typ böse, richtig böse, und als ich noch etwas erwidern will, schreit er mich zusammen. Ich versuche, noch einmal anzusetzen, um zu erklären. Da springt der Mann von seinem Sessel auf, kommt um den Schreibtisch herum auf mich zu und seiner Kehle entringt sich ein Laut, der einem Gorilla zur Ehre gereichen würde. Die kleine Polizistin zerrt mich schnell aus dem Büro. Ich habe das Gefühl, dass ich im falschen Film gelandet bin.

Dann treten zwei Polizisten heran, die mich nach draußen bringen. Dort warte ich etwa eine Stunde, bis ein Polizeifahrzeug bereitsteht, das mich zum Lkw fährt – nein, fährt ist ein wenig zu harmlos ausgedrückt. Diese – Entschuldigung! – Idioten jagen mit 160 Kilometern pro Stunde und Blaulicht durch die Stadt. Am Lkw angekommen, verhält sich Vega ruhig, ich hatte schon das Schlimmste befürchtet. Nun werde ich, entgegen der zulässigen Fahrtrichtung(!), zum Polizeirevier eskortiert. Dort schaffe ich es, den Lkw so zu parken, dass Vega selbst im Fahrerhaus nicht auffallen würde.

Wieder im Revier frage ich nach, wie es nun weiter geht. Ich müsse vor Gericht, lautet die lapidare Auskunft. »Mit welcher Strafe muss ich rechnen?«, hake ich nach. »Na ja«, erhalte ich die Antwort, »zweihundert bis dreihundert US-Dollar seien schon möglich, das käme auf den Richter an.«
Also gehe ich zum Lkw, um Geld zu holen. Allerdings steht gerade der Chef draußen, und als ich in Richtung Lkw gehe, schreit er mich an, ich solle sofort in das bereitstehende Auto steigen.
Als ich schüchtern darauf beharre, noch mein Geld holen zu müssen, dreht er völlig durch und galoppiert auf mich zu. Die knappen zwei Meter Körperlänge und etwa hundertzwanzig Kilogramm Lebendgewicht lasse ich mit einem Schritt auf die Seite ins Leere laufen und öffne die Lkw-Tür, um wenigstens den Geldbeutel mit den US-Dollars zu greifen.
Der Chef hat sich im Wortsinn wieder gefangen und schubst mich jetzt zu einem wartenden Auto, unablässig brüllt er mich dabei an. Unbändiger Zorn keimt in mir auf, aber ich muss ruhig bleiben, wegen Vega.
Nun sitze ich mit einem weiteren Übeltäter hinten in einem Pick-up, zwei Polizisten als Eskorte neben uns. Ich zähle verstohlen mein Bargeld, 85 US-Dollar habe ich dabei, das wird wohl nicht reichen ... Wir fahren quer durch Nairobi, die Fahrt endet mitten in der Stadt an einem großen Gebäude – dem Gefängnis. Man schubst mich durch die Gänge, links und rechts schreien aus den Zellen Häftlinge. Auf dem Boden knien andere, die die Fliesen schrubben. Die Zelle, in die ich schließlich hineingestoßen werde, misst etwa zwei mal vier Meter, und ich finde mich in der Gesellschaft von etwa dreißig Männern wieder. Es stinkt unerträglich, aber schon nach einer Stunde sind meine Geruchsnerven derart betäubt, dass ich nichts mehr rieche. Ich komme mir weiterhin vor wie ein Statist in einem schlimmen Film. Gleich wird die Klappe fallen und ich kann nach Hause gehen ...

Aber erst einmal werde ich von dieser in eine andere Zelle verfrachtet, diesmal bin ich alleine. Wieder vergeht eine Stunde, bis jemand kommt und mir mitteilt, dass ich erst morgen vor Gericht käme. Jetzt wird es mir aber zu bunt! Ich stehe auf und sage, dass ich telefonieren möchte. Da grinst der Wärter nur und schließt die Zellentür wieder. Zehn weitere Minuten später kommen zwei Polizisten herein und legen mir Handschellen an!
Ja, sie legen mir Handschellen an.

Durch ein Gewimmel von Menschen werde ich durch das ganze Gebäude bis in den Gerichtssaal gezerrt. Dort werden mir die Handschellen wieder abgenommen und ich stehe inmitten von etwa zweihundert Menschen im Saal.
Der Richter, ein noch junger Mann, thront oben auf einem Podest, unter ihm sein Sprecher. Soweit ich es mitbekomme, werden hier ausschließlich Verkehrssünder abgehandelt. Dazu liest der Sprecher die Anklage vor, der Sünder darf sich kurz äußern und dann spricht der Richter das Urteil. Die Strafen belaufen sich auf Summen zwischen fünf und zweihundert US-Dollar. Etwas seitlich sitzt ein Mann, der gleich die Strafgelder kassiert. Allerdings werden auch einige Verurteilte wieder abgeführt.

Meine Situation ist nicht gerade einfach. Ich habe nur 85 US-Dollar dabei, und wenn ich nicht zahlen kann, werde ich wohl keine Chance haben, das Gebäude zu verlassen. Also muss ich mir neben Plan A auch schon einmal Plan B zurechtlegen.

Als mein Name aufgerufen wird, drängele ich mich nach vorne. Erst einmal wende ich die oftmals bewährte Strategie des Nicht-Verstehens an. Darauf folgt der treuherzige Dackelblick und die wortreiche Ausführung, dass ich erst heute in Kenia/Nairobi angekommen sei – Lacher aus dem Publikum – und dann wohl in eine Einbahnstraße hineingeraten sei, weil ich das Verkehrszeichen nicht kannte. Es wirkt! Ich werde zu 15 US-Dollar Strafe verdonnert, dann darf ich gehen!

Um Auskunft über den Verbleib meines Lkw zu erhalten – ich habe keine Ahnung, wo das Polizeirevier liegt – soll ich im Zimmer 110 fragen. Dort sitzen sechs sichtlich unterbeschäftigte Polizisten, die – kaum habe ich meine Frage gestellt – in unbändiges Lachen ausbrechen, anstatt mir eine Antwort zu geben. Ich glaube langsam ernsthaft, dass ich in einem Irrenhaus gelandet bin. Was soll an meiner Frage so komisch gewesen sein? Als mein Ton deutlich rauer wird, geben sie schließlich klein bei und sammeln sogar 500 Kenia-Schillinge für mich ein, damit ich ein Taxi zahlen kann, das mich dann schließlich zum Truck zurückbringt.

Wie heißt gleich noch mal der bekannte Suaheli-Spruch, der durch den Film »Der »König der Löwen« berühmt geworden ist? »Hakuna matata« – es gibt keine Schwierigkeiten! Dass ich nicht lache ...
Im Camp zurück, verliere ich keine Zeit und frage Chris nach einem guten Mechaniker. Dieses Land will ich so schnell als möglich verlassen. Er empfiehlt mir Peter Streets, einen weißen Kenianer. Bei ihm kann ich gleich für morgen einen Termin ausmachen.
Vorher mache ich noch einen Abstecher zur äthiopischen Botschaft, um das Visum zu beantragen, was allerdings ziemlich lange dauert.

Peter als gewiefter Mechaniker ist ein Glücksfall für mich, zudem ein richtig netter Kerl. Wir rufen bei Udo, meinem Freund mit der Lkw-Werkstatt, in Deutschland an, da Peter das Geräusch dem Getriebe zuschreibt. Udo kennt ein Mercedesgetriebe in- und auswendig und glaubt, dass dies unserer Beschreibung nach nicht die Ursache sein könne. Wir sollen nachschauen, ob die Kardanwellen fluchten. Eventuell könnten ja beim letzten Austausch der Schmiernippel die Kardanwellen ausgebaut worden sein, da sich die Schmiernippel so viel einfacher wechseln ließen. Wir entschließen uns, neben den Kardanwellen auch das Getriebe auszubauen und zu prüfen. Schließlich habe ich mit dem Norden Kenias bis nach Äthiopien noch eine risikoreiche Strecke vor mir. Immer wieder tauchen Berichte über bewaffnete Banden auf, die Raubüberfälle mit zum Teil tödlichen Ausgang zu verantworten haben. Da möchte ich wenigstens mit einem Fahrzeug unterwegs sein, das hundertprozentig zuverlässig ist und funktioniert.

Fast zwei Tage verbringe ich in der Werkstatt. Die Mechaniker prüfen den Lkw auf Herz und Nieren, wechseln dabei auch die Keilriemen und den Dieselfilter. Mittags lade ich dann die gesamte Crew in eine der nahe gelegenen Garküchen zum Essen ein. Durch das enge Zusammensein und -arbeiten schließe ich mit allen Arbeitern Freundschaft. Peter selbst ist ein echtes Unikum, als ehemaliger Buschpilot ein absoluter Tausendsassa.
Die beiden Abende verbringen wir in Peters Haus zusammen mit seinen ausschließlich schwarzen Freunden, trinken Bier und reden über Gott und die Welt. So komme ich langsam auch mit Kenia wieder ins Lot.

Peter erlebe ich als einen sehr verantwortungsbewussten Chef, der sich rührend um seine Arbeiter kümmert und – was sicherlich ebenso selten ist – sie danken es ihm. Sie alle dürfen so rechtzeitig mit ihrer Arbeit aufhören, dass sie noch vor Einbruch der Dunkelheit zu Hause sind. Bei Dunkelheit wäre der Heimweg zu gefährlich, die meisten von ihnen wohnen in den Slums von Nairobi.

Peter vertritt auch eigenwillige Zahlungsmodalitäten. »Gib mir, was du denkst«, sagt er nach Abschluss der Arbeiten nur. Auf meinen erstaunten Blick hin fügt er noch hinzu, dass das sein Weg sei und ich müsse dies respektieren.
Der Abschied ist sehr herzlich und ich verteile noch einige Kleidungsstücke an die Arbeiter. Als ich losfahre, schallt mir ein einstimmiges »Gott segne dich!« hinterher.

Bis spät in die Nacht hinein fahre ich durch, denn die Zeit eilt. Ich habe nur ein 7-Tage-Visum und die Etappen sind aufgrund der gefährlichen Strecke vorgegeben. Auf ruckelnder Buckelpiste geht es am nächsten Tag 266 Kilometer nach Marsabit, mitten durch herrliche Landschaft.

In Marsabit entscheide ich mich gegen den aus meiner Sicht überteuerten Campingplatz. Ein Mann, den ich an der Straße nach einem möglichen Stellplatz für die Nacht frage, fährt mit seinem Moped vor mir her bis zu einem Hotel. Abseits des Gebäudes kann ich mich hinstellen. Der hilfsbereite Togor schleppt dann auch noch einige Einkäufe für mich heran, wofür ich ihn gerne zum Essen einladen möchte. Das lehnt er ab, aber ein Bier nimmt er an. Bis spät in die Nacht sitzen wir dann noch zusammen, unterhalten uns über Umweltverschmutzung, Merkel, Bush und die Araber. Ich bin erstaunt, wie gut informiert Togor ist.

Bereits um sechs Uhr am folgenden Morgen und nach nur wenigen Stunden Schlaf bin ich unterwegs. Auf dem heutigen Streckenabschnitt kommen mir drei Lkws entgegen, alle mit bewaffneter Eskorte. Ansonsten aber bleibt es ruhig und gegen drei Uhr nachmittags erreiche ich die äthiopische Grenze.

Kenia, Peter und seine Jungs

MILLENIUM
Wunderschön und nervig

Die Ausreise aus Kenia war kein Problem, aber heute ist Sonntag und die Äthiopier arbeiten nicht. Die notwendigen Beamten müssen erst geholt werden, was ziemlich lange dauert, aber dann läuft alles korrekt und freundlich ab.

In Äthiopien sind mehrere Dinge erwähnenswert. Es wird wieder auf der richtigen Straßenseite gefahren und die meisten Männer hier sind schwer bewaffnet, meist mit Kalaschnikows oder Schnellfeuergewehren! Ich hatte davon schon gehört, im südlichen Äthiopien gilt ein Mann nur dann als solcher, wenn er bewaffnet ist.

Was mich aber noch mehr verstört, sind Zeitrechnung und Ortszeit. Hier gilt der julianische Kalender, der sieben Jahre und etwa neun Monate hinter der Zeitrechnung unseres gregorianischen Kalenders zurückliegt. Zudem gibt es hier dreizehn statt zwölf Jahresmonate, der letzte ist jeweils ein Schaltmonat mit fünf oder sechs Tagen. In Äthiopien bin ich also gerade im Jahr 2000 angekommen.

Noch mehr irritieren mich aber die Uhrzeiten. Die Uhren ticken hier nach der sogenannten Koordinierten Weltzeit, der universal coordinated time (UTC). UTC + 3 h lautet die Formel, wenn man wissen will, wie spät es gerade in Äthiopien ist. Ich habe das System bis zu meiner Ausreise nicht vollständig durchblickt.

Die Landschaft ist sattgrün, ein herrlicher Anblick.
Warum hier regelmäßige Hungersnöte den Menschen zu schaffen machen, mag man da auf den ersten Blick nicht so recht verstehen. Sicherlich, ich sehe nur einen Teil des Landes und habe somit keinen umfassenden Einblick, aber was ich sehe, macht mich wütend und traurig zu gleich.
Die Tiere: Ich sehe hier mehr tote Hunde auf der Straße, als mein ganzes Leben zuvor. Aber noch schlimmer – die Nutztiere sind in einem bemitleidenswerten Zustand. Nirgendwo in Afrika haben die Esel ein gutes Leben, aber hier haben viele offene, eitrige Wunden und häufig ist der Schwanzansatz aufgebrochen und das Fleisch schaut hervor. Pferde und Kühe stehen oftmals völlig apathisch mitten auf der Fahrbahn und links und rechts rauschen die Fahrzeuge vorbei. Schwarze Fliegentrauben auf den Körpern lassen auch hier Wunden erahnen. Herden werden neben der Fahrbahn getrie-

ben und die Hirten laufen gemütlich neben ihnen her. Wenn ein Tier auf die Straße läuft, was sehr oft passiert, unternehmen die Hirten nicht mal den Versuch, die Tiere von der Straße zu treiben.
Ohne Zugtiere keine rechtzeitige Saat und keine Ernte. Wenn man bedenkt, dass die Nutztiere doch eigentlich wertvoll für den Besitzer sein müssten und dass 90% der Bevölkerung von der Landwirtschaft leben, kann man wirklich nur den Kopf schütteln über soviel ... Ich blende aus, will meine Leidensfähigkeit nicht überfordern.

Vielleicht liegt es jedoch auch daran, dass rund 50 % der Bevölkerung äthiopisch-orthodoxe Christen sind (Angaben differieren stark).
Die äthiopisch-orthodoxe Gemeinde feiert 200 Festtage im Jahr und an diesen Tagen beginnt der Däbtäras (Kirchensänger) früh mit seiner Predigt. Für den strenggläubigen Äthiopier ist es ein Tabu, an diesen Tagen zu arbeiten, für den Landwirt unvorstellbar, sein Feld zu bestellen, zu ernten oder auf den Markt zu gehen. Schließlich predigt dies der Däbtäras ... Und was haben sie schon, der Bettler auf der Straße, die kleinen Angestellten, der arme Bauer auf dem Land, außer ihrem Glauben an ein glückliches Leben nach dem Tod ... So jedenfalls lässt dies die Kirche die Menschen glauben.

In diesem Land spielt sich das gesamte öffentliche sowie große Teile des privaten Lebens auf der Straße ab. Ständig muss man mit auf die Straße springenden Menschen rechnen.

Egal wo ich stehen bleibe, ich bin sofort von einem Knäuel Menschen umgeben. Wenn die Leute dann auch noch Vega entdecken, ist es ganz aus. Lauthals werden auch noch die übrigen Einwohner zusammengerufen und das ganze Dorf steht dann staunend um den Lkw herum. Teilweise kippt diese Neugier aber auch in latente Aggressivität um. Bei der Rast an einem Bach versperrt man mir die Ausfahrt mit Steinen und Ästen und bettelt um Geld. Meist winken die Leute zwar nur nett am Straßenrand, aber ein paar mal muss ich auch Steinewerfer in ihre Schranken weisen. Bei meinen Übernachtungen abseits der Straße werde ich immer wieder mit aufdringlichen Forderungen konfrontiert und nur mit viel Ruhe und Erfahrung gelingt es mir, unangenehme Situationen zu verhindern.

Nach einigen Erlebnissen dieser Art bemühe ich mich, wann immer es geht, in umzäunten Hotels zu übernachten. Dabei lerne ich schnell, erst nach den Zimmerpreisen zu fragen und danach die Kosten für den Stellplatz zu klären. Denn das erste Mal wollte der nette Mann für den Stellplatz mehr als für ein Zimmer.

Die landschaftliche Einmaligkeit Äthiopiens aber entschädigt für vieles. Ich bewege mich fast ausnahmslos auf zweitausend Meter über dem Meeresspiegel, bin umgeben von Wasserläufen, die in Kaskaden herabstürzen.

Eines Abends erreiche ich kurz vor Einbruch der Dunkelheit eine Station von World Vision, allerdings treffe ich vor Ort nur das Sicherheitspersonal an. Ich könne den Lkw aber vor dem Eingangstor abstellen und hier schlafen, wird mir versichert. Dieses Mal für mich beruhigend, tragen beide Wärter Kalaschnikows.
Als ich mit Vega vom Gassigehen zurückkomme, stehen schon wieder drei Dutzend Menschen um den Lkw herum. Als sie Vega sehen, hebt wieder ein großes Geschrei an. Ich höre dabei mehrmals, dass Vega als Hyäne identifiziert wird! Bereits um fünf Uhr früh bin ich auf den Beinen, um unmittelbar und ohne Frühstück die Flucht zu ergreifen.

In Addis Abeba (amharisch für: Neue Blume) steuere ich direkt das Hilton an. Nein, nicht um gegen Ende der Reise einmal so richtig zu prassen, sondern mit dem Auftrag, ein Paket, das mir die Freundin meiner Schwester mitgegeben hat, bei dem Manager des Hotels abzugeben, dem Bruder der Freundin. Der Typ reagiert zwar etwas unterkühlt – gehört wohl zum Berufsverständnis – gesteht mir aber für die Nacht einen Stellplatz auf dem hoteleigenen Parkplatz zu. Ich kann sogar meine Wäsche waschen lassen. Addis Abeba unterscheidet sich kaum von anderen afrikanischen Städten. Auf dem Gehsteig laufen schick gekleidete Menschen und voll beladene Esel nebeneinander. Auf der Straße hupen Minibusse und Mercedes-Benz-Geländewagen. Und es ist laut. Sehr laut!

In der libyschen Botschaft werde ich gleich an den Botschafter verwiesen, was ein eher ungewöhnliches Prozedere ist. Der Botschafter veranlasst, dass meine Unterlagen nach Alexandria gesendet werden, damit ich dort sofort mein Visum für Libyen bekomme. Ich bin zwar skeptisch, aber schaden kann es nicht. Addis Abeba ist eine recht nette Stadt, allerdings sorgt Vega auch hier für mehr Aufsehen, als mir lieb ist. Die Menschen springen bei ihrem Anblick vor Angst auf die Straße.

Den Weg aus der Stadt heraus finde ich allerdings nicht so leicht. Gerade als ich am Verzweifeln bin und nur noch kreuz und quer auf der Suche nach Hinweisschildern umherirre, entdecke ich ein Geschäft, das eine Art Ouzo verkauft, mein Lieblingsgetränk – stark, aber gut im Geschmack. Nach dem Genuss eines erfrischenden Schlucks finde ich dann endlich den Weg aus dem Labyrinth der Stadt. Abends belohnt mich ein schön gelegener Stellplatz für die Fahrerei des Tages.

Der gut fahrbare Untergrund geht langsam in eine immer schlechtere Piste über. In einem Dorf mache ich Halt, um den weiteren Verlauf der Strecke zu ergründen. Kaum stehe ich, kommt ein Mann vorbei und fragt, ob ich etwas essen möchte. Da mein Magen knurrt und nach einer Abwechslung des täglich selbst zubereiteten Einerleis lechzt, folge ich ihm in ein nahes Hotel. Man tischt mir eine Portion Spaghetti mit einer leckeren Soße nebst Bier und anschließendem Kaffee auf, wofür ich insgesamt einen knappen Euro zahle. Dem Essen liegt auch hier, wie häufig in Äthiopien, ein grüner Fladen bei, der ein wenig an eine Serviette erinnert und Injera genannt wird. Er wird aus Teffmehl gebacken, schmeckt säuerlich und trifft leider überhaupt nicht meinen Geschmack.

Weiter oben in den Bergen finde ich auf über dreitausend Meter ein traumhaftes Plätzchen für die Nacht, die Luft ist so klar und rein, dass es ein Genuss ist.
Da ich auch hier nicht lange unentdeckt bleibe, kommen bald einige Jugendliche vorbei und leisten mir Gesellschaft. Der Abend ist angefüllt mit Gesprächen über heitere und ernste Themen, wir beginnen bei der allgemeinen Wirtschaftslage und landen am Ende bei Religion und Kirche.
Später in der Nacht, als sich die Jugendlichen von mir verabschieden und diskutierend von dannen ziehen, tauchen zwei Männer auf, die mir anbieten, als Sicherheitsposten vor dem Lkw Stellung zu beziehen, damit ich ruhig schlafen könne. Ein willkommener Vorschlag, denn so kann ich bei geöffneter Türe einschlummern. Um sechs Uhr am folgenden Morgen wecken mich die beiden Männer gut gelaunt.

Am Tanasee, dem höchst gelegenen See Afrikas, unternehme ich per Boot einen Ausflug zu einem Kloster auf einer der vielen Inseln im See. Da dort jegliche weiblichen Lebewesen verboten sind, muss Vega im Lkw zurückbleiben. Das alte Kloster Kebran Gabriel ist ein Ort tiefer Religiosität, wovon herrliche Wandmalereien Zeugnis ablegen. Leider ist deutlich zu merken, dass inzwischen auch hier schon Touristen das Zepter in der Hand haben.

Die Wasserfälle des Blauen Nil sind wahrlich imposant. Etwa 25 Kilometer südlich von Bahir Dar liegt das Dorf Tis Issat am Fluss Abbai, welcher den Oberlauf des Blauen Nil bildet. Hier stürzt sich der wasserreichere der beiden großen Quellflüsse des Nils 40 Meter in die Tiefe – der zweitgrößte Wasserfall Afrikas.
Ein kurzes Stück flussabwärts liegt die älteste Steinbrücke Äthiopiens aus dem Jahr 1626 – ein richtiges Prachtstück.

Es gelingt mir sogar, in dem Besucherrummel alle aufdringlichen Guides abzuwimmeln und einige Minuten Ruhe zu finden, um das beeindruckende Naturschauspiel zu erleben. Auf meinem weiteren Kulturprogramm stehen dann noch die Felsenkirchen von Lalibela. Auch diese besichtige ich natürlich nicht alleine, sondern zusammen mit Touristenscharen aus aller Welt. Dennoch entgeht mir nicht das herrliche Spiel von Licht und Schatten auf den monolithischen Felsfassaden der Kirchen, die in die rote Basaltlava gemeißelt sind. Feierlich gewandete Priester, die über den heiligen Ort wandeln, tragen zu der besonderen Atmosphäre an diesem Ort bei.

An meinem Platz am See hätte ich es noch ein paar Tage ausgehalten, aber das Spazierengehen mit Vega wird zum Spießrutenlaufen. Überall fallen die Leute bei ihrem Anblick vom Rad oder springen in die Büsche und immer wieder höre ich die Bezeichnung »Hyäne«.

Auch die noch heute gut erhaltene, alte Kaiserstadt Gondar wäre eigentlich einen längeren Aufenthalt wert. Der Campingplatz bei einer Pension ist zwar eng, aber dafür sind die Besitzer sehr freundlich. Der Koch zeigt mir stolz seine Küche und ist endlich einmal jemand, der Vega »ganz toll« findet. Ich besichtige am nächsten Tag noch den Palastbezirk Gemp von Kaiser Fasilidas und fahre dann weiter Richtung Sudan. Die Piste ist ziemlich katastrophal, aber zumindest entdecke ich einige Baustellen, wo man sich mit der Ausbesserung der Spur zu beschäftigen scheint. Hier arbeiten Frauen und Männer nebeneinander. Auf zwei Stangen werden Steine geschleppt und die Frauen stehen den Männern kräftetechnisch in nichts nach.

nie alleine

Blauer Nil

MENSCHENVERACHTEND
Nur der schwache Mann gibt, der starke Mann nimmt
arabische Denkweise

Vom traditionell muslimisch geprägten Sudan habe ich von Reisenden viel gehört und immer waren es positive Nachrichten. Aber jeder macht eben seine ganz eigenen Erfahrungen.
Als der Sudan 1953 entscheiden durfte, ob er lieber zu Ägypten gehören oder eigenständig werden sollte, fiel das Votum eindeutig für die Eigenständigkeit aus. Wie wäre es wohl ausgefallen, hätten die Menschen geahnt, dass nun ein Militärputsch dem anderen folgte? Bereits seit 1955 gab es Bürgerkrieg zwischen dem christlich-schwarzen Süden und dem arabisch-islamischen Norden.

1991 wurde die Scharia wieder eingeführt. Aus westlicher Sicht ist dieses Rechtssystem, das Folterung, Steinigen und das Abhacken von Gliedmaßen als Strafe vorsieht, eher etwas veraltet.

So stehe ich nun am Einreiseschalter und versuche freundlich zu ergründen, wofür ich die 131 Sudan-Pfund (etwa 60 US-Dollar) bezahlen soll. Der Sudanese gibt sich abweisend und ich verlange nach dem Chef. Dieser macht kurzen Prozess: »Zahle oder verschwinde!« Keine Erklärung, kein Versuch einer Kommunikation, einfach zahle oder verschwinde.
Ich hasse mich für das, was nun folgt, aber niemand kann aus seiner Haut. Ich mache Terror, wohl wissend, dass ich Alkohol im Truck habe und Vega. Das Ganze geht sogar so weit, dass ich mir meinen Pass wieder aushändigen lasse und zu den Äthiopiern zurückkehre, um die Wiedereinreise zu klären. Erst ein Blick auf die Landkarte und Gespräche mit den ebenfalls an der Sudan-Grenze stehenden Truckern lassen mein Gehirn wieder normal arbeiten. Der Sudan braucht Geld, Dafur, flüstern mir alle zu!
Ich brauche eine Weile, um die verärgerten Sudanesen zu bewegen, mich einreisen zu lassen, und spurte danach zum Zoll, denn der schließt um sechs Uhr. Der Zöllner füllt akribisch das Carnet aus, danach wird ein weiteres Formular in die Mangel genommen. »Läääbdoob?«, fragt er schließlich und ich zucke verständnislos die Achseln. Dann klickt es bei mir. PC, Kamera und GPS werden in das Dokument eingetragen, das er mir dann aushändigt. Nein, den Lkw brauche er nicht zu sehen.

Langsam ändert sich die Landschaft, ich bin wieder in der Wüste. Auf eintöniger Strecke geht es nach Port Sudan. Auf der Landkarte, die ich zu Rate ziehe, ist ein direkter Weg nach Ägypten eingezeichnet. Sämtliche mündlichen Auskünfte zu dieser Route lauteten allerdings, dass es sie faktisch nicht gäbe, da sich beide Länder um den Grenzverlauf stritten. Das will ich vor Ort überprüfen.

Als einzige Alternative böte sich die Überfahrt über den Nasser-Stausee von Wadi Halfa aus nach Ägypten an. Das wäre nur mit einem Ponton möglich – eine umständliche Variante, die mir gar nicht gefällt.

Heiß, schwül, schmutzig und wenig sympathisch präsentiert sich mir die Hafenstadt Port Sudan. Nach einer ersten Orientierung finde ich einen Mann, der englisch spricht, und lasse mir in Arabisch die Namen von Zoll und Einreisebehörde aufschreiben. Damit werde ich die Örtlichkeiten leichter finden. Jedoch ist heute geschlossen, es ist Freitag. Das hatte ich ganz vergessen, für die Moslems ist ja der Freitag praktisch das, was für uns der Sonntag ist. Mit einem Zettel voller Adressen ausgestattet, fahre ich Richtung Norden, um eine Übernachtungsmöglichkeit zu organisieren.

Nur wenig außerhalb von Port Sudan stoße ich auf einen Kontrollposten. Nichts Böses ahnend steige ich aus und erkläre, nur ein paar Kilometer weiter nach Norden zu wollen. Dazu brauche ich ein Permit, erhalte ich die Auskunft. Da sämtliche amtlichen Stellen heute geschlossen haben, ich also eine Genehmigung nicht mehr bekommen werde, bleibe ich direkt an Ort und Stelle stehen.

Eine Stunde später betreten zwei in weiße Gelabia gehüllte Männer die Bildfläche, lassen sich direkt vor dem Häuschen der Station auf ihren verschmutzten Matratzen nieder und rufen mir zu, dass ich gefälligst hier verschwinden solle, ich könne hier nicht stehen bleiben.

Meinen Einwand, dass ich mir morgen mein Permit abholen wolle, ignorieren sie. Ich solle abzischen! Ich habe aber keine Alternative, zumal ich in den Moloch von Port Sudan nicht mehr zurück möchte. In den nächsten Stunden ergibt sich ein hartnäckiges, verbales Tauziehen um Bleiben oder Fahren, unterbrochen von einigen Erholungspausen. Schließlich erreiche ich mit dieser Zermürbungstaktik, dass der Chef der Truppe erscheint. Morgen könne er mir ein Permit geben, um nach Norden zu fahren, teilt er mir mit. Allerdings reiche dessen Gültigkeit nur bis etwa zwanzig Kilometer vor der ägyptischen Grenze. Als ich nachfrage: »Weshalb nur bis dorthin?«, antwortet er, dass sie mich mit aller Wahrscheinlichkeit wieder zurückschicken werden, wenn ich weiterfahre – wahlweise die Ägypter oder die Sudanesen. Die Art und Weise, wie er mit mir spricht – durchaus freundlich, jedoch mit einem Unterton in der Stimme, der keinerlei Widerspruch duldet –, veranlasst mich, es hier nicht auf die Spitze zu treiben. Und so suche ich mir einen anderen Platz zum Übernachten.

Am folgenden Tag hilft mir wieder einmal das Schicksal ein wenig weiter, als ich Uwe begegne, der aus Deutschland stammt und hier eine Tauchstation betreibt. Er hängt sich sofort für mich ans Telefon, um Erkundigungen über eine mögliche Fahrt durch den Norden des Sudans nach Ägypten einzuholen. Leider erhalte ich auch von ihm nur negative Auskünfte, aufgeben will ich aber trotzdem noch nicht.

Da morgen offiziell der Ramadan zu Ende geht, werde ich wohl die nächsten vier Tage fast nichts erledigen können und habe Zeit, meine weitere Reiseroute Richtung Norden zu planen. Noch länger hier zu bleiben, scheint wenig verlockend. Der Platz ist zwar ganz akzeptabel, aber es ist so schwül, dass selbst das Atmen zur Last wird.
Eventuell kann ich von hier aus bis Ägypten doch mit einem Frachtschiff übersetzen oder bekomme noch das benötigte Permit. Auch die Bekanntschaft mit einem deutschen Motorradfahrer namens Klaus, der aufgrund der wenig zuverlässigen Informationen wieder zurück nach Wadi Halfa will, bringt mich in meiner Entscheidung nur so viel weiter, als dass ich erst einmal hier bleiben werde.

Während der nächsten fünf Tage bin ich von morgens bis mittags damit beschäftigt, entweder ein Schiff nach Ägypten zu bekommen oder ein Permit, und verbringe Stunde um Stunde in Schifffahrtsbüros, bei der Sicherheitsbehörde oder im ägyptischen Konsulat.

Als ich Achmed kennenlerne, ist das ein echtes kleines Highlight in all der bürokratischen Tristesse. Ich treffe ihn an einem heißen Vormittag mitten in der Stadt. Er spricht gut deutsch, hat von 1971 bis 1979 in Berlin gelebt und unterstützt mich tatkräftig bei meinen Vorhaben. Auch gelingt es mir durch ihn, einige andere Winkel der Stadt kennenzulernen. So zeigt mir Achmed einen Platz am Meer, wo es fangfrischen Fisch gibt, der gleich gegenüber dann auch gebraten wird. Eine überdachte Betonplatte ist hier direkt ins Meer gebaut worden, der Ausblick auf den Ozean ist herrlich und der Fisch schmeckt köstlich. Allerdings wird dieser Eindruck geschmälert durch Fischteile, Gräten und sonstigen Müll, der auf dem Boden und den überquellenden Tischen herumliegt und von streunenden Katzen gefressen wird.

Meine Bemühungen um eine Alternativroute bleiben jedoch vergeblich.
Der Kapitän eines Schiffes nach Ägypten verlangt einen inakzeptablen Preis, eine Fährpassage nach Saudi-Arabien scheitert am fehlenden Visum und an der Existenz Vegas. Bei der Angelegenheit mit dem Permit nach Norden scheine ich mich in einer Endloswarteschleife verfangen zu haben ...

Also beschließe ich endlich schweren Herzens, doch nach Wadi Halfa zu fahren und damit die gängige Route aller Transafrika-Fahrer zu wählen, nämlich die Überfahrt über den Nasser-Stausee.

Zum Abschluss gehe ich noch einmal mit Achmed Fisch essen, dieses Mal sogar in ein Restaurant mit Klimaanlage. Was ich mir in der arabischen Welt bisher immer verkniffen habe, weil Hunde hier als unrein gelten, wage ich nun doch zu fragen. Nämlich ob ich Vega mit in das herrlich kühle Lokal nehmen könne. Ausnahmsweise bekomme ich die Erlaubnis dafür. Für Vega bedeutet diese Kühle eine große Erleichterung. Wie oft musste ich während unserer Reise darauf schauen, dass sie nicht überhitzt, dass ich sie nicht zu lange im stickigen Lkw zurücklasse, dass sie gut versorgt war, wenn sie für längere Zeit nicht aus dem Fahrzeug konnte. So wenig ich diesen Hund als Reisebegleiter missen möchte, so oft war ich auch gezwungen, auf ihre Bedürfnisse einzugehen. Kurzum, der Aufenthalt in diesem kühlen, nach Fisch riechenden Lokal ist für sie ein echtes »Leckerli« ...

Am nächsten Tag folge ich dem Vorschlag Achmeds, im Tourismusministerium nach einem Permit für die Strecke nach Wadi Halfa zu fragen. Das Ministerium ist in einem imposanten, schon leicht baufällig wirkenden Gebäude untergebracht. Die Eingangspforte hängt schief in den Angeln, die Bürotüren sind mit zerfledderten Plakaten beklebt, die meist unbesetzten Räume sind mit uralten Möbeln bestückt.

Schließlich werden wir auf unserer Suche nach Personal in einem klimatisierten, aber fensterlosen Raum fündig. Denn hier sitzen, auf zwei wackligen Stühlen postiert, der Minister und sein Adjutant. Sie erteilen uns freundlich die Auskunft, dass ich nur ein Permit von der Einreisebehörde benötige, um nach Wadi Halfa zu fahren.
Bei der Einreisebehörde verlangen sie 96 Dinar, was ich nicht zu zahlen bereit bin. Zumindest wird mir nach dieser Weigerung zugestanden, auch ohne eine Genehmigung weiterzureisen, was allerdings nur möglich sei, wenn mich der nächste Kontrollposten etwa fünfundzwanzig Kilometer hinter Port Sudan passieren ließe.

Der Posten winkt mich natürlich heraus. Auf das sudanesische Zeichen hin (angewinkelter linker Arm nach oben, Handfläche zum Gesicht und ein Schlag der rechten Handkante gegen den linken Unterarm) kann ich nur mit einem Kopfschütteln antworten. Nein, ich habe kein Permit. In einem äußerst unfreundlichen Ton und mit dem Hinweis, ich bräuchte ein Permit von der Sicherheitspolizei, also nicht von der Einreisebehörde, werde ich nach Port Sudan zurückgeschickt.

Stocksauer mache ich kehrt, halte bei der nächsten Menschenansammlung und lasse mir ein Handy geben, um Achmed anzurufen: »Ich brauche deine Hilfe.«
Wir treffen uns in der Stadt vor dem Sicherheitsbüro. Man schickt uns in den hinteren Teil des Gebäudes, wo ich – sieh mal einer an! – meinen Freund vom ersten Tag in einem noblen Büro mit schweren Ledersesseln wiederfinde. Jetzt verhalte auch ich mich ganz nach guter arabischer Manier – reicht dir jemand den kleinen Finger, so liegt es nur an deinem Geschick, die ganze Hand zu bekommen. Also wird mir erst einmal ein Permit bis Atbara in Aus-

sicht gestellt, in einer weiteren Phase der Verhandlung dann schließlich das Permit bis Wadi Halfa. Da ich es aber leider sehr eilig habe, solle die Genehmigung nicht, wie üblich, erst ein paar Tage im Schreibtisch reifen, sondern sofort ausgestellt werden. Lektion gelernt und erfolgreich angewandt. Da wird mir ein nächster Stein in den Weg gelegt mit dem Hinweis, dass ein zusätzliches Permit des Militärs für die Strecke nach Wadi Halfa zwingend notwendig sei. Bei der Militärpolizei verlangen sie für die Ausstellung ein Empfehlungsschreiben, soweit ich das dem Gespräch Achmeds mit dem Typen am Tresen entnehmen kann. Ohne zu wissen, worum es eigentlich geht, folge ich Achmed wieder nach draußen. In Uwes Büro angekommen, schwatzt Achmed Uwe einen Briefbogen mit Firmenanschrift ab, auf den er etwas Unleserliches kritzelt. Wir kehren zur Militärpolizei zurück und zwanzig Minuten später bin ich im Besitz eines frischen Permits.

Der mir nun schon hinlänglich bekannte Kontrollposten fünfundzwanzig Kilometer außerhalb der Stadt wartet mit einer neuen Überraschung auf. Weil es verflixt heiß ist, sitzen alle im Schatten und winken mich ohne Kontrolle einfach durch! Ich knirsche vor Wut mit den Zähnen ...

Wenige Kilometer später fahre ich auf einen Pass hinauf, wo es angenehm kühl ist und schlage mein Nachtlager auf. In der angenehm frischen Luft schlafe ich tief und fest bis zum nächsten Morgen. In aller Frühe stehe ich auf und schmiere nach einem schnellen Frühstück den Truck ab. Beim obligatorischen Fahrzeugcheck stelle ich fest, dass die Auspuffhalterung angebrochen ist, und bringe ein Provisorium an.
Weiter geht es auf langweiliger, brettebener Straße. Eine Straßenkontrolle an der großen Kreuzung Richtung Atbara umfahre ich elegant offroad, lande dann aber doch plötzlich vor einer Barriere, die mir den Weg versperrt. Ich zeige meine Permits, aber der Typ schüttelt nur den Kopf. Ich bräuchte ein Permit der Verkehrspolizei. Jetzt schüttele ich den Kopf, stelle mich auf stur, denn ich habe diese Faxen endgültig satt. Ich mache dem Posten unmissverständlich klar, dass ich nicht zurück nach Port Sudan fahren werde, und wenn er die Schranke jetzt nicht sofort öffne, dann würde ich einfach rechts oder links daran vorbeifahren – Ende der Diskussion!
Nun versucht der Kerl noch die Finte, dass die Genehmigung ja nur am 23. gültig sei. Da ich mir das arabische Gekritzel aber in weiser Voraussicht hatte vorlesen lassen, weiß ich, dass auf dem Schein eine Gültigkeit vom 16. bis zum 23. vermerkt ist. Ich deute mit dem Finger auf die Stelle, wo die Daten stehen. Da erschrickt er ob solcher Sachkenntnis und öffnet, wenn auch widerwillig, die Schranke.

Ich befahre eine frisch fertiggestellte Straße, auf der so gut wie kein Verkehr rollt. Ein Lkw überholt mich, den ich kurze Zeit später festgefahren in einem Sandhaufen wiederentdecke. Ansonsten bemerke ich nur ab und an verwaist wirkende Baumaschinen, die am Straßenrand stehen. Einzig die aufgeschütteten Sandhügel, die anfangs immer mal wieder die Straße blockieren und umfahren werden müssen, irritieren mich etwas.

Ich fahre an einem Haus vorbei, vor dem ein Polizeiwagen steht. Die Fenster des Autos sind geöffnet und auf der Sonnenseite sind wegen der Hitze Handtücher in die Fenster gespannt, aus den anderen beiden Fenstern sehe ich zwei Paar Füße ragen. Als ich näher herankomme, geht das Blaulicht an, und als ich langsam vorbeifahre, wird die Sirene eingeschaltet. Also halte ich lieber an. Die Handtücher schwenken zur Seite und das hinlänglich bekannte Handzeichen wird herausgewedelt. Ich steige aus, die lümmeln weiter gemütlich im Auto. »Permit!«, blafft der eine. »Wenn du keins hast, musst du zurück nach Port Sudan.« Ich gehe zum Lkw und hole die beiden Permits. Interessiert betrachten sie die Dokumente. Das Glück, besser die Sonne, steht mir bei, denn es ist heiß und die beiden wollen wohl lieber ihre Ruhe haben. Sie nicken kurz und geben mir die Papiere zurück. Auf dem Weg zum Lkw sehe ich aus den Augenwinkeln einen Mann in einer Gelabia auf mich zukommen, zweimal höre ich ihn barsch in Englisch rufen: »Come her, come her!« Aber ich hab keine Lust, ignoriere ihn und fahre einfach weiter.

Nach einer Nacht abseits der Straße lasse ich in Atbara, einem wenig anziehenden Städtchen, die Auspuffhalterung schweißen und versuche, Brauchwasser für Spülung und Abwasch aufzutreiben. Von einem Einheimischen lasse ich mich zu einem Geschäft lotsen, das Wasser verkauft. Allerdings vertreiben sie dort nur Wasser in Flaschen, ich brauche aber Nachschub für einen meiner beiden 150-Liter-Wassertanks.
Auf dem Rückweg entdecke ich auf einem Grundstück einen Mann, der gerade sein Auto mit einem Schlauch Wasser abspritzt. Allerdings versteht er nicht, was ich will, bedeutet mir zu warten und geht ins Haus. Kurz darauf kehrt er mit einer verschleierten Frau zurück – eine der wenigen Frauen übrigens, die ich im Sudan überhaupt zu Gesicht bekommen habe. Sie klärt mich zunächst ungefragt und in ernstem Ton darüber auf, wie anders es hier im Sudan im Gegensatz zu Deutschland sei, denn hier im Sudan sei die Hilfsbereitschaft sehr groß, jedem, der in Not sei, würde geholfen. Aha, da weiß ich also erst einmal Bescheid ... Danach widmet sich die Frau meinem Anliegen. Fünf Minuten später trifft das Stadtoberhaupt persönlich ein, der mich zu einem Wasserhahn führt, an dem ich den Tank auffüllen kann. Dazwischen serviert uns die Frau ein Tablett mit Tee und Gebäck und im Anschluss an die Füllung des Wassertanks bin ich herzlich eingeladen, noch eine Kleinigkeit mit dem Vorsteher zu essen. Als ich zahlen möchte, wehrt er ab. Ich bin sehr überrascht und merke, wie misstrauisch ich durch meine bisherigen Erfahrungen mit Bürokratie und Gesetz in diesem Land bereits geworden bin.

Lehmziegeldörfer säumen nun die Piste, die dem Lauf des Nils folgt. Bei der Fahrt durch kleine und größere Dörfer winken mir die Menschen freundlich zu und nun lerne ich tatsächlich die andere Seite des Sudans kennen. Bei nahezu jeder Häuseransammlung werde ich zu Tee oder Kaffee eingeladen, die Menschen winken mich herbei und freuen sich, wenn ich anhalte und mich zu ihnen setze. Die Verständigung ist zwar meist schwierig, nur mit Händen und Füßen möglich und wird von viel Schulterzucken und Gelächter begleitet, aber das stört niemanden.

In Berber, der letzten größeren Ansiedlung vor der Nubischen Wüste und etwa fünfzig Kilometer nördlich von Atbara gelegen, will ich noch einmal ordentlich Vorräte einkaufen. Auch hier werde ich überaus freundlich empfangen. Ein englisch sprechender Sudanese gesellt sich zu mir und hilft mir, die richtigen Geschäfte zu finden. Wir streifen auf dem Markt umher, der wenig zu bieten hat: getrocknete Datteln, Getreide, Gewürze, ein paar Gebrauchsgegenstände aus Blech und jede Menge Plastikschrott aus China. Etwas fremdartig wirkt der staubige Platz mit den Basaren und Werkstätten. Dazwischen die weiß gekleideten und Händchen haltenden Männer. Auch hier darf ich erst weiterfahren, nachdem ich mich zum Essen habe einladen lassen. Rund um eine große Schüssel sitzen wir im Kreis und essen mit der Hand köstliche Bohnen mit Eiern und Salat.

Ich tue mich schwer, den richtigen Einstieg für die Wüstenstrecke zu finden. Überall Einzelspuren, aber weit und breit ist keine klare Hauptspur auszumachen. Die grobe Richtung einhaltend, finde ich dann nach einigem Suchen den Weg.
Die Nubische Wüste ist recht stimmungsvoll, man hat einen weiten Ausblick auf zerklüftete Felsformationen, die eine tiefe Ruhe ausstrahlen. Geologisch betrachtet besteht die östlichste Teilwüste der Sahara aus Fels und Sand und ragt bis über 1.200 Meter weit auf. Die Strecke, die ich befahre, ist zwar teilweise tiefsandig und sehr staubig, oft aber bildet auch harter Sand den Untergrund, und so komme ich schnell voran. Da meine Route einer Eisenbahnlinie folgt, habe ich keine Orientierungsschwierigkeiten.

Ich streife einige verlassene Bahnhöfe und als ich an einem der alten Gebäuden Halt mache, komme ich mir plötzlich vor, als sei ich in Raum und Zeit versetzt. Die Hitze flimmert, ein leichter Wind kräuselt den Sand, eine alte Draisine steht neben den Gleisen und es herrscht eine völlige Stille – ich fühle mich wie ein Statist in »High Noon«. Es fehlt nur noch Clint Eastwood, der mit dem Zigarillo im Mundwinkel aus einem Häuserschatten auftaucht und mich zum Duell fordert!

High Noon

An einem wunderbaren Platz in der Nähe einer Felsengruppe verbringe ich die Nacht. Der Mond taucht die Naturmonumente ringsherum in ein mystisches Licht, das es nur in der Wüste gibt. Als gegen Mitternacht ein Trockengewitter über mir durchzieht, bin ich tief beeindruckt.

Die Informationen zum Nasser-Stausee, die ich von den beiden Österreichern in Malawi erhalten habe, helfen mir, mich auf das bevorstehende Abenteuer vorzubereiten. Der Lkw wird zunächst auf einem Ponton platziert, der aussieht wie ein flacher Kahn. Dieser Ponton wird dann an ein Motorboot angehängt, das den Kahn samt Truck nach Assuan schleppt. Die Überfahrt per Ponton dauert drei Tage.
Ich werde während dieser Zeit nicht im Lkw festsitzen, sondern mit der regulären Personenfähre übersetzen, die einen Tag früher abfährt und auch nur einen Tag unterwegs ist. Das bedeutet, dass ich in Assuan ein oder zwei Tage auf den Lkw werde warten müssen. Vor allem, dass ein möglicherweise ungeübter Sudanese meinen Lkw auf den Ponton fahren muss, ist für mich eine erschreckende Vorstellung. Was wenn der Kerl mir den Lkw ins Hafenbecken fährt? Und da ist noch Vega. Keine gute Aussichten! Mein Ziel muss sein, zusammen mit dem Lkw die Überfahrt zu machen.

Angekommen in Wadi Halfa, schlage ich zunächst den Weg Richtung Einreisebehörde ein, die ich, wenn auch zufällig, so doch ziemlich bald finde.

Dort weist man mir den Weg zu Fährbüro und Zoll. Auch hier fällt mir die große Hilfsbereitschaft und offene Freundlichkeit der Menschen auf, die in so krassem Gegensatz zur Behandlung durch die hiesigen Behörden steht. Überall wo Menschen essen, machen sie immer die gleiche einladende Handbewegung.

Die nächsten Tage verwende ich meine Zeit darauf, ein Ticket zu erstehen, was sich als nicht so einfach herausstellt. Im Fährbüro hat der Schalterbeamte am ersten Tag keine Lust, am zweiten keine Zeit und am dritten Tag wartet er mit dem Hinweis auf mich, dass ich in den Hafen fahren soll, um das Ticket zu kaufen. Im Hafen klappere ich alle in Frage kommenden Gebäude ab, bis ich endlich einen Zuständigen finde, der mir wiederum mitteilt, dass ich das Billett erst morgen kaufen könne. So weit, so gut. Dann verlege ich mich erst einmal auf den hartnäckigen Versuch, zusammen mit meinem Lkw auf dem Ponton zu fahren. Nicht, dass mich die Antwort tatsächlich wundern würde, diese von mir angedachte Option stellt sich natürlich als Fehlanzeige heraus. Da werfe ich Vega in die Waagschale. Hm, überlegt da der Ticketverkäufer, der Hund dürfe ja nun nicht mit auf die Passagierfähre – das hatte ich mir auch bereits gedacht. Der Manager muss her! Der löst das Problem in Sekundenschnelle und erlaubt mir, samt Hund per Ponton nach Assuan zu fahren.

Alles andere als einfach ist es, die benötigten Stempel für die Ausreise zu bekommen. Zeit spielt in der afrikanischen Mentalität keine besondere Rolle – das habe ich während meiner Reise auch oft genossen. Hier aber wechselt meine Gefühlslage zwischen Hilflosigkeit und Wut. Aber wenn der Beamte heute keine Lust hat, dann hat er eben keine Lust: »Komm doch morgen wieder.« Als Gott die Welt erschuf, gab er den Europäern die Uhr und den Afrikanern die Zeit!

So vertreibe ich mir die Zeit in Wadi Halfa, wo man mich und Vega bereits nach wenigen Tagen kennt. In meinem bevorzugten Lokal wissen sie schon, was ich gerne esse, denn gleich am ersten Tag durfte ich durch die Küche schlendern, habe in die Kochtöpfe gelinst, alles Mögliche probiert und mir ein Menü zusammengestellt. So brauche ich also nur Platz zu nehmen und genieße zwischen einem Tee vornweg und einem Kaffee als Abschluss meine Mahlzeit. Die Auswahl ist nicht übermäßig, mal Bohnen, mal Eier oder Linsen, aber immer Rucola und eine undefinierbare Suppe. Auch der Kaffee ist gewöhnungsbedürftig, zum Ende hin wird er regelrecht scharf.

Ich habe einen angenehmen Übernachtungsplatz außerhalb der Stadt gefunden, an einem Seitenarm des Nasser-Stausees, der hier Nubia-See genannt wird. So vergehen die Tage recht schnell. Leider lässt sich in keinem der Geschäfte hier Toilettenpapier auftreiben und so muss ich rationieren.

Am Tag vor der Abreise fahre ich zum Hafen, um die letzten bürokratischen Hürden zu nehmen. Der Chef der Einreisebehörde zeigt sich einsichtig und stellt mir ein Schreiben aus, wonach ich keine zusätzlichen Gebühren zahlen müsse. Beim Zoll bekomme ich einen Packen Zettel zum Ausfüllen in die Hand gedrückt und im Hafen muss ich das sogenannte Clearing erledigen. Meist habe ich keine Ahnung, was ich da alles auf den dicht mit arabischen Schriftzeichen bedruckten Papieren ausfülle, aber dank meiner Improvisationskunst bekomme ich es am Ende ganz gut hin. Damit gehe ich dann in mein Lieblingslokal, lade alle meine Freunde zum Essen ein und reiche die Zettel zur Kontrolle herum. Sachkundig wird alles durchgesehen. Dann nicken alle, alles in Ordnung. Ich atme auf. Nur zahlen darf ich nicht.

Pünktlich finde ich mich um zehn Uhr am Hafen ein und mache mich auf die Suche nach dem Ponton. »Hier ist er«, sagt einer, »nein, dort drüben«, ein anderer. Es stellt sich heraus, dass der Ponton noch gar nicht angelegt hat. Der Ticketverkäufer wirkt gestresst und bedeutet mir, ich solle am Lkw warten, okay, okay. Ich bin ziemlich entspannt, denn im Hafen habe ich bereits zwei Landrover mit französischem Kennzeichen und auch das Motorrad von Klaus entdeckt. Die Fahrer sind vermutlich bereits in Assuan. Es kann also nichts schief gehen, denke ich.

Aber ich habe die Rechnung wieder einmal ohne den afrikanischen Zeitfaktor gemacht. So sitze ich noch um drei Uhr nachmittags im Lkw, schaue zu, wie Arbeiter einen Kahn mit Zement entladen. Aber nun muss ich mit Vega raus, es hilft alles nichts. Sie brütet seit Stunden im Lkw. Mir ist nicht wohl bei dieser Aktion, aber da keinerlei Anzeichen darauf hindeuten, dass ich in den nächsten Minuten auf den Ponton fahren kann, der seit einer ganzen Weile mit Altmetall beladen wird, wage ich es.

Als ich wieder zurückkomme und Vega gerade im Lkw verstaut habe, stürmt ein weiß gewandeter Mann auf mich zu und blafft, wo der Hund sei und ob ich ein Permit für ihn hätte. Ich zeige ihm den Europäischen Impfpass und das Permit aus Namibia mit den vielen Stempeln darauf. Er kann die Papiere nicht lesen, weshalb er mich mit einem barschen »Die sind nicht gültig« bedenkt. Ich bräuchte für die Ausreise ein sudanesisches Gesundheitszeugnis. Mit den Papieren in der Hand will er auf dem Absatz kehrtmachen, aber ich stoppe ihn gerade noch rechtzeitig und verlange freundlich, aber bestimmt meine Papiere zurück. Widerwillig händigt er sie mir aus und stürmt wütend davon.
Ich ahne Ungemach.

Dann fährt ein Auto vor, ein Mann steigt aus, von hinten kommt mein Freund von eben angerannt. Der Mann stellt sich als Veterinär vor und fragt mit einer kalten Ruhe in der Stimme, warum ich bei der Einreise kein Permit für den Hund beantragt hätte, das sei Gesetz im Sudan. Bei seinem Ton läuft es mir kalt der Rücken herunter. Ich rede mit Engelszungen auf ihn ein und gehe dann dazu über, ihm anhand des Impfpasses alle Impfungen und ihre Wirkungsweisen detailliert auf Englisch und mit Hand und Fuß zu erklären. Von den aggressiven Einwürfen des anderen Typen lasse ich mich nicht aus der Ruhe bringen. Der Veterinär scheint meine intensiven Bemühungen zu goutieren, denn plötzlich macht sich ein Grinsen auf seinem Gesicht breit und die Situation beginnt sich zu entspannen. Alles Übrige erledigt sich dann wie von selbst. Mit Unterstützung gelingt es mir, Kopien des Passes anzufertigen und die letzten sudanesischen Dinar zusammenzukratzen, um das Permit für Vega zu erwerben. Manchmal bin ich ... Ja, was soll ich sagen, es fehlt mir ein Dinar und den fordere ich doch tatsächlich von dem bösen Typen ein. Er zahlt!

Doch die nächsten Schikanen lauern schon. Gegen neun Uhr abends, ich stehe immer noch in Warteposition vor dem Ponton, werde ich darauf hingewiesen, dass ich noch keinen Ausreisestempel in meinem Pass habe. Ein behäbig auf seinem Stuhl sitzender Weißgewandeter, der hierfür zuständig zu sein scheint, würdigt mich keines Blickes, macht nur eine auffordernde Handbewegung. Weil ich nicht verstanden habe, was er möchte, reiche ich ihm alle meine Papiere hinüber. Die überflüssigen Dokumente lässt der Typ einfach auf den Boden fallen. Ich mobilisiere meine gesamte restliche Gelassenheit, die mir nach diesem Tag noch zur Verfügung steht, bücke mich und hebe die Papiere auf. Wortlos reicht er mir die anderen Unterlagen und dreht seinen Kopf weg – ein klares Zeichen dafür, dass alles erledigt ist und ich verschwinden kann. »Shukran«, sage ich höflich und schaue ihn dabei direkt an. Da kann er nicht anders und muss auf mein arabisches Danke reagieren, presst dazu etwas Unverständliches zwischen den Zähnen hervor.

Plötzlich entsteht Unruhe. Jetzt endlich soll ich den Lkw auf den Ponton fahren, danach wird das Bike von Klaus hochgeschoben, aber bei den beiden Land Rovern geht den Jungs die Sachkenntnis aus. Also manövriere ich die beiden Fahrzeuge auf den Ponton. Dann schreit mich ein Typ von der Seite an, ich solle zu dem Beamten im Container. Der nächste Weißgewandete, mit dem ich es hier zu tun bekomme, fläzt gemütlich auf einer Pritsche, auf der anderen Matratze sitzt einer in Polizeiuniform. Wortlos und mich keines Blickes würdigend wedelt der Liegende per Handzeichen meinen Pass herbei und will auch die Genehmigung für Vega einsehen. Dann wirft er die Dokumente völlig unmotiviert auf die freie Pritsche neben sich und dreht den Kopf zur Seite. »Fertig?«, frage ich knapp und nur unter großer Mühe höflich. Scheint so, auch wenn jegliche Reaktion ausbleibt. Ich schnappe die Dokumente und gehe zurück zum Lkw. Was bin ich froh, diesem Land bald den Rücken zu kehren! Und irgendwie kreist in meinem Kopf das Wort mit der Ziege.

Nachts um halb elf legen wir dann endlich ab. In der Nacht müssen wir irgendwann an einem Felsen vor Anker gegangen sein. Ich erwache um fünf

Uhr früh und springe sofort aus dem Truck, um Vega an Land zu lassen – was ein schwieriges Unterfangen ist. Ich balanciere auf dem Felsvorsprung und sie soll mir vom Ponton aus in die Arme springen. Das haben wir im Vorfeld öfter geübt, sodass Vega jetzt ohne Zögern springt. Sie zurück zu bugsieren, ist schon eine deutlich größere Herausforderung, aber auch das klappt dank ihres Geschicks und Verständnisses für das, was die Situation von ihr verlangt.

Kurz nach dem Ablegen passieren wir bereits mitten auf dem Wasser den ägyptischen Zoll. Ein Boot mit einigen Polizisten an Bord legt an und prüft sorgfältig alle Dokumente.
Auch Vegas sudanesisches Permit wollen sie sehen, obwohl sie den Hund mit Sicherheit nicht sehen konnten. Dann dürfen wir weiterschippern.

Um zwölf Uhr mittags passieren wir Abu Simbel. Ich verbringe den ganzen Tag im Bett, denn auf dem Ponton, der mit Altmetall voll beladen ist, haben wir kaum einen Meter Platz. Mehrmals versuche ich, Vega zum Pinkeln zu bewegen, ohne Erfolg. Erst am nächsten Morgen steht sie gegen fünf Uhr hechelnd vor meinem Bett. Dieses Mal klappt es. Nach einer weiteren Nacht auf dem Wasser erreichen wir Assuan um zehn Uhr am kommenden Morgen.

WELCOME TO EGYPT
Freude über freundliche Behandlung

Die Einreisemodalitäten in Ägypten stellen sich als langwierig und umständlich heraus. Glücklicherweise treffe ich Klaus und die beiden Franzosen, denen die Land Rover gehören, und so können wir die nötigen Behördengänge gemeinsam angehen.

Zunächst fahren wir mit dem Taxi vom Hafen aus etwa fünfundzwanzig Kilometer nach Assuan hinein, wo wir jemanden von der Verkehrspolizei ausfindig machen müssen, der dann wiederum mit uns zum Hafen zurückfährt. Hier werden in aller Sorgfalt Fahrgestell- und Motornummern auf ein Papier gepaust. Dann geht es wieder zurück nach Assuan. Dort müssen wir diverse Marken zum Aufkleben auf irgendein Papier käuflich erwerben, eine Akte anlegen lassen, Kopien anfertigen und die nötigen ägyptischen Nummernschilder beantragen. Zwischendurch komme ich mir vor wie bei einem lustigen Gesellschaftsspiel für Leute, die nicht wissen, was sie mit ihrer Zeit anfangen sollen ... Dann heißt es noch, eine Versicherung abzuschließen. Zuletzt dürfen wir die frischen Nummernschilder mitnehmen und schrauben sie ordnungsgemäß auch sogleich an unsere Fahrzeuge. Alles in allem waren wir damit zwei Tage vollauf beschäftigt. Zum Übernachten bleiben wir im Hafen.

Was mir hier nach meinen sudanesischen Erfahrungen mehr als positiv auffällt, ist die Freundlichkeit von Behörden und Obrigkeit. Ein höfliches, mitunter fröhliches »Welcome to Egypt« tönt mir mehrmals täglich entgegen. Zwischendurch bekommen wir Besuch von einem Tierarzt, der mir ein Permit für Vega ausstellt.

Nach der erfolgreichen Einreise entdecke ich bei Adams Home, etwa zwanzig Kilometer von Assuan entfernt, einen netten Campingplatz. Ägypten entpuppt sich als angenehmes Reiseland, allerdings ist man hier überhaupt nicht auf Individualtouristen eingestellt und so gestaltet sich die Suche nach einem Stellplatz für die Nacht oft recht schwierig. Auch bringen die vielen Pauschalurlauber ein weiteres Problem mit sich: Hier werden Preise verlangt, die selbst die marokkanischen in den Schatten stellen. Einen fünffach höheren Preis für die Waren des täglichen Bedarfes kann man als Tourist hier noch als günstig bezeichnen.

Nachdem ich mir einen Überblick über das gängige Preisgefüge verschafft habe, zahle ich erst einmal schon aus Prinzip nur noch ein Zehntel der geforderten Summe. Es wird gemault und gezetert, aber schließlich akzeptiert. Allerdings kostet mich die dauernde Feilscherei ganz ordentlich Nerven ...

Erschwert wird meine Unabhängigkeit dadurch, dass viele Strecken in Ägypten aus Gründen der Sicherheit von Touristen nur im Konvoi befahren werden dürfen. Ich werde also zusammen mit Dutzenden Reisebussen und noch einmal so vielen Kleinbussen – vorne und hinten eskortiert von Polizeiautos – in zügigem Tempo durch die Gegend gelotst.

Dennoch bleibt der Eindruck haften, mich in einem wunderbaren Reiseland mit faszinierenden Stätten alter Kulturen aufzuhalten. Mir begegnen viele freundliche Menschen, die zwar immer auch darauf bedacht sind, ein Geschäft zu machen, was mir aber nicht unangenehm ist.
Innerlich eingestellt auf mehr oder minder kulturinteressierte Menschenmassen beuge ich mich dem Herdentrieb und besichtige einige Tage lang sämtliche touristische Highlights der näheren und entfernteren Umgebung. Meine Route führt erst das fruchtbare Niltal entlang nach Luxor. Und danach nach Safaga und Hurgada. Nach ein paar Tagen am Meer fahre ich weiter nach Kairo. Den einzigen Campingplatz in dieser riesigen 25-Millionen-Einwohner-Stadt hätte ich alleine nie gefunden. Ein Ägypter kommt mir zu Hilfe. Hinter drei großen Müllbergen taucht endlich der Platz auf, der nett gelegen ist und einen so guten Eindruck macht, dass ich gleich für ein paar Tage bleibe.
Zu den Pyramiden von Gizeh – die Cheops-, die Chephren- und die Mykerinos-Pyramide sind monumentale Grabbauten aus dem dritten vorchristlichen Jahrtausend – kann ich von hier aus laufen. Zusammen mit dem gigantischen Löwenleib der Sphinx sind sie ein überwältigendes Erlebnis und nicht umsonst eines der Sieben Weltwunder der Antike.

Dann wird es Zeit, mich um ein Visum für Libyen zu kümmern, weshalb ich nach Alexandria aufbreche. Da es dort keinen Campingplatz gibt, verbringe ich die erste Nacht am Strand direkt an einem Lokal. Der Besitzer kommt gegen Abend mit Käse und Oliven und einer Cola als eine Art Begrüßungsgeschenk zu mir herüber.

Die Stadt selbst ist nicht nur schön, sondern hat auch einen gewissen Reiz. Die Altstadt zwischen den beiden Hafenbecken ist geprägt von engen Gassen und Basaren. Man kann sich in den Gassen ganz ungezwungen bewegen. Freundlich und hilfsbereit werden alle Fragen gerne beantwortet.
Bei der libyschen Botschaft gibt man sich ebenfalls nett und zuvorkommend, leider sei aber heute der richtige Ansprechpartner nicht im Haus.

Also schlendere ich wieder durch Alexandria, das Wetter ist gut, es ist nicht zu heiß, und so kann ich Vega ein paar Stunden im Lkw zumuten. Immer wieder halte ich an, um einen Tee zu trinken oder einen kleinen Imbiss zu mir zu nehmen.

Wieder ist es schwierig, einen Schlafplatz zu finden. Auf einem Parkplatz werden einige Jugendliche so frech, dass am Ende Steine in die Kabine fliegen. Ich muss mir einen anderen Platz suchen. Am Aquarium kann ich zwar stehen, dafür geht es hier bis in die frühen Morgenstunden zu wie in einer Diskothek, an Schlaf ist kaum zu denken.

In der libyschen Botschaft liegt nichts aus Addis Abeba vor. Gut, ich hatte es zwar gehofft, aber nicht wirklich damit gerechnet. Klaus trifft wenig später ebenfalls ein, und als er erfährt, dass wir zwischen fünf und sieben Tagen auf das Visum warten müssen, will er über die Türkei zurückfahren.
Ich mache mich auf den Weg zur Oase Siwa. Am wunderbaren Küstenstreifen entlang, anfangs zugebaut durch wie an einer Perlenkette aneinandergereihte Ressorts, fahre ich Richtung Libyen. Hier gibt es keine küstennahe Bebauung, ich habe direkten Blick auf das glasklare Wasser und den feinsandigen, weißen Strand, kilometerlang und menschenleer. Von der Küstenstraße geht es dann wieder landeinwärts Richtung Süden. Siwa ist ein hübscher Ort, jedoch vollkommen auf Touristen eingestellt, und so fahre ich weiter in die Wüste.
Trotz reichlich abgelassener Reifenluft bleibe ich irgendwann halb im Sand stecken. Also bleibe ich gleich an Ort und Stelle und verbringe eine herrliche Wüstennacht unter klarem Sternenhimmel.
Am nächsten Morgen lasse ich nochmals Luft aus den Reifen und versuche, bis zu den Wüstenseen zu kommen, die etwa 20 Kilometer weiter liegen sollen. Als ein paar Jeeps kommen und ebenfalls erhebliche Probleme haben, die vor ihnen liegenden Hügel zu schaffen, gebe ich auf. Wenn es schon den einheimischen Fahrern mit ihren leichten, nur mit ein paar Touristen besetzten Fahrzeugen nicht gelingt, kann ich erst recht davon absehen.

Ich bleibe noch zwei Tage in Siwa, gehe ein wenig bummeln und feilsche mit den Händlern um ihre horrenden Preise.
Die Oase Siwa ist die westlichste Oase in der Libyschen Wüste und liegt als Senke (Depression) 18 Meter unter dem Meeresspiegel. Die großen Gärten und Plantagen in Siwa bestehen vor allem aus rund 300.000 Dattelpalmen und Olivenbäumen. Für den lokalen Verbrauch werden gleichzeitig aber auch Gemüse, Feigen, Trauben, Aprikosen, Orangen und andere Agrarprodukte angebaut.
Die Geschichte der Oase lässt sich bis 1500 v. Chr. zurückverfolgen. Der bekannteste Besucher war zweifellos Alexander der Große. Dieser hatte das Orakel des Gottes Amun befragt und nutzte somit die Macht und den Einfluss des Orakels. Er selbst ließ sich in Siwa als »Sohn des Zeus« begrüßen.
Bis Ende des 18. Jahrhunderts war die genaue Lage der Oase Siwa in Europa noch unbekannt.

Zurück in Alexandria suche ich zuerst die Touristeninformation auf, um mich nach einer Übernachtungsmöglichkeit zu erkundigen. Eine freundliche Dame weist mich auf den großen Parkplatz von einem Einkaufszentrum hin, sie würde dort Bescheid geben.

In der libyschen Botschaft ist inzwischen das Visum da, ich hole es auf meinem Weg zu dem Stellplatz am Einkaufszentrum ab. Nach einer Stunde trifft dort eine Delegation von zwei Frauen und zwei Männern aus dem Einkaufszentrum ein, um mich herzlich willkommen zu heißen. Sie haben einige Geschenke für mich dabei und ich muss mich samt Hund für die Hauszeitschrift fotografieren lassen!

Ägypten

Ägypten

NACH HAUSE
Das Unglück hält sich nicht an Besuchstage
afrikanisches Sprichwort

Auf der gleichen Strecke wie vor ein paar Tagen fahre ich Richtung Libyen, wenigstens kenne ich nun schon einige Stellplätze für die Nacht.

Die Ausreise aus Ägypten gestaltet sich fast so umständlich wie die Einreise, allerdings befinden sich alle nötigen Büros im Grenzbereich und so habe ich alle Formalitäten in fünf Stunden hinter mich gebracht. Als ich alle Dokumente beisammenhabe, biege ich noch einmal in das Büro des obersten Vorgesetzten ab, um mich für die großzügige ägyptische Gastfreundschaft zu bedanken – was mich zu dieser Geste veranlasst hat, weiß ich selbst nicht so genau zu sagen. Dass sich diese kleine Höflichkeit als günstiger Schachzug erweisen soll, stellt sich allerdings schon eine Stunde später heraus.

Die Libyer lassen mich trotz des Visums nicht einreisen! Es gäbe seit zwei Tagen ein neues Gesetz, das besage, dass jeder Ausländer eine arabische Übersetzung seines Passes auf der letzten Seite des Dokumentes haben müsse. Ich glaube erst an eine Schikane, aber ein Anruf bei der deutschen Botschaft in Tripolis bestätigt mir leider die Richtigkeit der Angabe. Ja, ich müsse leider zurück nach Kairo, um in der deutschen Botschaft die arabische Übersetzung anfertigen zu lassen. Ich versuche nochmals erfolglos, mit den Libyern zu verhandeln. Ich bin zutiefst frustriert. 800 Kilometer zurück nach Kairo für ein paar arabische Worte!

Ich nehme den direkten Weg zum Büro des ägyptischen Obersten, bei dem ich mich noch vor Kurzem so wortreich bedankt habe, und schildere ihm aufgeregt die Sachlage. Kopfschüttelnd hört er meinen Ausführungen zu und zitiert dann einen seiner Mitarbeiter herbei, der mir bei der Rückabwicklung der Formalitäten hilft. Nach ein paar Stunden ist alles erledigt, sogar meine alten ägyptischen Nummernschilder sind wieder angeschraubt. Um den Ärger nicht Herr über mich werden zu lassen, starte ich sofort und ohne weitere Überlegungen Richtung Kairo.

Gegen Mitternacht bemerke ich, dass der Truck zu schwimmen anfängt. Ich registriere zu spät, dass es nicht am Untergrund der Fahrbahn liegt und kann den schleudernden Lkw gerade noch abfangen. Ein Desaster! Der rechte Hinterreifen hat sich von der Felge gezogen und ist völlig zerstört. Zur Erklärung sei hinzugefügt, dass ich dreiteilige Felgen aufgezogen habe, bestehend aus der Felge, einem Sprengring und einem reifenabdichtenden Ring. Beide

Ringe sind weg, ich wechsle in stockdunkler Nacht den Reifen und bleibe rechts an der Straße in einem Acker stehen. Gleich bei Anbruch der Dämmerung muss ich versuchen, die beiden versprengten Ringe zu finden. Mehr als vier Stunden suche ich die beiden Ringe und finde mit Glück zumindest den deutlich kleineren Sprengring, der andere bleibt verschollen. Mist! Dafür einen Ersatz zu finden, dürfte schwierig werden. Entsprechend niedergeschlagen und wütend setze ich meine Fahrt fort.

Den ganzen Tag über versuche ich, mit der deutschen Botschaft in Kairo Kontakt aufzunehmen, aber entweder werde ich aus der Leitung geworfen oder es hebt niemand ab. Aber ich bin ja glücklicherweise wieder in Ägypten, so kann ich überall stehen bleiben und nach einem Handy fragen. In einem Dorf versuche ich es erneut. Tatsächlich habe ich eine Dame am Apparat, die sagt, dass sie mich weiterverbindet. Doch prompt fliege ich dann wieder aus der Leitung. Bei einem weiteren Versuch hebt niemand mehr ab. Die umstehenden Leute sind entsetzt: Warum hebt in der deutschen Botschaft niemand mehr ab? Für die Ägypter ist diese unglaublich! Deutschland ist das Land Ihrer Träume!

Die Herausforderung, in der größten Stadt Afrikas die deutsche Botschaft suchen zu müssen, bewältige ich mithilfe meines Stadtplans und der gewählten Strategie, nachts unterwegs zu sein, wenn der mörderische Verkehr etwas abgeebbt ist. In einer Parklücke nahe der Botschaft stelle ich schließlich den Lkw ab, gehe noch eine Runde mit Vega um den Block und lege mich dann gegen drei Uhr morgens aufs Ohr. Etwa vierzig Minuten später werde ich schon wieder aus dem Tiefschlaf gerissen, jemand klopft energisch an die Tür. Polizei! Als der Polizist mich und den Lkw überprüft hat, entschuldigt er sich wortreich. Ich versuche, Verständnis zu haben. Schließlich haben sie hier enorme Angst vor Anschlägen und sind angehalten, jedem verdächtigen Hinweis unmittelbar nachzugehen.

Als ich am folgenden Morgen am Empfang der Botschaft stehe, merke ich, dass meine Verärgerung noch nicht gewichen ist. Ich habe mir zwei Strategien zurechtgelegt: entweder die erforderliche Übersetzung so schnell wie möglich zu erwirken oder – um demnächst einmal wieder nach Deutschland zurückkehren zu können – über Jordanien und Syrien zu reisen. Um ein Visum für Syrien beantragen zu können, benötige ich ein Empfehlungsschreiben der deutschen Botschaft. Bei der Dame am zuständigen Schalter frage ich erst nach dem Empfehlungsschreiben für Syrien. »Kein Problem«, antwortet sie, »das dauert zehn Tage.« Ich teile ihr daraufhin mit, dass meine Aufenthaltsgenehmigung für Ägypten in drei Tagen auslaufe. Völlig ungerührt entgegnet sie: »Dann müssen Sie diese eben verlängern, nur keine Aufregung.« Mühsam durch meine zusammengebissenen Zähne lächelnd frage ich sie, ob ihr die neuesten Einreisebestimmungen für Libyen bekannt seien. »Ja, ja«, nickt sie, »die Übersetzung meinen Sie, richtig? Machen wir Ihnen bis Sonntag.« »Aber heute ist doch erst Donnerstag«, wage ich einzuwenden. Ja nun, erhalte ich von ihr die Antwort, eine Übersetzung dauere eben. Ich nehme mir fest vor, weiter freundlich zu bleiben. Ob es denn Möglichkeiten gäbe, das Verfahren zu beschleunigen? Nein, die gäbe es nicht. Auf meinen Wunsch hin, direkt mit dem Botschafter sprechen zu wollen, werde ich an den Pförtner verwiesen. Nach einiger Überzeugungsarbeit schaffe ich es, dass der Mann sein Telefon in die Hand nimmt. Mit wem er spricht, kann ich nicht heraushören. Nachdem er aufgelegt hat, schickt er mich zurück zu der hartnäckigen Dame am Schalter, wo ich den Bescheid erhalte, dass ich die Übersetzung ausnahmsweise bis zwölf Uhr bekomme. Geht doch!

Ich habe jetzt also drei Stunden Zeit, um Ersatz für den gestern verlorenen Ring zu beschaffen. In meinen Notizen habe ich die Adresse und die GPS-Koordinaten eines deutschsprachigen Ägypters, der hier eine Werkstatt betreibt. Nach zwei Stunden habe ich ihn gefunden. Er gibt mir einen Mitarbeiter an die Hand, der sich mit mir auf die Suche nach einem Ersatzring machen soll.

Vorher hole ich noch bei der deutschen Botschaft den Pass ab, der nun mit der notwendigen Übersetzung an der richtigen Stelle versehen ist. Um Zeit und Nerven zu sparen, nehme ich dafür ein Taxi. Der Taxifahrer wirft sich mit einem Höllentempo und ohne auch nur einmal nach rechts oder links zu schauen in den Verkehr. In wilder Fahrt geht es durch Kairo. Auf der Kreuzung von links ein Lkw, von rechts ein Bus, mein Taxi mittendurch. Ich habe Angst! Mehr als einmal schreie ich auf, als er fast die querenden Passanten über den Haufen fährt. Er entgegnet darauf in aller Ruhe: »Don't worry, mister, we have many people.« Nass geschwitzt vor Anspannung steige ich nach einer Stunde vor der Werkstatt wieder aus.

Wir wuchten den abgeschraubten Lkw-Reifen auf ein Fahrzeug der Werkstatt und machen uns auf den Weg kreuz und quer durch Kairo. Endlich habe ich einmal wieder Gelegenheit, als Beifahrer etwas mehr von einer Stadt mitzubekommen. Mohamed, der Fahrer, weist mich immer wieder auf das eine oder andere Sehenswerte hin. Ich gewinne einen angenehmen Eindruck von dieser Stadt, trotz ihrer immensen Größe. Dann erreichen wir das »Kfz-Viertel« von Kairo, wie ich es hier einmal bezeichnenderweise nennen will. Motoren, Getriebe, Achsen – alles Mögliche wird direkt an der Straße angeboten und auch gleich repariert. Da hätte ich mit meinem Truck wirklich keine Chance gehabt durchzukommen. Die Straße ist gerade so breit, dass Mohamed mit dem Pkw durchkommt, und selbst so muss der eine oder andere Auspuff zur Seite geräumt werden. Auch das übrige Leben spielt sich auf der offenen Straße ab. Es wird gekocht, gegessen und diskutiert.

Schließlich werden wir sogar fündig. Der Ring hat zwar nicht das gleiche Maß, er ist etwas schmaler, aber der Umfang stimmt und der Verkäufer montiert den Reifen gleich auf der Straße zusammen. In Anbetracht des zur Verfügung stehenden Werkzeuges macht der Mann das ganz passabel. Nur Luft hat er keine, und so rollen (!) wir den Reifen zwanzig Minuten durch die Gassen zu einer Tankstelle. Da gibt es zunächst Probleme wegen des Drucks, der nicht ausreicht, um sechs Atü hineinzupumpen. Ich schlage vor, das Ventil zu entfernen, und nun klappt es. Leider dichtet der Ring aber nicht ab. Als ich probeweise Wasser darüber laufen lasse, kommen Luftblasen am Ring raus.

Also müssen wir uns zum zweiten Mal auf die Suche machen. Der nächste Händler beruhigt mich wieder mit einem »No problem«. Als er dann aber anfängt, den Reifen mit groben Hammerschlägen zu demontieren, schreie ich ein und bestehe darauf, die Sache selbst in die Hand zu nehmen. Erst sauer, dann aber doch mit Wohlwollen beobachtet er mich bei der durchaus professionellen Demontage.

Nun fährt er mit meinem Begleiter Mohamed los, um einen richtigen Ring zu suchen. Ich schnappe mir einen der Jungs und erkläre ihm, dass ich Hunger habe. So laufen wir um ein paar Ecken. In einem Lokal bestelle ich Kefta und esse mich einmal wieder richtig voll. Der Wirt ist begeistert, wie viel ich essen kann und erzählt jedem Gast, dass ich schon bei der dritten Portion bin. Zurück an der Werkstatt versuchen wir drei Ringe und alle lassen Luft. Ich überlege und schicke jemand los, um Schmiermittel zu holen. Ein Gummiring, der um die Felge gelegt wird, muss meiner Meinung nach einfach geschmiert werden, um den richtigen Sitz einnehmen zu können und vor allem, um dort zu bleiben. Der Mechaniker ist anderer Meinung, aber ich lasse nicht nach und man holt das Schmiermittel. Beim zweiten Versuch klappt es endlich, der Reifen ist dicht. Nun lerne ich eine weitere Lektion: Mohamed feilscht um den Preis und das geht soweit, dass einige Jungs den Reifen vom Autodach wieder runterholen. Es wird geschrien und geschimpft, dass sich die Balken biegen. Nun kommen sie zu mir, aber ich mache klar, ich halte mich raus. Fasziniert schaue ich dem Schauspiel zu, wild gestikulierend stehen da fünf Leute und alle reden auf einmal, da kann ich noch viel lernen. Am Ende zeige ich noch meinen guten Willen und gebe zwanzig Ägyptische Pfund Trinkgeld, alle sind zufrieden. Man klopft mir freundlich auf die Schulter zum Abschied.

Es ist schon dunkel, als wir uns auf den Weg zurück durch die Stadt machen. An der Werkstatt lasse ich erst mal Vega raus, die Arme war fast den ganzen Tag alleine.
Wir montieren das Reserverad an den Truck und ich frage Mohamed, ob er mir noch den Weg aus Kairo heraus nach Alexandria zeigen könne. Er fährt bis zur Schnellstraße voraus, danach geht es geradeaus weiter. Ich bin froh, gegen ein Uhr nachts einen geeignet erscheinenden Stellplatz in einem Neubaugebiet gefunden zu haben. Ich frage am Einfahrtstor und bekomme die Erlaubnis, dort stehen zu bleiben.

Als ich am nächsten Morgen nach einem Spaziergang mit Vega zum Lkw zurückkomme, lungern etwa zehn Typen am Einfahrtstor herum, das verbarrikadiert ist. Einer ruft zu mir herüber: »Komm her!« Als Antwort schwenke ich meinen Stock, den ich beim Gassi gehen immer dabei habe, in der Hand und antworte laut, wenn er etwas von mir wolle, müsse er schon selbst kommen. Mit diesen Worten steige ich in die Kabine und bereite in aller Ruhe das Frühstück zu.

Als ich wenig später losfahre, sind die Barrikaden weggeräumt, nur ein Seil hängt noch quer und versperrt die Ausfahrt. Ich kurbele das Fenster herunter und höre in der Truppe einen Typen »Geld, Geld!« rufen. Nach den langen Monaten unterwegs schreckt mich dieses Verhalten nicht mehr. Ich fixiere einen der Jungs mit festem Blick und mache mit einem schrägen Wink des Kopfes klar, dass das Seil sofort zu entfernen sei. Keine Minute später bin ich wieder auf der Strecke.

Zwei Tage oder 800 Kilometer später stehe ich wieder an der ägyptischen Grenze und werde in rekordverdächtigen fünfundvierzig Minuten abgehandelt – inzwischen kennt man mich hier.

Allerdings bin ich nur halb bei der Sache, denn ich mache mir große Sorgen wegen der Einreise nach Libyen. Wenn Vega entdeckt wird, droht das nächste Ungemach. An der libyschen Grenze muss ich zunächst den Pass abgeben und den Truck danach an der Seite abstellen. Nach einer Stunde Wartezeit, ohne dass sich Wesentliches getan hätte, steige ich aus, um nachzufragen. Unfreundlich werde ich aufgefordert, mich wieder in den Truck zu setzen. Eine weitere Stunde später frage ich erneut nach. Zwei Libyer, den Schalter jetzt auf freundlich umgelegt, begleiten mich zum Lkw, geben mir meinen Pass zurück und sagen, dass ich Geld mitnehmen und ihnen folgen solle. Wir verlassen zusammen den Grenzbereich und steigen in ein Taxi, das nach etwa einer Viertelstunde die nächste Stadt erreicht. Dort werde ich angehalten, Geld zu wechseln.
Erschwert wird mein Verständnis der Situation dadurch, dass niemand englisch spricht, die Kommunikation erfolgt ausschließlich über Handzeichen. In der Bank tausche ich 200 US-Dollar, danach lassen wir bei der Polizei die wiederum nötigen libyschen Nummernschilder reservieren. Nach Abschluss einer Versicherung holen wir die fertigen Nummernschilder ab und fahren zurück zur Grenze. Dort bringe ich die neuen Schilder an. Meine beiden unbekannten Begleiter lotsen mich schließlich über die Grenze. Jetzt endlich bar jeder Skepsis halte ich hinter dem letzten Kontrollposten noch einmal an, springe aus dem Lkw und umarme beide heftig, so gerührt bin ich von ihrer spontanen und kostenlosen Hilfe.

Die letzte Hürde auf dem Weg nach Hause ist genommen. Auf langweiliger Strecke, durch öde Steinwüste, geht es nun Richtung Tripolis. In Leptis Magna lege ich einen Stopp ein und sehe mir die beeindruckenden Überreste der

antiken Stadt an. Der Ort stellt eine der imposantesten Ausgrabungsstätten der Antike dar.
Erbaut von den Phöniziern, dann von den Griechen und später von den Römern bewohnt, bildete Leptis Magna das antike Tripolitanien. Leptis Magna gilt als die weltweit größte erhaltene Stadt aus der Antike und wurde deshalb von der UNESCO zum Weltkulturerbe ernannt.
Das Schöne an diesem Relikt ist, dass es einem die Antike hautnah vermittelt. Es ist schon beeindruckend, wenn man die Stadt quasi selbst ablaufen kann und dadurch einen direkten Eindruck ihrer Größe erhält. Die Proportionen der Gebäude und der Straßen sind ja noch die originalen und das vermittelt einem ein deutliches Gefühl der Authentizität. Man geht für die Zeit der römischen Besiedlung von etwa einhunderttausend Bewohnern aus, die einen relativ hohen Lebensstandard besaßen und denen eine fortschrittliche Infrastruktur zur Verfügung stand. Dementsprechend findet man hier viele verschiedene, gut erhaltene Bauwerke.
Kolosseum und Basilika waren Prachtbauten, die Thermen dagegen Orte der Entspannung und des sozialen Austausches. Das Bad wurde hoch geschätzt. Der Triumphbogen (einen solchen gibt es auch in Rom) wurde zu Ehren des Kaisers Septimus Severus errichtet. Der juristische, religiöse und wirtschaftliche Mittelpunkt war in römischen Städten von jeher das Forum. Manchmal wurden funktionelle Teile des Forums, wie hier in Leptis Magna, in die Basilika ausgelagert.
Direkt an der Küste liegend, bot das Theater in Leptis Magna die einmalige Kulisse des Meeres als Hintergrund für die Schauspiele, die hier aufgeführt wurden. Interessant ist, dass man schon in der Antike mit Hebebühnen, versteckten Schächten im Boden und Falltüren gearbeitet hat, um besondere Effekte zu erzeugen, wovon man sich in Leptis Magna überzeugen kann.

Auf der Weiterfahrt wird die Eintönigkeit der Route von der Begegnung mit einem schwarzen Jeep unterbrochen, besetzt mit Tayfun, einem Türken, der seit dreißig Jahren hier lebt und in Nürnberg bei MAN gelernt hat. Der Mann freut sich echt und herzlich und gibt mir die Firmenadresse von MAN Tripolis, wo ich übernachten könne. Er ruft dort auch gleich an, um meinen Besuch anzukündigen. Netterweise ordnet er auch gleich von hier aus an, beim Lkw Reifen und Öl zu prüfen, nachdem ich ihm erzählt habe, dass das in Tripolis anstünde, der günstigeren Preise wegen.

In Tripolis fährt Rony, der Mitarbeiter von Tayfun, mit mir einige Reifenhändler an. Die Preise sind zwar tatsächlich ganz gut, aber ich verzichte trotzdem. Das Öl hingegen, hochwertiges Synthetiköl, nehme ich zu einem Preis von nur knapp einem Euro für den Liter mit. Als ich Rony frage, wo ich einen Ölwechsel machen könne, antwortet er, ich solle in die Wüste fahren. »Rony, ich muss aber knapp zwanzig Liter Altöl ablassen!«, entgegne ich verständnislos. Das würden hier alle so machen, sagt er. Ich bestehe aber auf einer Werkstatt. Da lacht er: »Die kippen es dann später auch nur in die Wüste.«

Ich bin sprachlos. Hoffentlich gehen die Libyer nicht davon aus, dass sie das Altöl nach einigen Jahren wieder fördern können!

Die Ausreise geht zügig vonstatten, denn auch hier wird mir ein Grenzmitarbeiter an die Seite gestellt, der mir bei den Formalitäten behilflich ist. Die Einreise nach Tunesien dauert gerade einmal fünf Minuten. Hier werde ich sehr freundlich empfangen und in Hamamed, einem beliebten Badeort im Norden des Landes, bleibe ich ein paar Tage. Ich genieße das leckere Essen in den zahlreichen Restaurants der Einheimischen und erkundige mich nach den Fährpreisen für die Überfahrt nach Italien. Dann rufe ich zu Hause in Deutschland an, um den Lkw wieder anmelden zu lassen. Ich hatte zu Beginn der Reise von Spanien aus die Nummernschilder nach Hause gesandt, damit der Truck während meiner Abwesenheit abgemeldet werden kann. Leider stimmt die Information nicht mehr, dass ich den Lkw auch ohne TÜV für einen bestimmten Zeitraum wieder zulassen könne. Im ersten Moment überlege ich, ohne Zulassung nach Hause zurückzukehren, schwenke dann aber um. Zu riskant, wenn tatsächlich etwas passieren sollte. Udo, mein heimischer Helfer in der Not, teilt mir telefonisch mit, dass rote Nummernschilder auch in Italien und Österreich gelten und dass er mir seinen Satz schicken könne. Nach einigem Hin und Her teilt mir schließlich eine kompetente Dame vom ADAC in Mailand eine Adresse in Genua mit, an die die Kennzeichen zur Abholung versandt werden könnten.
Ich schicke Udo ein Fax mit der Adresse und hoffe, nun das wirklich letzte Problem vor meiner Rückkehr gelöst zu haben. Morgen geht es nach Hause!

Auf der Fähre schmuggle ich Vega verbotenerweise in die Kabine, nehme zwei Sixpack, meinen PC und ein paar Filme mit und verlasse das winzige Räumchen nur, um mit Vega auf dem Hundedeck Gassi zu gehen. Mit ordentlich Verspätung legen wir in Genua nach zwei Tagen an. Alles drängelt, schreit und kreischt und ich bilde mir ein, der einzige in sich Ruhende in diesem Gewusel zu sein. Die Route zu der Adresse in Genua habe ich im GPS gespeichert und als ich dort gegen sieben Uhr abends eintreffe, händigt man mir umstandslos gegen eine Unterschrift die Nummernschilder aus. Noch zweihundert Kilometer liegen vor mir, als ich auf der Autobahn – bereits in Deutschland – an einem Berg drei vor mir schnaufende Lkws überhole. Das Überholverbot für Lkw habe ich wohl gesehen, hinter mir war jedoch alles frei. Keine zwei Kilometer weiter hält mich die Polizei an, händigt mir sofort einen Bußgeldbescheid aus, Einspruch zwecklos. Ich bin wieder angekommen in der deutschen Wirklichkeit. Willkommen zu Hause und auf Wiedersehen, irgendwo in Afrika!